爱国/科学/创新/图强

船政

第二辑

中国船政文化博物馆 编

海峡出版发行集团
THE STRAITS PUBLISHING & DISTRIBUTING GROUP
福建人民出版社
FUJIAN PEOPLE'S PUBLISHING HOUSE

图书在版编目（CIP）数据

船政．第二辑／中国船政文化博物馆编．--福州：福建人民出版社，2023.12

ISBN 978-7-211-09263-5

Ⅰ.①船…　Ⅱ.①中…　Ⅲ.①造船工业—工业史—中国—文集　Ⅳ.①F426.474—53

中国国家版本馆 CIP 数据核字（2024）第 013356 号

船政·第二辑

CHUANZHENG · DIERJI

主　　编：中国船政文化博物馆

责任编辑：林俊杰

美术编辑：白　玫

责任校对：林乔楠

出版发行：福建人民出版社　　**电　　话**：0591-87533169(发行部)

网　　址：http://www.fjpph.com　　**电子邮箱**：fjpph7211@126.com

地　　址：福州市东水路 76 号　　**邮政编码**：350001

经　　销：福建新华发行（集团）有限责任公司

印　　刷：福建新华联合印务集团有限公司

地　　址：福州市晋安区福兴大道 42 号

电　　话：0591-88208420

开　　本：787 毫米×1092 毫米　1/16

印　　张：11.5

字　　数：228 千字

版　　次：2023 年 12 月第 1 版　　2023 年 12 月第 1 次印刷

书　　号：ISBN 978-7-211-09263-5

定　　价：52.00 元

编辑说明

船政是中国近代海军的发源地，为了寻求国家自强之道，建造了中国第一批蒸汽动力的军舰，组建了中国第一支近代化海军舰队——船政轮船，也培养了中国最早的专业海军军官，对整个中国近代海军的建设、发展产生了深刻影响。1894 年，中国近代海军史上具有转捩点意义的甲午战争爆发，为了抵御外侮，中国海军将士牺牲奋战，为国捐躯，其中即有大量船政学堂的毕业生，书写下了“一校一级战一国”的悲壮篇章。近年来，随着有关船政历史研究的不断深入，尤其是海峡两岸研究者的学术交流日益密切，保存在台湾地区的船政档案、近代海军档案以及甲午海战档案开始受到两岸研究者共同聚焦关注，随着这些档案的被利用，无疑将为船政历史研究开辟新的方向，带来新的成果，本辑《船政》集刊中即收录有多篇利用台湾地区保存的船政、近代海军档案的论文。

本辑《船政》集刊共收录论文 8 篇，史料 3 篇。论文中有 5 篇涉及船政史研究，其中的 4 篇在主题、内容方面相互关联，南开大学历史学院刘晓琴副教授的《晚清北洋翻译官曾兰生研究（1875—1895）》，论及船政学堂早期教习曾兰生的生涯，是有关船政学堂教习历史的重要成果；中国甲午战争博物院王记华研究馆员则根据从历史人物后裔处得到的家族传世材料，对船政学堂毕业生、北洋海军军官、甲午烈士陈策的生平做了深入挖掘；四川日报首席记者王国平根据台湾地区保存的档案，对民国初年海军部官方组织编写海军史的经过进行了研究梳理；台湾“海军军史馆”原馆长沈天羽博士，运用台湾地区所藏近代海军档案，对民国初年海军推动甲午烈士合祀入位于福州马尾的马江昭忠祠一事进行了详细考察。此外，福建师范大学社会历史学院研究生李奕峰从造船技术的角度，对比分析了船政和日本横须贺造船所的异同及其原因。

本辑《船政》集刊中的另 3 篇论文涉及海军史和舰船史研究，马尾船政文化研究会会长陈悦研讨了妈祖信仰在中国近代海军中的影响，贵州凯里学院人文学院余锴老师根据福建师范大学图书馆所藏的一本稀见著作，介绍了抗战期间中国海军赴美国接舰参战的历史细节，河南大学历史文化学院副教授贺怀锴考察了中国人民解放军海军航空母舰建设的历史。

本辑《船政》集刊收录的史料共有2类3种，马尾船政文化研究会陈悦会长整理了1份重要的船政史料，刊于20世纪20年代初的《马江船政五十年之历史》。四川日报首席记者王国平整理了2种关于甲午战争的重要史料，分别为《萧景唐日记》和《甲午日记》，均为甲午战争的中方参战者所著，王国平先生并探讨了这两份日记的创作背景和作者身份。

本书编委会

2023年12月

目　录

船政史

船政

Chuanzheng

晚清北洋翻译官曾兰生研究（1875—1895）

刘晓琴*

摘　要： 19世纪六七十年代，在英语人才奇缺的背景下，有留美背景的曾兰生得到南北督抚的关注和任用。1875年，直隶总督兼北洋通商大臣李鸿章急招时任留美幼童翻译的曾兰生回华，自此开启了曾兰生长达二十余年的北洋生涯。初期，曾兰生充任直隶总督衙署传译；随后，李鸿章将曾兰生札委至北洋各局司，特别是到水师营务处当差，其身份走向职官化。曾兰生以其语言优势，广泛参与了北洋各项事宜，如中秘交涉，中英《烟台条约》的签订，任天津水雷学堂教习，参与电报业的初创，以及成为对外借款的经手人等。在此期间，曾兰生有少量翻译之作存世，证实其擅长的翻译是口译而非笔译。曾兰生在北洋的职名，最初在“翻译”“通事”“翻译委员”中随意切换，没有固定的职衔，直至1888年以后明确称其为“翻译官”，反映了晚清对“翻译”一职认知的深化。19世纪80年代以后，李鸿章延聘的翻译人才渐次增加，与同任英文翻译官的罗丰禄、伍廷芳相比，曾兰生始终未得到重用。曾兰生专任北洋传译，这一职司不可或缺，却是翻译官中受重视程度最少的群体。与此同时，处于华洋之间的曾兰生，在来华西人中有很高的地位。曾兰生的国籍问题，共济会会员的身份，曾经的上海华人最大地产商，都可以从另外一个视角观察北洋翻译官曾兰生。

关键词： 曾兰生　曾恒忠　北洋　翻译官　口译

一、前　言

曾兰生（1826—1895），又名曾恒忠、曾来顺，英文名有：Chan/Chun Lai Sun、Tsang Hang Chung、Tsêng/ Tsang Laisun等，后用Laisun为姓氏，因此

---

* 刘晓琴，南开大学历史学院副教授。

在很多英文记载中称他为“Mr. Laisun”。曾兰生出生在新加坡①，1843 年被美国传教士带往美国，先后进入中学、汉米尔顿学院，两年后因资助中断归国。之后辗转传教，在上海经商。1866 年生意失败，遂进入官场，被沈葆桢（1820—1879）延聘至福州船政学堂为教习，直至 1872 年以翻译的身份带领第一批留美幼童赴美，1874 年年底转道英国回华，1875 年起在北洋任职直至过世。由于特殊的身份和经历，曾兰生在晚清史上极具吸引力，先后有一系列重要研究问世②，对曾兰生留学美国、担任留美幼童翻译以及在福州船政学堂任教做了深入的研究；曾兰生夫人（1825—1917）及曾兰生的两个儿子——名列在留美幼童之内的曾溥（1854—1889）、曾笃恭（1856—1916）也受到研究者的关注。然而，曾兰生在北洋 21 年（1875—1895），“这是他生平的第四个阶段，也是历时虽最久，其行事却知道得最少的一段。虽然他的主要工作必与翻译及外务有关，但李鸿章的幕府有数百人之众，在这悠悠 20 年之中究竟曾兰生参与过什么事务，细节如何，能找得到若干消息的事项很少。”③ 研究者感叹考证曾兰生在北洋史事，“替其明确定位，不该再拖延了”④。本文聚焦于身为译者的曾兰生，何以被李鸿章（1823—1901）招募至北洋；具有英文特长的曾兰生，1875 年至 1895 年间参与了哪些事务；长达二十余年中，曾兰生在北洋体系中角色的职责与变化；也关注这名具有特殊经历和身份的翻译官在同僚和来华外国人笔下形象的差异；以及曾兰生被研究者所忽略的另一面，从而清晰阐述曾兰生在晚清史中的定位。

---

① 曾兰生父亲是广东潮州人，母亲是马来人。

② Tin—Yuke Char, “In Search of the Chinese Name for ‘Li Sun’,” *Journal of the Hong Kong Branch of the Royal Asiatic Society* 16（1976）：107—111；Carl T. Smith, “Chan Lai—sun and His Family: A 19th Century China Coast Family,” *Journal of the Hong Kong Branch of the Royal Asiatic Society* 16（1976）：112—116；庄钦永：《Chan Lai Sun 之中文姓名考》，载庄钦永：《新呷华人史新考》，新加坡：南洋学会，1990 年，第 76—80 页；Edward J. M. Rhoads, “In the Shadow of Yung Wing: Zeng Laishun and the Chinese Educational Mission to the United States,” *Pacific Historical Review* 74, no. 1 (February 2005)：19—58；马幼垣：《福州船政教习曾锦文传奇——兼述另一船政教习曾兰生》，载戚俊杰、郭阳主编《北洋海军新探——北洋海军成军 120 周年国际学术研讨会论文集》，北京：中华书局，2012 年，第 156—174 页；冯国平、宾睦新、沈荣国：《首位中国留美大学生曾兰生述评》，《江苏师范大学学报（社科版）》，2018 年第 2 期，第 9—17 页。

③ 马幼垣：《福州船政教习曾锦文传奇——兼述另一船政教习曾兰生》，载戚俊杰、郭阳主编《北洋海军新探——北洋海军成军 120 周年国际学术研讨会论文集》，北京：中华书局，2012 年，第 165 页。

④ 同上注，页 167。

二、译才初显——1875 年前曾兰生经历再补充

出生于新加坡的曾兰生于 1843 年到美留学，1846 年入纽约州汉米尔顿学院（Hamilton College），惜因经费中断，1848 年 9 月自美国回到香港。1853 年以后，曾兰生携家眷移居上海经商，自此定居于上海。曾兰生从商的 14 年中（1853 年至 1866 年），先后在 Bower、Hanbury & Co. 任职，再后与 Clapp & Co. 公司的 E. E. Clapp 合作①，然而生意失败。

对曾兰生在上海的经历，研究者所知不多。根据目前掌握的资料，曾兰生一度成为上海最大的华人地产商。在《上海道契》中，记录了曾兰生房地产商的身份："先后购买了大量土地，在 1864 年 1 月的英册道契中，'Chan Laisun' 名下有 10 份道契，共 56.42 亩，而另有美册道契 'Chuan Laishun' 名下 3 份地产，共 3.7 亩，故其在上海租界地产超过 60 亩""成为外国领事馆登记中最大华人地产商"。② 这些地产的买卖交易，并非随着曾兰生成为李鸿章幕僚而终止，其中的一些地产在曾兰生生前始终持有，直至曾兰生夫人过世，进一步的讨论将在本文第五节展开。

正是在上海经商期间，曾兰生开始与洋务派官员有了接触。

郭嵩焘（1818—1891）在同治二年正月十六日（1863 年 3 月 5 日）的日记中提及曾兰生。该日，郭嵩焘与冯浚光（字竹儒）相约往见容闳（1828—1912），而容闳"住虹口广泰隆后墙花旗曾来顺宅，相距过远，因招致竹儒处一谈"③。也就是说，郭嵩焘这一年至少听闻曾兰生之名，这是后来在物色 1877 年赴英使团人选时将曾兰生列入的起点。

同治五年五月（1866 年 6 月），左宗棠（1812—1885）奏请在福州马尾设立船政，广揽西学之才，设前学堂、后学堂分习造船和驾驶技术：

> 乃遍访闽中知英文者，得黄绍本、林宪曾二人。聘为助教。课授英文及数学，以作预备。嗣复在广东、新嘉坡等地得曾锦文、曾恒忠为教员。暂时权代教导。④

曾兰生以精熟英文、算学入聘。同治五年十一月初七（1866 年 12 月 13

---

① Clapp & Co. 公司中文名为"吉利"。在 1865 年的行名录中记录的职员有：E. E. Clapp、Chan Laisun 及 J. L. Butler. 详见：Daily Press，*The Chronicle and Directory for China*，*Japan and the Philippines for* 1865，Hongkong：Daily Press，1965，P199.

② 牟振宇：《太平天国运动对上海土地市场的影响（1860—1869）》，《社会科学》，2018 年第 10 期，第 157 页。

③ 梁小进主编《郭嵩焘全集》第 8 册，长沙：岳麓书社，2012 年，第 580 页。

④ 包遵彭：《清季海军教育及其影响》，载"中华文化复兴运动推行委员会"主编《中国近代现代史论集》，第八编"自强运动（三）军事"，台北：商务印书馆，1985 年，第 503 页。

日），沈葆桢在致时任船政提调的夏献纶信函中提到“请教习曾来顺薪水，自当照准”①。1866年年底，曾兰生到达福州船政学堂，于后学堂任教，每月薪金为“200两”②。在英国教习嘉乐尔（James Carroll）到闽之前，曾兰生以副教习的身份执教。对于曾兰生在船政担任教师期间的评价，有法国福州税务司美理登禀称：“至福州设立艺局，其所延教读之师，系新加坡人，该人并无学问，延以为师，断不能启盲振聩，其为靡费已可知矣！”③ 福州将军英桂则不以为然，认为“现在所请洋师博赖、新加坡人曾恒忠，先行教导，不过暂时权代，以之教初入学堂之幼童，自尽有余，转瞬日意格等来闽，当另延洋师同来，条约内已经声明。”④ “在嘉乐尔来到之前由他授课。其后，担任嘉的助手。”⑤ 英籍教习嘉乐尔于1867年11月7日到达船政，曾兰生以副教习的身份继续担任教职。一位参观船政的来访者写道，“来自上海的曾兰生，在这些男孩的预备训练中的表现最出色”⑥。1871年7月嘉乐尔在致函日意格时，从教授英语成效的角度，对曾兰生的教学能力给予积极的肯定，但对学生中“有些人不能像我希望的那样流利地说英语”⑦，又表达了遗憾之情。

值得注意的是，在曾兰生任教习期间，福州船政学堂后学堂第一届学生中的罗丰禄（1850—1903）、何心川、蒋超英、刘步蟾、方伯谦、林泰曾、严宗光（1854—1921，后改名为严复）、林永升、叶祖珪、黄建勋等人，他们毕业后又留学英国，最终被李鸿章招入北洋。当第一届驾驶学生于同治十年（1871年）堂课期满，即将上练船实习，23名驾驶学生以英文致信总教习嘉乐尔对其教导表达感谢⑧，表现出良好的英文水平，信中没有提及曾兰生。

除了教学之外，曾兰生在船政还担任翻译工作。曾在船政任职的王元稺记载，船政设有翻译处，王元稺与“陈喜人拔贡、曾兰生先生同办翻译，除公文

---

① 沈葆桢：《致夏献纶（同治五年十一月初七日）》，《沈葆桢信札考注》，成都：巴蜀书社，2014年，第195页。

② ［美］庞百腾（David Pong）撰，陈俱译：《沈葆桢评传：中国近代化的尝试》，上海：上海古籍出版社，2000年，第223页。

③《附福州税务司法人美理登折略》，《海防档·乙：福州船厂（一）》，台北：“中研院”近代史研究所，1957年，第65页。

④《为法国福州税务司美理登开具折略事致总理衙门函（1867年3月27日）》，载《海防档·乙：福州船厂（一）》，台北：“中研院”近代史研究所，1957年，第64页。

⑤ ［美］庞百腾撰，陈俱译：《沈葆桢评传：中国近代化的尝试》，上海：上海古籍出版社，2000年，第245页，注释135。

⑥ “The Foochow Arsenal,” *The North—China Daily News*, December 28, 1869, 3.

⑦ James Carroll, “Foochow Arsenal,” *The North—China Daily News*, July 8, 1871, 3.

⑧ Henry N. Shore, *The Flight of the Lapwing: A Naval Officer's Jottings in China, Formosa and Japan*, London: Longmans Green and Co. , 1881, P. 230—232.

外，译成算学、枪炮各书，未刊……（同治十年）以兰生先生出洋他就，裁翻译处"[①]。曾兰生参与了算学、枪炮等西书的翻译，是船政翻译处的核心，惜所译各书未刊行。1872 年曾兰生携幼童赴美，该处随后裁撤。

光绪元年六月（1875 年 7 月），沈葆桢等保奏船政告成积年出力各员，奏请"五品军功监生曾恒忠，请给四品顶戴"[②]。然吏部查照章程称："曾恒忠系无官职人员，应照八品以下各官办理，所请给四品顶带，已逾加衔限制，应改为请给六品顶带"[③]。曾兰生获得的仅是六品顶戴，当然此时曾氏已改隶北洋。

19 世纪 60 年代，在船政任职期间，曾兰生精通英文，受到各地官吏的关注。1864 年起，丁日昌（1823—1882）计划辑译《外洋图说》（又名《地球图说》或《五大洲图说》），曾有意聘曾兰生为之翻译："王锦堂云，有曾来顺者亦能翻译，价钱在二百元之间，弟嘱其速订，庶《外洋图说》可以速成，"[④]由于曾兰生已聘至船政，这一计划未能实现。1874 年，在回复李鸿章的信中，丁日昌坦承，"《地球图说》一书业已草创讨论……而关涉掌故之处则羌无故实，非精于洋文而深知其体者不能订其讹错，某山居无由聚集知名之士，更难觅精于洋文之人"[⑤]，可见精通英文者难觅。此时曾兰生已经赴美，聘用曾兰生的设想没有实现。

李鸿章在与沈葆桢、丁日昌等督抚的信函往来中，对曾兰生有了初步的了解，也萌发雇用曾兰生担任翻译的打算。同治十年二月十一日（1872 年 3 月 19 日）致函台湾道吴大廷，谈到曾兰生："曾恒忠翻译之学，想能得其大致，薪水月需三百金，似嫌过优。昨已在津门觅一翻书者，于华、洋文义，总不能毫无隔阂。曾恒忠视容丞本领何如，翻书极是难事，果成书而少讹舛，月值固不妨多也。"[⑥] 李鸿章对曾兰生的翻译能力较为肯定，但认为月薪 300 两过优，又将曾兰生与容闳进行比较。无论如何，从中透露了聘用曾兰生之意，同时又反映出李鸿章对曾兰生的初步印象中有其"嗜利"的一面。

当留美幼童计划筹备之际，曾国藩、李鸿章将曾兰生列入翻译之列，"查

---

① 王元穉：《船政局初期的亲历见闻》，载福州市地方志编纂委员会编《福州马尾港图志》，福州：福建省地图出版社，1984 年，第 43 页。

② 《光绪元年九月二十四日总署收吏部文附折稿一件 议覆沈葆桢请奖出力各员事》，载《海防档·乙：福州船厂（一）》，台北："中研院"近代史研究所，1957 年，第 609 页。

③ 《光绪元年九月二十四日总署收吏部文附折稿一件 议覆沈葆桢请奖出力各员事》，载《海防档·乙：福州船厂（一）》，台北："中研院"近代史研究所，1957 年，第 612 页。

④ 《致署上海道杜筱舫书（同治七年）》，《丁日昌集》下册，上海：上海古籍出版社，2010 年，第 892 页。

⑤ 《复合肥伯相书（同治十二年十月）》，《丁日昌集》下册，上海：上海古籍出版社，2010 年，第 926 页。

⑥ 《复总理江南轮船事宜前福建台湾道吴（同治十年二月十一日）》，《李鸿章全集》第 30 册"信函二"，合肥：安徽教育出版社，2008 年，第 186 页。

有五品衔监生曾恒忠，究心算学，兼晓沿海各省土音，堪充翻译事宜”①，从而促成了曾兰生举家赴美的经历②。对曾兰生在美情形，本文不再过多讨论，但对研究者未曾关注的内容给予一些补充。对于曾兰生的翻译能力，驻洋肄业局总办（委员）陈兰彬（1816—1895）略有微词：“曾翻译恒忠，杂通英语，而遇事难期得力”。③ 陈兰彬既承认曾兰生翻译能力尚可，却用“杂通英语”之语，认为他在外交上难以独当一面，究其原因，与曾兰生汉文水平不高有关。当 *Scribner's Magazine* 在报道容闳率幼童赴美事宜的文章中，称驻洋肄业局任命了三位委员（陈兰彬、容闳和曾兰生）负责幼童照料等事。时任驻洋肄业局帮办（副委员）的容闳特地致函该编辑部称曾兰生非委员，“兰生先生担任该委员会的笔译和口译职务，但并非委员”④。容闳强调了曾兰生的角色，特别是将曾兰生的翻译职责细分为“笔译（translate）”和“口译（interpret）”两类。在容闳的英文自传中，容闳则称曾兰生是“口译员（interpreter）”⑤，这是对曾兰生职责的准确定位。

曾兰生留学美国，在上海经商，供职于船政，以及在驻洋肄业局任翻译，有丰富的经历。在加入船政、出任留美幼童翻译后，曾兰生角色与“英文翻译”紧密相关，无论是笔译和口译，均得到督抚关注，直隶总督兼北洋大臣李鸿章对其翻译才能有很深的印象。19 世纪 70 年代初期，在中外交涉中，翻译人才匮乏的问题逐渐突显，李鸿章得力的英文翻译仅有美国人毕德格（William N. Pethick），而毕德格当时仍任美国驻天津领事馆副领事。因此，1874 年年底，李鸿章急招曾兰生归国到北洋效力。容闳仅记载“旧日翻译曾兰生，亦以他故，政府命其交卸回国”⑥，却没有记录为何招曾兰生回国。而李鸿章急招曾兰生归国，与对秘鲁的交涉、水雷学堂创建等都有关联。

1875 年年初，曾兰生取道欧洲归国。在英国期间，在其昔日的商业伙伴汉璧礼（Thomas Hanbury）的协助下，他考察了英国学校；在禁烟会（the Society for the Suppression of the Opium Trade）的邀请下，1875 年 1 月 19 日

---

① 《幼童出洋肄业事宜折　附清单（同治十一年正月十九日）》，《李鸿章全集》第 5 册“奏议五”，合肥：安徽教育出版社，2008 年，第 14 页。

② 详细内容参见 Rhoads, “In the Shadow of Yung Wing,” 19—58.

③ 《致丁寿昌函（同治十二年十二月二十五日 1874 年 2 月 11 日）》，王杰、宾睦新编《陈兰彬集》第 3 册“函电，使美纪略·杂文”，广州：广东人民出版社，2018 年，第 95 页。

④ “A Note from Yung Wing (28th April, 1875),” *Scribner's Monthly* 10, no. 3 (July 1875): 393.

⑤ Yung Wing, *My Life in China and America* , New York: Henry Holt Company, 1909, P. 183; P. 197.

⑥ 容闳著，徐凤石、恽铁樵译，张叔方补译：《西学东渐记》，长沙：湖南人民出版社，1981 年，第 199 页。

曾兰生发表了反对鸦片贸易的演讲，[①] 表明曾兰生回到本土的确切时间在1875年年初。

在1866年至1874年间，曾兰生译才声名远播，得到了南北督抚的关注和任用。但是，曾兰生没有西书译作的刊刻或流传，也反映了他擅长的翻译不在笔译，而在英文知识的传授和口译。

三、曾兰生在北洋史事考

曾兰生抵达天津后，在李鸿章直隶总督衙署充任翻译，很快就参与到对外交涉事务中，其身份也在晚清对译员的认知演进中逐渐清晰。

（一）参与中秘交涉

光绪元年（1875年），在与秘鲁立约交涉事宜中，曾兰生充当了翻译的角色。

19世纪40年代后，大量华工出洋，自1847年至1874年间，"（华工）被运往的地区包括古巴和秘鲁（大部分在此登陆）……总人数可能超过300000人"[②]。而华工到达美洲后被迫从事苦力般的劳作，被虐事件频发。在中秘交涉中，清政府派李鸿章和丁日昌负责，"访闻华工在彼人数颇多，受苦情形几与古巴相等。臣拟于前定查办专条互换时，再由换约大臣给与照会，令将以前虐待华人各情弊严为禁革"[③]。

在与秘鲁来使爱勒谟尔换约谈判过程中，英国驻华公使威妥玛（Thomas Francis Wade）居间调解。参与谈判的翻译有：清政府翻译曾兰生，英国使馆中文翻译官（汉文正使或称汉务参赞）梅辉立（William Frederick Mayers），李鸿章还邀请美国驻天津副领事毕德格为翻译。李鸿章奏折中，都用"曾恒忠"来称曾兰生。光绪元年六月二十四日（1875年7月26日），秘鲁来使爱勒谟尔"带丹国领事密妥士为翻译，同来谒晤。黎关道、天津马守、毕德格翻译、曾恒忠俱在座"[④] "其秘国送来洋文条约、专条，责成梅辉立与翻译委员

---

① "Miscellaneous," *The London and China Telegraph*, January 25, 1875, P. 81.

② S. Wells Williams, *Chinese Immigration*, New York: Charles Scribner's Sons, 1879, P. 9—10.

③《请派丁日昌商办换约片（光绪元年六月十一日）》，《李鸿章全集》第6册"奏议六"，合肥：安徽教育出版社，2008年，第327页。

④《附　与秘鲁爱使辩论节略（光绪元年六月二十四日）》，《李鸿章全集》第31册"信函三"，合肥：安徽教育出版社，2008年，第273页。原文"毕德格翻译、曾恒忠俱在座"断句有误。

曾恒忠等详细校对，据云与中国所存洋文并无讹错”①。中秘于是日换约，《中秘会议专条》以及《中秘移民通商条约十九款》生效，侨民，特别是华工权益得到一定程度的保护。在中秘立约过程中，曾兰生以翻译的身份参与，无论是李鸿章奏折中提到“翻译委员”，抑或是丁日昌称曾恒忠为“中国翻译委员”②，都是清政府官方赋予的头衔。这一交涉事件中，李鸿章任用曾兰生为翻译官，为了翻译的准确性，还约毕德格、梅辉立等外籍翻译共同对文本进行校对。

（二）参与中英《烟台条约》谈判

光绪元年七月（1875 年 8 月）起，曾兰生又参与到围绕着马嘉理案的中英交涉中，是重要的翻译。光绪元年七月初三日（1875 年 8 月 3 日），李鸿章在英国驻天津领事馆与英国驻华公使威妥玛晤谈，居间翻译者是梅辉立和曾兰生。除了中英传话外，威妥玛“又用英语向通事曾恒忠缕述一切，令其回署详禀”③。“威使以英语告知通事曾恒忠回署详禀，所禀云何，前经曾恒忠回署告知，该使所说无非近年中外交涉各事不满意之处，其责望于钧署甚深，狂吠之语可不备述。”④ 七月十日（公历 8 月 10 日），李鸿章与威妥玛再次会晤，所谈内容“面嘱威使写一详细节略送来。十二日，该使派参赞格维讷来署，赍交洋文节略一册。当令精通洋文之曾恒忠译出呈览，玩其词意”⑤，曾兰生将威妥玛节略照译⑥，成为李鸿章处理该案的主要参考。七月二十三日（公历 8 月 23 日），“本日又接英京电信，取出交阅。因令曾恒忠在旁译出”⑦。八月初八（公历 9 月 7 日），李鸿章、丁日昌与威妥玛晤谈时，曾兰生从中翻译，威妥玛“将新闻纸洋文一条给阅。当属曾恒忠译”⑧。英国外交部也注意到清方译员曾兰生，档案中记载：1875 年 8 月，“英国大使馆的中文书记（即梅辉立——引

① 《秘鲁换约事竣折（光绪元年七月初八日）》，《李鸿章全集》第 6 册“奏议六”，合肥：安徽教育出版社，2008 年，第 341 页。

② 《秘鲁国换约事宜疏（光绪元年）》，《丁日昌集》上册，上海：上海古籍出版社，2010 年，第 200 页。

③ 《附　与英国威使晤谈节略（光绪元年七月初三日）》，《李鸿章全集》第 31 册“信函三”，合肥：安徽教育出版社，2008 年，第 280 页。

④ 《致总署　述威使要求六事（光绪元年七月初九日）》，《李鸿章全集》第 31 册“信函三”，合肥：安徽教育出版社，2008 年，第 283 页。

⑤ 《致总署　请酌允威使一二事（光绪元年七月十三日）》，《李鸿章全集》第 31 册“信函三”，合肥：安徽教育出版社，2008 年，第 288 页。

⑥ 《附　照译威使送来洋文节略（光绪元年七月十一日）》，《李鸿章全集》第 31 册“信函三”，合肥：安徽教育出版社，2008 年，第 286—288 页。

⑦ 《附　与英国威使晤谈节略（光绪元年七月二十三日）》，《李鸿章全集》第 31 册“信函三”，合肥：安徽教育出版社，2008 年，第 292 页。

⑧ 《附　偕丁中丞与威公使晤谈节略（光绪元年八月初八日）》，《李鸿章全集》第 31 册“信函三”，合肥：安徽教育出版社，2008 年，第 307 页。

者注）与李鸿章在天津的会面”，“李鸿章手下有一名叫曾恒忠的英文书记官，通常别人都称呼他曾兰生。曾是来自新加坡的英国人，擅长中英两种语言”[①]。

曾兰生不仅担任口译，也负责书面文件的翻译。从曾兰生翻译的威妥玛节略来看，语言表达比较口语化。至于曾兰生的翻译是否恰当，研究者针对其翻译的“中国朝廷必须派一钦差大臣赴英国，与英国衙门说明云南之事，朝廷实觉过意不去”，认为曾兰生：

> 翻译水平足以满足李鸿章的需求，但在中文表述上有一定问题，这或许是他将“regret”译作口语化的“过意不去”的原因。然而，“过意不去”毕竟并非准确翻译，它消减了外交上的严重程度，使得中方轻易应允这一要求。[②]

事实上，尽管并未意识到“regret”一词的翻译问题，李鸿章对于曾兰生翻译的准确性是有疑问的。除了参照梅辉立口头翻译外，李鸿章还向总理衙门建议：“惟洋文译出汉文间有歧误，兹并将威使画押盖印原文十二纸附呈，请饬同文馆精于英文者再行照译，以便查考，庶较梅辉立口传之话更为的确。”[③]这是切实可行的办法。紧接着，李鸿章与威妥玛在烟台谈判，曾兰生参与其中，中英最终于 1876 年 9 月签订了《烟台条约》。

此次交涉中，李鸿章与总理衙门往来信函，称曾兰生为“通事”，与“翻译委员”职责一致，可见这一时期对译员的称呼是多样化的。

（三）列名出使英国随员计划

中英《烟台条约》签订后，清政府派郭嵩焘赴英“通好谢罪”，遂成为晚清派驻外公使的开端。郭嵩焘在物色赴英使团人选时，有意带曾兰生出洋，而李鸿章在马嘉理案交涉中对曾兰生有了新的认识。光绪二年八月二十九日（1876 年 10 月 16 日），李鸿章在复郭嵩焘函中，论及商酌随员人等，谈到曾兰生：“曾恒忠洋语、洋文甚熟，惟汉话、汉文生疏，或谓其嗜利而暗于大体，在敝处则尚谨慎也。”[④] 在李鸿章看来，曾兰生就是“译”与“利”并存的个体：既对曾兰生的翻译能力表达认可，又认为其中文生疏；后半句的“嗜利而

① 原纪录见英国外交部档案 F. O. 233/62，转引自［德］鲁道夫·瓦格纳（Rudolf G. Wagner）著，毛立坤译，马钊译校：《危机中的〈申报〉：国际背景下的郭嵩焘与〈申报〉之争》，载于沛主编《清史译丛》第 9 辑（罗维廉专辑），杭州：浙江古籍出版社，2010 年，第 307 页，注释 2。

② 屈文生、万立：《不平等条约内的不对等翻译问题——〈烟台条约〉译事三题》，《探索与争鸣》，2019 年第 6 期，第 116 页。

③ 《致总署　请酌允威使一二事（光绪元年七月十三日）》，《李鸿章全集》第 31 册“信函三”，合肥：安徽教育出版社，2008 年，第 288 页。

④ 《复郭筠仙星使（光绪二年八月二十九日夜）》，《李鸿章全集》第 31 册“信函三”，合肥：安徽教育出版社，2008 年，第 491 页。

暗于大体”，则认为曾兰生“嗜利”而疏于大局。虽有这样的认识，九月十五日（公历10月31日），郭嵩焘出洋前保举出使人员中还是将曾兰生列入其中。该日，其日记记录保举人员如下：“参赞二人：张自牧、黎庶昌；翻译二人：德明、凤仪；文案四人：汪树堂、张斯栒、李荆门、罗世琨；其英人马格玛〔里〕及曾恒忠、舒文标、张咏清、罗照沧应行咨调各员不另开列。”① 同日所上奏折中，提到的马格里以下人员包括：“直隶督署翻译曾恒忠、上海机器局舒文标、招商局黄咏清、福建船政局王元穉、香港书馆罗照沧”，“或充翻译，或充文案及绘画西洋地图事宜”。② 从翻译的人选来看，德明、凤仪是京师同文馆学生，曾兰生的角色却“待定”。在同日的奏折内，明确提到了“直隶督署翻译曾兰生”，这也印证了1875年至1876年间曾兰生在李鸿章幕府中的定位。而郭嵩焘出洋时，翻译官选定三人，即德明（即张德彝，1847—1918）、凤仪和英国人马格里（Samuel Halliday Macartney，1833—1906），曾兰生最终没有随行。

（四）曾兰生与天津水雷学堂

李鸿章在创建北洋海军之初，认识到水雷技术对于海军建设的重要性，称“水雷为海防要需”③，“闻闽中新设水雷局，似与电线相因而成，其教水雷洋弁技艺如何，尚欲唤至津门一试”④。1875年，李鸿章招募在船政任职的英国人柏专敬（J. A. Betts）到天津试验水雷。柏专敬后来回忆：“由于试验非常令人满意，日本危机（指日本侵台事件——笔者注）已得到解决，阁下于是指示我组建一所水雷学堂，指导二三十名年轻的中国绅士讲授科学化战争中的这一分支。”⑤

光绪元年（1875年）水雷学堂开始筹建⑥；光绪二年四月（1876年5

① 《光绪二年九月十五日（1876年10月31日）日记》，《郭嵩焘日记》第3册，长沙：湖南人民出版社，1982年，第60页。

② 《谨将出使英国应调人员开缮清单恭候钦裁折》，中国第一历史档案馆，《军机处录副奏折》全宗3，目录162，卷7600，78号。转引自张宇权：《晚清首任驻英使团的出使及近代中国出使制度的建立》，《历史教学问题》2010年第4期，第59页。

③ 《机器局经费奏报折（光绪四年十月十八日）》，《李鸿章全集》第8册“奏议八”，合肥：安徽教育出版社，2008年，第211页。

④ 《复郭筠轩廉访（光绪元年七月二十一日）》，《李鸿章全集》第31册“信函三”，合肥：安徽教育出版社，2008年，第292页。

⑤ J. A. Betts, “The Torpedo Defence of Canton,” *The North—China Daily News*, January 17, 1890, 3.

⑥ 柏专敬在1879年9月13日写给《字林西报》的信中称：“在这所学堂（Imperial Torpedo College, Tientsin，即天津鱼雷学堂）成立的四年里，发射了大小鱼雷一千一百余枚，没有一个人受过半点伤。”——J. A. Betts, “Torpedo Explosion,” *The North—China Daily News*, September 22, 1879, 3.

月），李鸿章奏报经费正式设立天津水雷学堂（又称天津电气水雷局），附设于天津机器局东局，“延订西士，选募生童，就局内添设电气水雷局，教练一切，制成各种水雷，历赴海口演试，应手立效”[①]。其中所称“延订西士”，除了柏专敬外，还有教习即曾兰生，“延西人栢（柏）专敬掌教，曾君兰生副之”[②]。也就是说，1876年以后，曾兰生在天津水雷学堂任教，其任教情况可以从《申报》的各种记载中得知。

如光绪三年二月（1877年3月）驻扎天津新城营兵溃散，为预防溃兵袭城，天津练军前营枪队驻守仓库并防守机器局。“水雷局曾兰生将大概情形函知英国领事，逾一刻，各国兵船即禁止水手上岸，其已在岸者即传唤回船，计英法兵船共有三艘。是夜，每船派兵六人在紫竹林一带与中国营兵巡更。”[③]

光绪三年三月初五日（1877年4月18日），下午三点钟李鸿章在天津三叉河口验放水雷，时任水雷局教习的曾兰生随行：

> 两点钟时，水雷局之教习柏专敬及曾兰生先到河傍进炮台小憩，随下小轮船。两点钟逾一刻，溯流而上恭迓宪驾……两点三刻钟，燃炮三声，伯相出辕，遥见一叶扁舟从上流驶来，至三叉河复燃炮三声，掉转船头傍岸。英人柏君亟下小船，整备燃放各件……夕阳已西坠矣。伯相乃驾船回辕。[④]

光绪三年八月初八日（1877年9月14日），北洋新购大炮数尊到津，“粗可合抱，长约及寻，其样式较前小异，盖后膛至炮口粗细如一，或谓临敌时埋伏水中以之轰击敌船者，未知是否。中堂拟于十八日饬机器局水雷中西教习栢专敬及曾兰生两君，带同肄业各生往大沽操演”[⑤]。光绪四年五月十五日（1878年6月15日），“天津水雷局向有肄业生徒十余人，嗣又由南京送到八人在局肄业，教习栢专敬、曾兰生两君，于前月率领生徒往大沽操演水雷并教习埋伏等”[⑥]。

光绪五年（1879年）水雷局最早招募的学生二十人学成，“于新城大沽及津城直督行辕、招商局等处传递电报，并于海防处所安置水雷”[⑦]。此时，尚有南京续到八人肄业刻未期满。在李鸿章的“机器局经费奏报折”中也有水雷局教习的报销记载，如光绪六年十月二十四李鸿章奏报天津机器局光绪四、五年经费，清单中有“给发电机、水雷局华洋教习、司事薪水，学生、局役等月

---

① 《机器局经费奏报折（光绪四年十月十八日）》，《李鸿章全集》第8册“奏议八”，合肥：安徽教育出版社，2008年，第211页。

② 《轰碎沉船》，《申报》1879年5月13日，第2版。

③ 《详述兵溃》，《申报》1877年3月7日，第2版。

④ 《阅试水雷》，《申报》1877年4月24日，第2版。

⑤ 《津沽续到大炮》，《申报》1877年9月25日，第2版。

⑥ 《广储西器》，《申报》1878年6月15日，第2版。

⑦ 《轰碎沉船》，《申报》1879年5月13日，第2版。

费、工食、购买西书、电器等项库平银一万三千七百二十九两七钱三分四厘六毫六丝四忽”① 的支出项，而天津水雷局华洋教习就是曾兰生、柏专敬。

天津水雷局翻译的《电学问答》是晚清电学书目中的必读之作。《电学问答》确切完成时间不详，最早刊登在《格致汇编》的时间是1880年，则其完成的时间当在此之前；而天津水雷局成立之初，至少在1880年之前，教习仅柏专敬和曾兰生二人。由此判断，其翻译者为曾兰生的可能性很大。《电学问答》以一问一答的形式，共设98项问答，文字简洁，如“第三十六问，阳性五金做成电气以何色金为最佳？答曰：白铅最佳。”《电学问答》中对电学名词的翻译、电学知识的介绍，在当时是非常重要和关键的。此后，《电学问答》收到《西学大成》丛书中，于光绪十四年（1888年）刊刻。《西学问答》丛书分12编，其中“酉编”电学中收录《电学源流》《电学纲目》《电学入门》《电学问答》四种。《电学问答》作为《西学大成》丛书之一广受欢迎，多次再版，光绪二十一年（1895年）的上海醉六堂书坊版至今犹存，反映了西学在晚清的传播状况。《电学问答》的翻译，是曾兰生在北洋时期的重要成绩之一。

柏专敬原为电学学生，而曾兰生也非水雷专业出身，天津水雷局水雷教学成效平平。特别是1879年时，有两名士兵在试放鱼雷时被炸身亡，虽没有学生伤亡，但 *Shanghai Mercury* 杂志报道称鱼雷爆炸导致28人伤亡、柏专敬被辞退。柏专敬于1879年9月13日，特地致函《字林西报》澄清此事。柏专敬在北洋购买英国留赢雷艇事件中被北洋诟病②，于光绪六年（1880年）被辞退。此后，北洋军械局委员刘含芳与驻德公使李凤苞多次函件往来，积极在欧洲觅聘水雷学堂教习，理想的水雷学堂教习“非但专门兵官，更须电报及电学诸艺精通，教习学生而能自督造者，庶克胜任”③，但未找到合适人选。以这一标准来看待曾兰生，其无法胜任教习的重任，仅是教习与学生沟通的中介者角色。

与天津水雷局有关的资料中，还有两件事与曾兰生之子曾笃恭有关。光绪七年十二月十一日（1882年1月30日）水雷学堂职员中，记载有洋教习二员，其中之一为“曾子安”④，即曾笃恭，这一数据，不见于曾笃恭的其他记载中。1883年，在别发洋行（Kelly & Walsh Ltd.）控诉曾笃恭的案卷中表明，曾笃恭曾为天津水雷学堂购买了216.32英镑的书籍，纠纷原因不详，最

---

① 《机器局经费奏报折　附清单（光绪六年十月二十四日）》，《李鸿章全集》第9册“奏议九”，合肥：安徽教育出版社，2008年，第228页。

② 参见陈先松、焦海燕：《北洋海军购置雷艇考述》，《安徽史学》2017年第1期，第121—129页。

③ 《光绪五年九月十八日天字第二十八号》，《李凤苞往来书信》上册，北京：中华书局，2018年，第122页。

④ 刘顺利：《王朝间的对话：朝鲜领选使天津来往日记导读》，银川：宁夏人民出版社，2006年，第96页。

终别发撤销诉讼，提交仲裁。[①] 是否与曾兰生有关？目前不得而知。

（五）担任李鸿章英文秘书

“直隶总督李鸿章英文翻译”是曾兰生在北洋从始至终具有的身份。

在李鸿章筹议淮军官弁赴德一事中，曾兰生是居间翻译。受李鸿章聘用，德国教习李劢协（C. Lehmeyer）于同治十二年（1873 年）来华在淮军任教习，教授炮法。光绪二年（1876 年）年初，“教习李劢协年满回国，偕曾兰生、杨宜斋赴相辕叩辞，伯相将巴使之言询之于李，而李则欣然承允代带出洋。”[②] 在李劢协期满回国之际，李鸿章派遣淮军武弁卞长胜等七人赴德国学习军事，这是晚清派遣的第一届陆军留学生，曾兰生以翻译的身份参与其中。

光绪五年二月三十日（1879 年 3 月 22 日），在李鸿章的授意下，曾兰生给在埃及喀土穆的戈登（Charles George Gordon）回信，答复戈登 1878 年 10 月 27 日来信[③]。对于戈登的询问，信中谈到淮军旧部郭松林等人现状、苏州宝带桥重建，还提及驻英公使郭嵩焘在伦敦曾与戈登会面等事项，可知李鸿章已将相关信息一一告知曾兰生。

这一信件系英文，写信人署名 Tsêng Laisun 并注明“for Li Hung Chang”。这封寄自天津的信件属于礼节性的回复，从曾兰生充当的角色来看，相当于李鸿章英文秘书，这与郭嵩焘奏折中提及的曾兰生身份——“直隶督署翻译”一职是一致的。

1887 年 2 月，曾兰生在写给母校汉米尔顿学院的一封信中，谈到自己的近况：“我在天津，担任众所周知的总督李鸿章的秘书兼翻译。”[④] 曾兰生使用了 Secretary and Interpreter，这是曾兰生对自身角色最准确的记录。

（六）曾兰生与晚清电报业

电报业是晚清新兴行业。光绪六年八月（1880 年 9 月），李鸿章奏请架设天津至上海的电报线，由盛宣怀总其事。盛宣怀与丹麦大北公司签订合同，雇请丹麦工程师来华承造。丹麦工程师霍洛斯制订了《执事之规》[⑤]，作为电报工作的规章，由曾兰生译为中文，时间是光绪七年三月二十日（1881 年 4 月 18 日）。《执事之规》共有十二条，是晚清电报局工作的管理规则，文字简要

---

① “The case of Kelly & Walsh against Tseng Spencer Laisun”, *The North—China Daily News*, June 28, 1883, 3.

② 《覆李丹崖信天字二十三号（覆第十五号信）》，《李凤苞往来书信》上册，北京：中华书局，2018 年，第 96 页。

③ Demetrius C. Boulger, *The Life of Gordon* (London: T. Fisher Unwin, 1896), 213—4.

④ 引自 Char, “In Search of the Chinese Name for ‘Li Sun’,” 110.

⑤ 《执事之规》，收入《盛宣怀档案》，上海图书馆藏，档号：SD095126。

明了，使电报事务有章可循。这一规章的出台早于电报局的成立，表明曾兰生也曾参与到晚清电报建设中。

光绪七年（1881 年）电报局在天津成立，盛宣怀任总办。在丹麦大北公司与李鸿章协商电报线路事宜中，曾兰生是主要的翻译，特别是丹麦恒宁生在津与李鸿章会面时，曾兰生居间翻译。“八点钟恒宁臣与曾恒忠来见”①，罗丰禄、刘含芳俱在座；“恒宁生来津，曾兰生带见”②；李鸿章与恒宁生之间对话的翻译者都是曾兰生。大北公司在津事宜也依靠曾兰生协助：“恒宁臣自廿一日偕曾兰生来局见芗宪（刘含芳——引者注）”，双方对话由曾兰生口译，大北公司与盛宣怀来往函件“三次问答约由曾译”③。曾兰生成为中外交谈的中介者。值得注意的是：李鸿章虽然依赖曾兰生，口译的翻译者都是曾兰生，但是涉及合同类书面档，仍嘱刘含芳、盛宣怀等“邀罗稷臣（丰禄）翻译商办”④，表明从汉文书面表达的准确性上，曾兰生难以胜任。

李鸿章在架设天津至上海电线的同时，奏请在天津设立电报学堂。这所学堂于 10 月 6 日开学，聘请丹麦教习教授。在现有电报学堂的研究中，没有提到曾兰生，然而，根据藏于上海图书馆的“盛宣怀档案”，曾兰生与这一学堂有关。盛宣怀曾致函曾兰生，请其速调电报学生一名至署任事。⑤ 在电报线及电报学堂建设中，曾兰生是参与其中的。

（七）曾兰生与晚清对外借款

1885 年，曾兰生协助办理了神机营借款，其角色有了进一步的拓展。

这一年，神机营向英商怡和洋行借款 150 万英镑（约合白银 500 万两）⑥，“闻经手此款者为曾兰生观察，业已立就华英文字合同彼此交执矣”⑦。这笔借款，“年息 7.5%，分 10 年还清，由津海、东海、江海、江汉四关担保、摊还。6 年后，镇江关、芜湖关、九江关、浙海关开始参与该笔借款的摊还，共

---

① 《刘含芳致盛宣怀函》，《盛宣怀档案》，上海图书馆藏，档号：SD068356—1。该档案原件未标日期，电子文件标注为“光绪二十一年九月二十九日”，日期似有误，根据内容判断这一信函应在 1881 年前后。

② 《刘含芳致盛宣怀函》，《盛宣怀档案》，上海图书馆藏，档号：SD068356—2。该档案原件未标日期，电子文件标注为“光绪二十一年十月六日”，日期似有误，根据内容判断这一信函应在 1881 年前后。

③ 《？成义至盛宣怀》，《盛宣怀档案》，上海图书馆藏，档号：SD061758。

④ 《刘含芳致盛宣怀函》，《盛宣怀档案》，上海图书馆藏，档号：SD068356—2。

⑤ 《盛宣怀致曾恒忠函》，《盛宣怀档案》，上海图书馆藏，档号：SD056951—1。

⑥ 《中国海关通志》编纂委员会编《中国海关通志》第 2 分册，北京：方志出版社，2012 年，第 1161 页。

⑦ 《京华录要》，《申报》1885 年 2 月 24 日，第 2 版。

计约白银 732.59 万两”[①]。对于这次借款，媒体的评价是：“此次向英商怡和洋行所贷之五百万金，系观察（机器局总办恩佑——引者注）及曾兰生观察商同订定，合同甚妥、利息甚轻，较已革道员胡雪岩经手之款便宜不啻倍蓰，醇邸颇深嘉许，闻此款按年拨清，已奉旨著户部预为筹备矣。”[②]

神机营借款此后出现波折：

> 前经曾恒忠所办洋款一节，恩佑抵津后数催，恒忠向该行询问，据英商密克回称，外洋股票将次卖完，一俟售竣，即行全交等语。兹于四月二十六日四点钟由英国伦敦来电，内称：此款股票均已售出，现将该银全数解运来华，不日即到，全数交情等因。恩佑查此项银款迟延之故，系因各处所借款项利息较重，致令此款股票难销，又因招商局售与旗昌实系全盘卖断，嗣因于商局大有不利，经李中堂与该行主斯米德，许以后遇有借款暨铁路枪炮等项，均由该行办理，始将招商局挽回，旗昌欲独操利权，是以怡和此款迟延之故也。现在该行已将股票卖完，克期运解来华。[③]

这一借款虽然是在醇亲王奕譞的授意下由神机营出面，曾兰生是这一借款的中介人，而李鸿章是参与其中的。“贷款中的二百五十万两于〔1885 年〕8 月份在天津交给李鸿章，其余于同月以银锭转交北京。神机营在北京根据交来的银两，折成英镑后，开具收据交给宓吉。”[④] 曾兰生应当是在李鸿章的授意下经办的。

从英国外交部档案来看，曾兰生是清政府办理对外借款时重要的中介者，有记录的材料有两次：1888 年曾兰生致汇丰银行天津代理人 Alexr. Leith[⑤]；1891 年曾兰生致信汇丰银行[⑥]，都与借款有关。虽然并不清楚借款的具体内容，但曾兰生确属经手人。

---

① 《中国海关通志》编纂委员会编《中国海关通志》第 2 分册，北京，方志出版社，2012 年，第 1161 页。

② 《辇下述闻》，《申报》1885 年 3 月 18 日，第 2 版。

③ 《机器局总办恩佑为曾恒忠所办洋款事禀王爷（奕譞）文（四月二十七日）》，《奕譞档二》，载中国社科院近代史所编《近代史所藏清代名人稿本抄本》第 1 辑第 83 册，郑州：大象出版社，2011 年，第 110 页。

④ ［英］勒费窝（Edward LeFevour）著，陈曾年、乐嘉书译：《怡和洋行：1842—1895 年在华活动概述》，上海：上海社会科学院出版社，1986 年，第 66 页。

⑤ Laisun, Mr. Tseng, to Leith, A. Reg. No. 59, 1888, F. O. 678/2562, in *Embassy and Consular Archives* (1879—1913), *Abyssinia—China*, *vol. 6 of List of Foreign Office Records*, no. 13 of *Lists and Indexes*: *Supplmentary Series* (New York: Kraus Reprint Corporation, 1965), 433.

⑥ Tseng Laisun to Hong Kong and Shanghai Banking Corporation Reg. No. 80, 1891, F. O. 678/2681, in *Embassy and Consular Archives* (1879—1913), *Abyssinia—China*, vol. 6 of List of Foreign Office Records, no. 13 of *Lists and Indexes*: *Supplementary Series* (New York: Kraus Reprint Corporation, 1965), 435.

在19世纪七八十年代，在北洋翻译员短缺的背景下，曾兰生以其熟练掌握英语的优势，参与了北洋各项事宜，从中秘交涉、中英《烟台条约》的签订、任北洋水雷学堂教习、参与电报业的初创，以及作为对外借款经手人，涉猎广泛，有少量翻译之作存世；与此同时，曾兰生又是直隶总督署翻译，具有李鸿章私人秘书的身份。曾兰生所任各项事务，反映了北洋翻译官职责的宽泛，举凡有英语需求之处，翻译官曾兰生必然出场。

四、曾兰生在北洋身份研究

在晚清奇缺华人翻译人员的背景下，曾兰生踏入北洋，最初隶属直隶总督署，与李鸿章具有主宾关系，自1875年至1895年的21年中，曾兰生始终担任着李鸿章英文秘书的角色。同时，曾兰生又不限于“私人秘书”的身份。李鸿章将曾兰生札委至北洋各局司，从而使这一幕宾转为幕僚，其身份“走向职官化”①，双方的关系转变为上下级的隶属关系。李鸿章在奏折中称曾兰生为翻译、通事、翻译委员，到1888年以后则明确称其为“翻译官”，这是曾兰生最主要的身份，也是最重要的职责，这一身份的确定与晚清对“翻译”一职的认知紧密相关。

清代初期就有“翻译官”的职官，随着开馆修史而产生并发展，如内翻书房所设的翻译官，是“具备满、汉文或满、蒙文翻译能力的职缺”②，这一职官直至晚清依旧保留。晚清翻译官的另一种指向则是在中外关系的变动中、沟通中外语言的官方职官。尽管清初中外贸易和交涉事务中的翻译人员有“通事”“舌人”等指称，但是升格为“官”则经历了漫长的过程。鸦片战争后，英、法、美等国在通商口岸设领事馆，内设“翻译官”一职，“因其时清政府没有可以胜任外交谈判的翻译人才，在中外官员会面之时往往仅依靠外国的‘翻译官’传述”③；在1858年6月签订的中英《天津条约》第七款中对外国翻译官与清政府官吏的品阶做了对照：“领事官、署领事官与道台同品；副领事官、署副领事官及翻译官与知府同品。”④ 鸦片战争至第二次鸦片战争时期，虽不得不通过外国翻译官传译，但清政府认识到翻译人才培养的重要性，19世纪六七十年代，先后设立京师同文馆、广州同文馆和上海广方言馆等机构，

---

① 黎仁凯：《晚清的幕府制度及其嬗变》，《河北学刊》2004年第3期，第179页。

② 叶高树：《清朝部院衙门的翻译考试》，载王宏志主编《翻译史研究（2016年）》，上海：复旦大学出版社，2017年，第15页。

③ 司佳：《从“通事”到“翻译官”——论近代中外语言接触史上的主、被动角色的转移》，《复旦学报（社会科学版）》2002年第3期，第49页。

④ 王铁崖编《中外旧约章汇编》第1册，北京：生活·读书·新知三联书店，1957年，第97页。

又开启留学途径，以培养选拔译才。然而，无论哪一种培养途径，成长都需时日。如同治元年（1862 年）设立的京师同文馆，“到光绪初年才有学生正式担任政府职务”①；再如最早官派留美自 1872 年才派遣第一批幼童，学成任职为翻译官始于 19 世纪 80 年代中后期。在官方译才匮乏的 70 年代初期，留美归来的曾兰生是重要的翻译官人选。

光绪二年（1876 年），总理衙门奏出使经费酌核定数，其中确定“头等翻译官四百两，二等翻译官三百两，三等翻译官二百两。领事处翻译官三百两”②。“翻译官”这一职官以中外语言沟通为职责，成为出洋使团的成员③。此时总理衙门尚无“翻译官”这一职官的设置。直至光绪十四年六月（1888 年 7 月），总理衙门奏请“于署内添设英、法、俄、布文翻译官”④，得到允准设立，掌中外语言翻译的“翻译官”职官名正式确立。需要指出的是：翻译官设立于“总理各国事务衙门、地方官署和出使大臣属下”⑤，研究者对总理衙门翻译官和驻外外交人员中的翻译官均有精深的研究⑥，但是未讨论隶属于地方官署的翻译官群体。地方官署翻译官的职责非常宽泛，既包含外交事务的翻译，也涉足需译员参与的科技、兵工、军事教育甚至是对外借款等领域，而对此类翻译官的研究实属不足。曾兰生正是督抚官署翻译官群体的一员，又因隶属于直隶总督官署、北洋海军下辖衙门，更加突显了研究的必要性。

既然中英《天津条约》中承认外国翻译官与知府同品，若清政府对等设立翻译官，自应比照知府的品阶“从四品”而设置。⑦ 按照《申报》的记录，曾兰生 1885 年时为“督辕翻译四品衔”⑧，这是曾兰生供职北洋时品阶的唯一记载，与“四品”的品阶大体相同，而何时授予其品阶则不得而知。光绪十四年（1888 年）以前，曾兰生的职责均是翻译，但职名在“翻译”“通事”“翻译委员”中随意切换，没有固定的职衔。直至光绪十四年六月（1888 年 7 月）总理衙门正式奏请设立“翻译官”一职后，曾兰生的身份明确为“翻译官”，成为北洋庞大的职官体系中的一员。

在北洋海军体系内，曾兰生在水师营务处、天津军械局、天津水雷学堂等

① 苏精：《清季同文馆及其师生》，福州：福建教育出版社，2018 年，第 48 页。

② 刘锦藻：《清朝续文献通考》第 2 册，杭州：浙江古籍出版社，2000 年，第 9015 页。

③ 翻译官虽成为出洋使团的成员，但“只定薪水，不定官阶”。参见徐连达主编《中国历代官制大词典》，广州：广东教育出版社，2002 年，第 1215 页。

④ 陈宝琛等：《德宗景皇帝实录》第 4 册，北京：中华书局，1987 年，卷 256，第 447 页。

⑤ 颜品忠等主编《中华文化制度辞典》，北京：中国国际广播出版社，1998 年，第 603 页。

⑥ 李文杰：《中国近代外交官群体的形成（1861—1911）》，北京：生活·读书·新知三联书店，2017 年，第 203—215、339—358 页。该著认为同文馆学生出身，“能胜任翻译官一职者，实寥寥无几”（第 215 页）。

⑦ 张德泽编著：《清代国家机关考略》，北京：中国人民大学出版社，1981 年，第 221 页。

⑧ 《津事录要》，《申报》1885 年 11 月 30 日，第 2 版。

机构当差。光绪三年（1877 年）至光绪十一年（1885 年）李凤苞与天津军械局委员刘含芳等人的来往书信中，多处提及曾兰生及其所在的天津水雷局，其中涉及曾兰生的内容，主要是其私人事宜，特别是关于其长子曾溥之事（详见本文第五节）。

光绪九年二月（1883 年 3 月），李鸿章丁忧守制，淮军将领张树声署理直隶总督，留曾兰生在天津帮办。光绪九年五月初四（1883 年 6 月 8 日），李鸿章电告直督张，“伍秩庸不欲遽回津。尊处事简，有曾恒忠可传话，伍稍缓再去。”① 由此可知曾兰生也是署理直隶总督张树声处理对外交涉的帮手。

19 世纪 80 年代中后期以后的曾兰生，相关报道较为模糊，但是仍能勾勒出其在北洋任职的基本情况，从所属机构来看，曾兰生固定隶属于北洋水师营务处（又称天津海军公所）。在 1890 年至 1895 年，天津海军公所的人员记录中，曾兰生一直是海军公所的翻译官。② 此时海军公所职员中，记录了如下人员：

Secretary——Lo Fêng Luh

Accountant——E. Maukisch

Translator——Tsêng Laisun

在上述三人中，Lo Fêng Luh 是时任秘书罗丰禄，光绪七年（1891 年）六月升任水师营务处道员；时任会计毛吉士（E. Maukisch）也兼任翻译工作。③

北洋水师营务处（英文名称是 Viceroy's Naval Secretariat），筹建于 1879 年，“建于紫竹林法国公廨旁，于癸未五月（1883 年 6 月——引者注）落成。衙署宏深，堂庑轩敞。又有洋房两所……名之曰‘迎宾馆’，以备各西官过津憩息，为授餐适馆之区。”④ 以海军公所翻译官的身份，曾兰生参与了诸多外宾接待事宜。

光绪十九年四月二十六日（1893 年 6 月 10 日），李鸿章在天津水师营务处宴请卸任日本驻华公使大鸟圭介，中方人员有“津海关道盛杏荪观察，东海

---

① 《寄直督张（光绪九年五月初四日辰刻）》，《李鸿章全集》第 21 册“电报一”，合肥：安徽教育出版社，2008 年，第 53 页。

② *The Chronicle and Directory for China, Corea, Japan the Philippines, Indo—China, Straits Settlements, Siam, Borneo, Malay States, &C., for the Year* 1890 (Hong Kong: Daily Press, 1890), 213 (hereafter cited as *The Chronicle, for the Year* [*year*]); *The Chronicle, for the Year* 1892 (Hong Kong, 1892), 91; *The Chronicle, for the Year* 1894 (Hong Kong, 1894), 95; *The Chronicle, for the Year* 1895 (Hong Kong, 1895), 96.

③ The Bureau of Foreign Commerce, *Department of State: Commercial relations of the United States with Foreign Countries During the Years* 1896 *and* 1897 (Washington: Government Printing Office, 1898), vol. 1, 1029.

④ 张焘：《北洋水师办公处》，《津门杂记》，天津：天津古籍出版社，1986 年，第 127 页。

关道刘芗林观察，军械所总办张楚宝观察，招商局总办黄花农观察，水师营务处罗稷臣观察，武备学堂总办联观察，会办荫观察，开平矿务局总办张燕谋观察，营务处贾军门，练军统领何军门，翻译官曾君恒忠，共计十一员”①。

光绪二十年三月二十三日（1894 年 4 月 28 日），英国驻华公使欧格讷（Nicholas R. O' Conor）到津，李鸿章在水师营务处宴请中外宾客，中方参加人员包括“丁禹廷军门，运宪季督转，道宪方观察，海防支应局李观察兴锐，招商局黄观察建芫，军械所张观察士珩，铁路公司伍观察廷芳，武备学堂联观察芳，水师营务处潘观察志俊、罗观察丰禄、张观察翼，随办洋务罗观察臻禄、熙禄，以及曾君恒忠等计十四人”②。

同年五月二十日（1894 年 6 月 23 日），俄国驻华公使喀希尼（Count A. P. Cassini）到津，李鸿章在水师营务处宴请中外宾客，中方参与人员有“津海关道盛观察，支应局李勉林观察，军械所张楚宝观察，招商局黄花农观察，铁路公司伍秩庸观察，武备学堂联春卿观察，荫五楼观察，开平矿务局张燕谋观察，水师营务处罗稷臣观察丰禄，以及乃弟臻禄、熙禄，直刺等两人，尚有翻译官曾君恒忠等，计中国官宪十四人”③。

曾兰生是北洋翻译官，参与各国公使来津的宴请活动，自是不可或缺的角色。从上述参与的中方人员名单中，也可以大致观察曾兰生周边同僚状况。

表一　曾兰生同僚情况表（1893—1894）

所属衙门或职务	姓名
海军提督	丁汝昌
津海关道	盛宣怀
东海关道	刘含芳
军械所总办	张士珩
招商局总办	黄建筦
水师营务处	罗丰禄、潘志俊、罗臻禄、罗熙禄
武备学堂总办	联芳
武备学堂会办	荫昌
开平矿务局总办	张翼
天津营务处总兵	贾起胜
练军统领何军门	何永盛

① 《宴宾续述》，《申报》1893 年 6 月 25 日，第 2 版。

② 《傅相宴》，《申报》1894 年 5 月 6 日，第 1 版。

③ 《主宾欢洽》，《申报》1894 年 7 月 3 日，第 2 版。

续表

所属衙门或职务	姓名
长芦盐运使	季邦桢
海防支应局	李兴锐
中国铁路公司总办	伍廷芳

从上述人员来看，都属于李鸿章得力的政僚人员，曾兰生位列最末。

光绪二十年四月初三至二十三日（1894 年 5 月 7 日至 27 日），李鸿章自天津出发校阅海军，由海路经旅顺、大连湾、威海卫、胶州澳、烟台至营口，再由陆路回津。随节文武各员中有“翻译官曾恒忠”。① 按照《海军大阅章程（光绪二十年）》，参与校阅的随节各员有：“天津营务处贾镇起胜，津海关道盛道宣怀，东海关道刘道含芳，水陆营务处龚道照玙，山东海防营务处李道正荣，军械总局张道士珩，大沽船坞顾道元爵，招商局黄道建筦，前出使俄国参赞罗道臻禄，水师营务处潘道志俊，水师营务处张道翼，总医官爱纳文，副医官林丞联辉，翻译官曾恒忠。”② 除“津海关道盛宣怀因病请假”③ 外，其余均随李鸿章校阅北洋海军。

曾兰生同僚中，频繁出场的有盛宣怀、刘含芳、罗丰禄、伍廷芳等人。各种场景中，曾兰生均位列最末，这在一定程度上反映了翻译官曾兰生在北洋的位置。曾兰生在北洋二十余年，应当与同僚有过交往，然而，从目前掌握的上述人员的文集、日记、书信等资料来看，仅刘含芳与李凤苞往来信函和盛宣怀档案中有不少与曾兰生有关的资料，曾兰生与上述人员的交往还需进一步考证。

与曾兰生同样精通英语的在津人员中，值得关注的是伍廷芳（1842—1922）④、罗丰禄、严复。三人都有留学英国的经历。伍廷芳毕业于英国伦敦林肯法律学院，是李鸿章急需的律例人才。就像在光绪三年九月（1877 年 10 月）覆总理衙门建议聘用伍廷芳的信函中所言：“久闻其人（伍廷芳）熟悉西洋律例，曾在英国学馆考取上等。于其来谒，虚衷询访，俱能指陈窾要，虽在香港及外国多年，尚恂恂然有儒士风，绝无外洋习气，尤为难得。”⑤ 虽需“每年六千金”也决计聘用，直至光绪八年九月（1882 年 10 月）伍廷芳入李

① 《傅相阅兵》，《申报》1894 年 5 月 1 日，第 2 版；《大帅行期》，《申报》1894 年 5 月 10 日，第 2 版。

② 张侠等编《清末海军史料》，北京：海洋出版社，1982 年，第 514—515 页。

③ 《校阅海军竣事折（光绪二十年四月二十五日）》，《李鸿章全集》第 15 册“奏议十五”，合肥：安徽教育出版社，2008 年，第 335 页。

④ 曾兰生与伍廷芳有姻亲关系：香港牧师何福堂的女儿何妙龄、何晚贵分别嫁给了伍廷芳、曾兰生次子曾笃恭。

⑤ 《覆总署　请用伍廷芳（光绪三年九月初一日）》，《李鸿章全集》第 32 册“信函四”，合肥：安徽教育出版社，2008 年，第 134 页。

鸿章幕，参与了中法战争至中日甲午战争时期的各项中外交涉，光绪二十二年（1896 年）充任驻美日秘公使。光绪六年（1880 年），李鸿章调罗丰禄任大沽船坞总办；次年，罗丰禄“充水师营务”①；光绪二十二年（1896 年）充任驻英意比国公使。光绪六年七月（1880 年 8 月），李鸿章调严复充任天津水师学堂“洋文总教习”；1889 年严复升会办，1893 年再升总办。李鸿章将精通英语的三人网罗在门下并荐以大任，唯独频频登场的曾兰生寂寂无闻，这或许与其外籍的身份、未完成的学业有关。值得注意的是，严复和罗丰禄都曾是曾兰生在福州船政学堂任教时的首班学生，又同在水师营务处任职，但未发现二人有关于曾兰生的评价。

1875 年至 1895 年间，身为直隶总督兼北洋大臣的李鸿章幕府极为兴盛，英文翻译主要有曾兰生、罗丰禄、伍廷芳等人，此外还有德语翻译荫昌，日语翻译罗庚龄、卢永铭等。在李鸿章的翻译中，还有不少外国人，特别是曾任美国驻天津副领事的毕德格，成为李鸿章处理外交事务的重要助手。在英文翻译中，曾兰生任职时间最早，任用的时间相当长。从后期的发展来看，担任翻译兼机要秘书的罗丰禄和担任翻译兼秘书的伍廷芳都升任驻外公使，李鸿章在奏折中多次谈及罗、伍二人并为之请奖，而曾兰生从未成为奏请奖励的对象。

曾兰生的华裔身份又使他不会出现在李鸿章历次上奏的“洋员请奖”折中。如光绪十七年九月初六（1891 年 10 月 8 日）请奖北洋水师营务处翻译德国人毛吉士，“请赏给三等第三宝星”②，而此时曾兰生也隶属于水师营务处；在其他请奖折中，未见“曾恒忠”的名字。

19 世纪 80 年代以后，李鸿章罗致的洋务人才渐次增加，军事、外交、法律、翻译等各种专业之才各司其职，早期洋务教育培养的学堂及留学人才也逐渐成长起来，反映在北洋人员结构上，发生了显著变化。受此影响，到 90 年代，垂垂暮老的曾兰生专任“口译”，成为李鸿章对外事务中的口译员，这一职司不可或缺，但在翻译官中又是记载最少、受重视程度最弱的群体。

五、曾兰生的另一面

如本文第二节所述，在上海经商期间，曾兰生大量购置了地产。从现存的《上海道契》③ 来看，从 1857 年 10 月起，曾兰生买卖、交易的地产总额超过八十亩。1875 年以后，曾兰生在上海仍拥有不少房产。

---

① 《汇复李丹崖星使（光绪七年六月初五日）》，《李鸿章全集》第 33 册“信函五”，合肥：安徽教育出版社，2008 年，第 46 页。

② 《洋员请奖片（光绪十七年九月初六日）》，《李鸿章全集》第 14 册“奏议十四”，合肥：安徽教育出版社，2008 年，第 191 页。

③ 蔡育天主编《上海道契》30 卷，上海：上海古籍出版社，2005 年。

表二　曾兰生在上海的地产及其交易情况表（1875年以后）[①]

序号	永租人中文姓名	转租情况	地块面积	契证序号	立契时间	租金
1	曾来顺		一亩二分四厘	英册道契第363号，第370分地	1862年4月9日	共99000文
	曾来顺	沙罗门			1897年3月18日	—
2	曾来顺		六分	美册道契第193号	1863年10月27日	720两
	曾来顺	曾来顺夫人			1883年7月28日	
3	曾来顺		二亩五分	美册道契第194号	1863年10月27日	810两
4	曾来顺		五分（后核改为四分九厘四毫）	美册道契第289号[②]	1872年6月17日	540两

曾兰生在《上海道契》中的姓名，中文始终用“曾来顺”；英文名先后使用了“Tsăng Laisun”“Chang Laisun”“Chang Lai Sun”“Chan Lai sun”“Chan Laisun”，后期主要使用“Chan Laisun”。从房产交易状况来看，在1866年曾兰生到船政之前，已经将大部分地产出卖。交易中有损失严重的地块，如原英册道契第286号第293分地（后美册道契第210号）的土地七亩五分四厘，曾兰生与吉利洋行合作时转入该洋行，而吉利洋行于1866年5月28日倒闭，该地块被拍卖，原先购买时的地价为7540两，拍卖所得仅3000两，这正是曾兰生转至船政的背景。在供职船政期间，按照英册道契第348号第355分地的买卖记录，1868年2月8日“（英国人）卓恩阁苐克士密在大英按察杨门控告曾来顺为欠债事。现在玛安按照堂谕，将三百五十五分地三百四十八号地六亩六分六厘转与卓恩阁苐克士密租用”[③]，曾兰生不得不放弃了这一地块。1870年2月，曾来顺还出让了美册道契第195号，有六分的面积。

除了1866年前曾兰生已经出卖的地产外，曾兰生在19世纪八九十年代仍持有一些地产：

Ⅰ. 英册道契第363号第370分地，计一亩二分四厘，曾兰生于1862年4

---

① 蔡育天主编《上海道契》卷2，英册道契号363，页67；卷26，美册道契号193，页128；美册道契号194，页129；美册道契号289，上海：上海古籍出版社，2005年，第210页。

② 由于曾兰生禀称该契遗失，光绪九年六月三十日（1883年8月2日）“美总领事德来函请补给前来，现照上契补填盖印给执。相应一律批明备考。”见蔡育天主编《上海道契》卷26，美册道契号289，上海：上海古籍出版社，2005年，第210页。

③ 蔡育天主编《上海道契》卷2，英册道契号348，上海：上海古籍出版社，2005年，第52页。

月购入，花费近10万文，年租每亩1500文。这一地产在曾兰生去世之后，于1897年3月转租给沙罗门。

Ⅱ. 美册道契第193号，曾兰生于1863年10月购入，仅六分地的面积，花费达720两。这一地块在1883年7月将承租人改为曾兰生夫人，直至民国初年曾夫人仍持有这一地契。

Ⅲ. 美册道契第194号，曾兰生于1863年10月购入，共计二亩五分地，花费810两。

Ⅳ. 美册道契第289号，曾兰生于1872年6月购入，面积是五分，花费540两。

Ⅲ、Ⅳ两个地块没有买卖的记录，表明直至民国时期，这一土地仍在曾兰生夫人或后裔手中。

由于"外国人在通商口岸城市祇能租地，而不能买地"的原则[①]，上述地块都需要承担每亩1500文的年租。从上述地契情况来看，尽管曾兰生由于生意失败而转投南北督抚，但是经济上仍有相当的实力。至于1872年以后，曾兰生是否还兼职经商？没有太多的数据可以证明。唯一见到的资料是在留美幼童初至美国后，有美国人记录了一个诚实的华人商人形象的曾兰生，"据传曾兰生身家过百万……他完全是诚实的经销商"[②]，表明在1872年前后，曾兰生仍旧从商。

前文谈到，李鸿章在1876年对曾兰生的评价是"嗜利而暗于大体"，"嗜利"具体体现在其索要薪水过高还是曾兰生仍兼职经商？抑或是李鸿章仍持有对通事"无识牟利"的偏见？还需进一步研究。

光绪五年七月（1879年8月）李凤苞自德国寄信中，有至曾兰生函，刘含芳复信称"曾兰生函已即转交"[③]。光绪六年十月二十九日（1880年12月1日），李凤苞致函刘含芳，谈及曾兰生长子之事[④]，刘含芳等复信称："今日弟芳晤兰生面，云其款交天津领事穆邻（麟）德寄去矣，特此附告。"还称"曾兰生长子之事，已由（我）等先属其寄钱了局，而后呈信中堂。因中堂之三先生及堂侄皆病故，心绪不佳，未便再烦生气"[⑤]。至光绪七年三月廿三日

---

① 《〈上海道契〉编辑说明》，蔡育天主编《上海道契》卷1，上海：上海古籍出版社，2005年，第2页。

② J. H. Beadle, *The Undeveloped West; Or, Five Years in the Territories* (Philadelphia, PA.: National Publishing Company, 1873), P. 319—320.

③ 《光绪五年九月十八日天字第二十八号（覆二十一号信）》，《李凤苞往来书信》上册，北京：中华书局，2018年，第123页。

④ 《来信五十七号（覆四十八号去信）》，《李凤苞往来书信》上册，北京：中华书局，2018年，第341页。

⑤ 《（去信）天字第五十六号》，《李凤苞往来书信》上册，北京：中华书局，2018年，第338页。

（1881 年 4 月 21 日）李凤苞再次致函刘含芳，称“迄今半年，未见曾兰生托人料理妥帖，而该女及其父屡次来函渎扰，殊不雅观。拜烦迅赐函至兰生，严饬其子托人办妥。如再置若罔闻，请禀明傅相，训饬惩戒之”①。直至五月十九日（公历 6 月 15 日），刘含芳等复信：“兰生之子生子一事，先于正月间已经兰生付钱，托天津穆领事了案。承示已转告兰生，属其赶紧催询该领事，据称由领事转交布迈司，此时当可收到。”② 曾兰生因长子曾溥在德国私生一子之事，“颇于中国体面有关”③，几乎酿成交涉事件。信件提及李鸿章，颇顾虑李鸿章得悉此事。曾兰生为其子曾溥所累，恐或造成李鸿章对曾氏父子的负面评价。

曾兰生次子曾笃恭归国后，其职业也与翻译密切相关。除了 19 世纪 80 年代初在北洋任翻译、教习外，1883 年他与留美同学黄开甲在上海成立了“翻译华洋公事馆（Lansun & Co.）”，还曾兼任上海会审公廨翻译、美国驻镇江领事馆翻译等。

曾兰生 1875 年任职北洋后，与在华西人保持着密切的联系。

光绪元年十二月二十八日（1876 年 1 月 24 日），日本使臣森有礼在保定谒晤李鸿章，在会谈中，“森使云在美国时识得贵国容闳、曾兰生二人，极有学问。答云容闳现派驻美国钦差大臣。森使云极好。又答云曾兰生现调回天津当委员，明年森大人过天津可以访他”④。李鸿章答词中“委员”一职是笼统的说法，也表明其时曾兰生在天津当差。

1876 年 3 月 6 日，西医马根济（John Kenneth Mackenzie）到达上海后，曾与曾兰生见面。⑤ 马根济北上天津，是否是曾兰生引荐不得而知，但是马根济在天津开设医院，曾兰生曾到场。光绪六年十一月初一（1880 年 12 月 2 日），由马根济主持的伦敦会施医院（也称医病馆或养病院）在天津建成，该医院得到了李鸿章的支持，因此俗称为总督医院。开院之际，中外文武官绅毕至，英国驻天津领事致辞，请“曾兰生翻译译之”⑥；李鸿章致辞则由马建忠以法语翻译。

① 《来信七十二号（覆五十五号去信）》，《李凤苞往来书信》上册，北京：中华书局，2018 年，第 387 页。

② 《（去信）天字六十六号（覆七十一、二、三号函）》，《李凤苞往来书信》上册，北京：中华书局，2018 年，第 410 页。

③ 《来信五十七号（覆四十八号去信）》，《李凤苞往来书信》上册，北京：中华书局，2018 年，第 341 页。

④ 《附　日本使臣森有礼署使郑永宁来直隶督署内晤谈节略（光绪元年十二月二十八日）》，《李鸿章全集》第 31 册“信函三”，合肥：安徽教育出版社，第 340 页。

⑤ Mrs. Bryson, *John Kenneth Mackenzie, Medical Missionary to China* (London: Hodder and Stoughton, 1891), P. 162.

⑥ 《天津新建养病院开院记》，《申报》1881 年 1 月 2 日，第 4 版。

1877 年 11 月，曾兰生夫人在位于上海的家中举办义卖会，为慈善事业筹款。[①] 山东青、莱二府所属之十三县受灾后，在沪的"前次出洋局翻译官曾兰生之女公子二人，邀同数闺友徧请西国女眷劝捐银米寄彼助赈，是见者闻者、无论中西、不分男女皆知彼处灾黎日就死亡，故始有此举也"[②]。1879 年，美国前总统格兰特（Ulysses Simpson Grant）到天津时，李鸿章设宴款待，"总统问及曾君兰生其人，有无在津？爵相答以养疴回沪。"[③] 这都表明曾兰生在上海仍保有房产，并将家眷安置在上海。

1886 年，法国德康维尔铁路公司（Decauville Railway Company），为了向清政府推销产品，在英租界海大道以西到海光寺道，铺设了一条大约二三英里的窄轨铁路[④]，即"地可味而铁路"，"以广东道孙赉（Laisun 译音）先生[⑤]的房屋后身为起点……李鸿章这位非凡的总督，以总督之躯冒险乘坐了火车，并在举行开车仪式后，把我们所有人带到孙赉先生的房中，以法国东部的发泡葡萄酒来庆祝'中国铁路的成功'"[⑥]。从材料来看，当时曾兰生的居所应当在广东道（今为唐山道）与海大道（今为大沽北路）的交口处。

1893 年，曾兰生卷入 Rifle Butts 案中，是原告之一。这一案件中，曾兰生的国籍问题遭遇质疑，而曾兰生坚称他是英国子民。1905 年，在另一起案件审理中，再次确认"前在北洋当差之曾恒忠确系英籍"[⑦]。事实上，《上海道契》也证实了曾兰生英籍的身份：由于道契是颁发给在华外国人的（如果转租给华人则道契自然失效），属于曾兰生的道契，除了最初的道契使用了"本国商人希腊人曾来顺"名义外，之后都用了"本国人曾来顺"的承租人信息。

按照路康乐（Edward J. M. Rhoads）教授所掌握的材料，曾兰生在 1873 年 4 月加入了共济会，成为春田汉普顿分部（the Hampden Lodge in Springfield）的一员。当曾兰生在天津期间，与共济会仍保持着密切联系："他（以 Tsung Lai Shun 的姓名）于 1881 年 1 月参与在天津创立共济会'第 1951 号分部（the Union Lodge no. 1951）'。他是这个跨国分部 12 位创立者中唯一的华裔；按照共济会的出版物的记载，'曾弟兄是已知的第一位居住在中国的共济会会员。'"[⑧] 在共济会的相关记录中，佐证了 1951 分部 1881 年在天津成

---

① "Special Telegram," *The Shanghai Courier & China Gazette*, November 26, 1877, P. 2.

② 《书本报乐善可风后》，《申报》1876 年 12 月 16 日，第 1 版。

③ 《美总统在津续闻》，《申报》1879 年 6 月 8 日，第 3 版。

④ 刘海岩：《电车、公共交通与近代天津城市发展》，《史林》2006 年第 3 期，第 21 页。

⑤ 翻译错误，原文为 Mr. Laisun 即曾兰生。

⑥ 任吉东译：《马克里希的两篇演讲词》，载刘海岩主编《近代外国人记述的天津》，天津：天津人民出版社，2018 年，第 317—318 页。

⑦ 《昆山县铁路命案解沪办理》，《申报》1905 年 10 月 7 日，第 4 版。

⑧ Rhoads, "In the Shadow of Yung Wing," P. 53—54.

立的事实[①]，还有 1951 分部相关负责者情况，以及 20 世纪初年该分部的重建和活动[②]，但是笔者尚未发现更多有关曾兰生的记录。

1894 年 4 月至 5 月之间，李鸿章在北洋水师营务处宴请美国前国务卿约翰·福斯特（John W. Foster）时，有美国记者记录了此次宴会中曾兰生的形象：

> 海军北洋水师营务处秘书罗丰禄在门口接待了我，然后最年长也是最受总督信赖的幕僚曾兰生先生牵着我的手，将我领去会见那位大人。尽管当晚我身着晚礼服，但和周围那些盛装的清朝人相比，我仍觉得自己衣着褴褛不堪。举个例子说吧，曾兰生穿着淡蓝的丝绸长袍，上面装饰着一排极其精美的貂绒，靴子是黑色缎面的，衬裙则用最华贵的黄缎制成。他头戴一顶价值千金的黑貂皮帽，价值不菲的戒指在细长的手指上闪耀着光芒。这位秘书现年 68 岁，说着一口和美国人一样好的英语。[③]

这位美国记者对曾兰生有深刻的印象。

洋务派官吏对曾兰生的记录寥寥无几，而在华外文报刊中，特别是在《字林西报》（*The North—China Daily News*）中，曾兰生是非常著名的人物。《字林西报》1875 年就曾报道幼童留美事宜启动之前，曾兰生在上海从事对外贸易。[④] 在中英《烟台条约》谈判中，是李鸿章的“首席秘书（chief secretary）”。19 世纪 80 年代的报道中，称曾兰生是李鸿章的私人秘书（private secretary to Li Hung—Chang）。[⑤]“在过去的二十年里，协助参与了李鸿章几乎每一个主要的对外交涉事务。”在中日甲午战争期间，李鸿章赴日谈判，令曾兰生留守天津协助署理直隶总督王文韶，因此曾兰生没有参与《马关条约》的谈判。[⑥] 1895 年 6 月 2 日，曾兰生去世后，《字林西报》发布了简短的消息，“在位于天津海大道（Taku Road）的住所……直隶总督李鸿章二十余年的首席私人英文秘书（for over twenty years Chief Private English Secretary to H. E. the Viceroy Li Hung—chang）”[⑦] 去世，特地要求香港和纽约的报纸在公布这一消息时引用这段话。6 月 5 日，详细介绍了曾兰生生平，称曾氏是李鸿

---

① “Quarterly Communication of United Grand Lodge,” *The Freemason's Chronicle* 14, no. 362 (December 1881): P. 372.

② “An Incident in China,” *Masonic Standard*, August 10, 1901, P. 12.

③《李鸿章官邸举办的宴会》，[美]《印第安纳波利斯报》1894 年 10 月 21 日，收入赵省伟主编《西洋镜：海外史料看李鸿章》上册，广州：广东人民出版社，2019 年，第 90 页。

④ “Mr. Chen Laisun,” *The North—China Daily News*, March 8, 1875, 3.

⑤ “The strange ideas,” *The North—China Daily News*, September 4, 1885, 3.

⑥ “Mr. Tsêng Laisun,” *The North—China Daily News*, June 5, 1895, 3.

⑦ “Death,” *The North—China Daily News*, June 6, 1895, 3.

章的秘书和翻译（secretary and interpreter to Viceroy Li Hung—chang)。[①] 曾兰生去世后，遗体运至上海安葬[②]，这也表明曾家以上海为居住地。与英文报刊的记载形成鲜明对照的是，在曾兰生过世后，李鸿章并未为其请奖[③]，清政府职官录或缙绅录中也没有曾兰生的任何记录。

曾笃恭去世时，《字林西报》的讣告中称其为"英国国籍的中国人""李鸿章前翻译之子"[④]。曾兰生夫人于1917年1月17日在上海去世，去世前居住在当时的文惠廉路11号（11 Boone Road)[⑤]，应当是曾兰生早年购得。

曾兰生受到来华外国人的重视，在来华西人中有很高的地位，这可以从另外一个视角观察曾兰生，当然这与他"李鸿章翻译官"的身份紧密相连。

六、结　语

1895年7月24日，在曾兰生过世一个多月后，他的出生地新加坡的报纸《星报》报道了这一消息，内容耐人寻味：

> 津有函告云，李傅相所有舌人甚伙，其最久者则有粤人曾恒忠，自湖广总督移任畿疆以来，相从三十年，资格较深，所操英语，亦甚娴习，盖素在英都伦敦及新嘉坡等处肄习多年，非同操切也。因英文翻译日增，该员每日祇偕西医爱尔文君往督辕，为傅相传语，虽须发皆白，齿数已逾古稀，而精神乃甚矍铄，乃忽于前数日遽尔弃世，闻者惜之。[⑥]

这一报道中有错误之处，但记录了曾兰生最后的形象，其中所用"译员"特别是"舌人"一词，形象地展示了对曾兰生的定位——北洋口译员，他每日与西医伊尔文（J. O. Malley Irwin)[⑦] 同往直隶总督府候差，为西医和李鸿章居间传译，是秘书的角色。与笔译者相比，口译员所留下的文字记录很少，因此，构建一位口译员的活动是困难的。

19世纪六七十年代，曾兰生担任福州船政学堂教习和留美幼童翻译都体

① "Mr. Tsêng Laisun," *The North—China Daily News*, June 5, 1895, 3.

② "The remains of the late Mr. Laisun, Secretary to the Viceroy Li Hung—chang," *The North—China Daily News*, June 9, 1895, 3.

③ 由于此时正逢甲午战后《马关条约》刚刚签订，具体原因还有待补充。

④ "Many friends will have learnt with regret of the death of Mr. Spencer T. Laisun in his 61st year," *The North—China Daily News*, January 15, 1917, 10.

⑤ "Obituary: Mrs. Tseng Laisun," *The North—China Daily News*, January 20, 1917, 7.

⑥ 《译员作古》，[新加坡]《星报》，1895年7月24日，第3版。

⑦ 伊尔文，英国人，19世纪70年代末起任直隶总督府医官。见《李鸿章会见格莱斯顿先生》，[英]《罗伊德每周新闻》，1896年8月16日。转引自赵省伟主编《西洋镜：海外史料看李鸿章》下册，广州：广东人民出版社，2019年，第293页。伊尔文也是共济会天津分会的秘书。

现了其译才为洋务派所重视。70 年代到 80 年代中期，曾兰生角色的重要性非常突出，他不仅参与到外交事务的翻译中，也参与到晚清科技、兵工业和军事教育甚至是对外借款等领域。80 年代后期，洋务教育培养的翻译人才渐次成长起来，他们供职在总理衙门、地方官署和驻外使馆中，逐渐取代了曾兰生扮演的角色。李鸿章翻译人员中罗丰禄地位的上升就是这一变动最重要的反映。如果将李鸿章的翻译官进行归类（不讨论洋员翻译官），曾兰生、罗丰禄、伍廷芳可视为三类，有着不同但又相似的教育经历，而罗丰禄与伍廷芳都得到了李鸿章的重用，唯独曾兰生以翻译官的身份任职北洋二十一年，长期兼任李鸿章英文秘书，未见李鸿章在奏折中为其请奖，这或许与其华裔的身份、未完成的教育、个体的性格、独特的经商经历、曾经的上海华人最大的地产商等经历有关。

在曾兰生一生，除去在上海经商的十余年，自 1866 年受聘至船政始，就与督抚官署翻译官、译员、口译等与翻译相关的身份紧密相连，成为清政府雇员。与最早一批洋员翻译不同，其华裔的身份使之区别于洋员，而又与清政府通过洋务学堂培养的翻译有很大不同，如果说这是曾兰生的优势，也可以反过来说，这是曾兰生的劣势，这是在晚清中西交流的背景下一个特殊的样本。

（本文原刊载于《汉学研究》第 41 卷第 1 期（2023 年 3 月），经该编辑部同意，略有修改后转载于此。本文系国家社科基金项目“跨国史视野下的近代中国留美生与兄弟会研究”（21BZS152）之阶段性成果，承蒙复旦大学法学院陈立先生指教，得到两位匿名审稿专家提出宝贵修改意见，谨致谢忱）

北洋海军“经远”舰帮带大副陈策家世事迹钩沉

王记华*

关键词： 陈策　北洋海军　家世

摘　要： 陈策是船政后学堂毕业生，后任职北洋海军，在甲午战争中殉国牺牲。因为原始档案逸失，有关这位海军人物的详细身世、事迹长期不详。本文依据陈策后裔所提供的重要材料，结合北洋海军史料、现存于台湾地区的清末海军档案。互相比对印证，进行梳理，将陈策的家世情况廓清，并对陈策的父亲陈大光的传奇人生加以介绍，同时就陈策在北洋海军中的服役经过。在甲午黄海海战中壮烈殉国的事迹加以考证。本文还公布了新发现的陈策家书等重要材料，希望能由此促进相关研究，使这位船政学子、海军英雄的事迹得以彰显。

一、前记

1926年，由民国海军部编纂的《海军实纪》刊行[①]。该书是关于近代中国造舰购舰、海军教育、海防与海军建设、甲申马江海战和甲午中日海战史料之集大成，具有重要的史料研究价值。

《海军实纪·述战篇》内中附文《申午两役死难群公事略》，含甲申马江海战殉国船政水师将士4位（另有2位附于其中），甲午海战殉国北洋海军将士22位；其中《陈镇玉书事略》的传主陈策，就是甲午殉国将士之一。

《陈镇玉书事略》通篇仅250字，高度概括了陈策的生平和甲午殉国事迹，然于其家世背景、船政求学、为人处事等事迹，仅寥寥数语，语焉不详，仅可略窥其大概风貌，而不能一睹其生动形象、一探其精神世界，洵为一大缺憾！

《海军实纪》编纂之始，海军部曾下令全军征集北洋海军及甲午殉国将士

---

* 王记华，中国甲午战争博物院研究馆员。

① 原北洋海军“靖远”舰帮带大副刘冠雄于1912年出任民国北洋政府海军总长，在海军部总务厅下设编纂科，委任原北洋海军文案池仲祐为科长，主持整理编纂《海军实纪》，历时14年始成。

史料，《甲午两役死难群公事略》亦显示，池仲祐确曾参考了多位传主的家书及家世资料。十余年前，“经远”舰驾驶二副陈京莹家书原件，于台湾高雄左营“海军军史馆”被发现，证实就是民国海军部当年所收集史料之一。依此分析，《陈镇玉书事略》（下称《事略》）所参考的陈策家书等史料，也应与《陈京莹家书》等共存一处，然始终未获确证。

2015年，香港学者何冠环先生到山东威海参加学术活动，并参访了甲午故地刘公岛，对甲午战争博物馆陈列馆展示的《陈京莹家书》感触颇深。2018年9月，何先生通过电子邮件告诉笔者，其香港皇仁书院学长、现居加拿大的陈永权先生，乃甲午殉国英烈陈策的五弟陈兆聪之孙①，于近日向母校皇仁书院赠送了一批陈策家书等家族文献史料。得此重要讯息，笔者即请何冠环先生帮助牵线，迅速与陈永权先生取得了联系。

陈先生随后提供了若干份陈策家族的资料图片，主要有：陈策朝服半身像、高祉元撰《陈副将玉书传》（抄件，下称台湾藏《陈传》）②、霍铸吉撰《清诰封武功将军陈公大光墓铭》（抄件，下称《陈公墓铭》）③、《陈大光致陈策家书》（抄件）、《陈策训弟家书》（抄件）、《陈氏宗谱》“二房陈策”（抄件）、陈永权撰《颍川陈氏三位杰出后裔》（下称《颍川陈氏》），均系首次面世；其中陈策朝服半身像照片，是其殉国近130年来发现的首份个人影像资料，形象栩栩如生，足彰其军人风采，尤为珍贵无匹。

为此，笔者对上述陈氏家藏史料加以梳理，结合船政、北洋大臣、北洋海军等官方档案及相关著述，力图对陈策的家世渊源、船政求学、北洋从戎、家风家教等史事作深入发掘钩沉，以补《事略》过于简略之空白与缺憾，兼而纠正讹误，以期甲午英烈陈策的形象愈加生动丰满。

二、陈策家世溯源

据《陈公墓铭》载，陈策的父亲陈大光（1828—1882），名裔，字大光，号道光，广东番禺下滘村（今广州市番禺区洛浦街道厦滘村）人。其幼年丧父，与母亲相依为命。香港的一位英国人士特别赏识陈大光的敦厚朴实，心生怜悯，施以援手，将他带到英国，送入卜敬咸书院学习英文。④

① 陈永权先生自述：其曾祖陈大光，19世纪七八十年代曾任职港英殖民政府高等法院书记。其祖父陈兆聪，是曾祖陈大光第五子。北洋海军“经远”舰帮带大副、甲午殉国将领陈策（名兆麟），是曾祖陈大光次子、祖父陈兆聪二兄、其本人的伯祖父。本文所采用的陈策及家书等家族图片史料，承蒙陈永权先生提供并授权使用，谨表衷心感谢。

② 该高祉元撰《陈传》（抄件），藏于台湾高雄左营“海军军史馆”，系转抄自陈兆聪抄件《陈副将玉书传》。

③ 全文见本文末附文。

④ 霍铸吉：《清诰封武功将军陈公大光墓铭》。

《颍川陈氏》所述则较为详尽："一同乡赏识他的天聪，勤奋向学而带他到香港。后更为一英国教会人士赏识他的学业成绩，而先带他前往新加坡学习英语，随后送至英国，毕业于 Beckenham College。英国传教士回英国为香港圣保罗书院筹款，并邀其参与服务。在 George Smith 引荐下，获得参见英国坎特伯雷大主教（Archbishop of Canterbury）的殊荣……他和 George Smith 一齐回香港。George Smith 成为香港维多利亚市的主教，大光公成为第一华人任教于英文圣保罗书院。"①

George Smith 即施美夫主教（1815—1871），英国圣公会传教士，1844 年来到中国，游历考察香港及内地，1846 年返回英国。1849 年 5 月被任命为新设的中国维多利亚教区主教，1850 年 3 月再度从英国来到香港，直到 1864 年退职返回英国。

按《颍川陈氏》，带陈大光去往新加坡和英国的英教会人士，语焉不详，应是施美夫之外另有其人。由施美夫获任教区主教的时间可知，陈大光在英国拜见坎特伯雷大主教、应邀出任圣保罗书院教职之事，应发生在 1849 年 5 月后。1850 年 3 月，陈大光携未婚妻与施美夫夫妇一起返回香港。旅途中，陈大光与未婚妻在新加坡举行了婚礼。

图一　维多利亚教区主教施美夫（George Smith）

而网络上研究者李骏的公众号"南洋钱币志"中的《万唐人物——穿越美亚欧三大陆》一文，对陈大光的在英履历记述稍有差异。陈大光于 1845 年来到英国，恰巧"万唐人物——中国藏品展"在伦敦海德公园角举办②，举办者聘用陈大光参与展览工作，引起轰动效应。

1848 年，该展览移往利物浦巡展，举办者为此特制展览纪念章。正面是陈大光半身像，头戴瓜皮帽，身穿绣有类似龙纹的中式对襟褂，脑后长辫搭在

---

① 陈永权：《颍川陈氏三位杰出后裔》，载《全加陈颍川总堂成立百年纪念特刊》，2018 年，第 66 页。"香港维多利亚市"实为"中国维多利亚教区"。另据香港圣保罗书院（St. Paul's College）网站：该书院系英国圣公会主办，由诗丹顿牧师于 1849 年创办，1951 年正式命名为"圣保罗书院"。"1850 年，主教施美夫担任圣公会维多利亚教区会督（Bishop of Victoria）及学校首任校长。"见百度百科"圣保罗书院·校史沿革"。

② 为了配合《万唐人物——中国藏品展》在英国伦敦海德公园角展出，举办者专门出版了 *Ten Thousand Chinese Things—Descriptive Catalogue of The Chinese Collection*，London，1844.

胸前；头像两侧有“亚裔”两个汉字①；外环大半周英文：Chen Ah—You of The Chinese Collection（中国藏品展陈阿裔）。陈大光名“裔”，广东称呼习惯在名前加“阿”字，称之为“阿裔”，“Chen Ah You”即“陈阿裔”，因此纪念章上的“亚裔”其实应为“阿裔”；背面英文中的“A You”亦然。

纪念章背面是英文：The Celebrated Chinese Collection [From Hyde Park Corner]. Visited By The Queen The Queen Dowager And All The Royal Family. Now Exhibiting In Liverpool. “There Is No Exhtbition Can Compare With The Oriental Grandeur And Beautiful Arrangement.” The Times! A You Will Attend Each Day And Evening.（著名的中国藏品［来自海德公园角］，女王、太后和所有王室成员曾参观。现在利物浦展出。“没有任何一个展览能与那里的东方的宏伟和美丽媲美。”届时，阿裔每天将会从早到晚参加。）

图二 “Chun Ah—You of The Chinese Collection”“中国藏品展陈阿裔”纪念章正面——陈大光半身像。出自李骏微信公众号“南洋钱币志”

图三 “Chun Ah—You of The Chinese Collection”“中国藏品展陈阿裔”纪念章背面。出自李骏微信公众号“南洋钱币志”

在利物浦，“陈亚育（阿裔）偶遇了附近伯肯黑德（Birkenhead）圣艾丹神学院（St Aidan’s College）的学生，得知他们所属的英国国教圣公会有派人前往中国进一步开展传教事业的计划，他决心抓住这个机会。1848年9月24日在伯肯黑德的圣三一教堂由牧师约瑟夫·贝利（Joseph Baylee）主持了陈亚育（陈阿裔）的洗礼仪式，他正式皈依成为基督教徒。在教会的帮助下，第二年在曼彻斯特巡回展览时，‘万唐人物’展的老板终于同意放走陈亚育。陈亚育放弃了原本的名字‘亚育’而改用教名‘大光’，1849年5月他进入圣艾丹神学院学习准备派往中国。”②

另据当时新闻报纸报道：“中国藏品展”在伦敦举办期间，除陈大光外，还聘用了一名中国人 A—shing，就是黄阿胜（Wong A—shing），即黄胜，他可能在伦敦待了几个月，并与陈大光（陈阿裔）一起在“中国藏品展”工作。

---

① 李骏微信公众号“南洋钱币志”中的《万唐人物——穿越美亚欧三大陆》一文中将“亚裔”辨识为“亚育”，因而将“陈阿裔”称为“陈亚育”。

② 据李骏微信公众号“南洋钱币志”中《万唐人物——穿越美亚欧三大陆》一文。

黄胜后经由伦敦前往美国孟松预备学校（康涅狄格州）学习，是中国最早的留学生之一。①

关于陈大光受聘于“中国藏品展”的经历，有当时的展览纪念章为证，应是毋庸置疑的；其后受洗皈依基督教、进入圣公会专门神学院学习，并被施美夫收为弟子偕同返港等，也应确凿无疑。

关于陈大光就读书院，相关资料则存在出入：《万唐人物》称“圣艾丹神学院”，在利物浦附近的伯肯黑德（Birkenhead）；《颍川陈氏》称“Beckenham College”（译为“贝肯汉姆书院”），应在伦敦东南部肯特郡（现属大伦敦布罗姆利区）的贝肯汉姆，该地有圣公会三座教堂：诸圣教堂、圣詹姆斯教堂、三一教堂；而《陈公墓铭》称“卜敬咸书院”，与伯肯黑德（Birkenhead）、贝肯汉姆（Beckenham）的汉译发音均相近，究竟以何者为是，期待通过进一步资料发现来确认。

陈大光在英将近5年，至23岁（按虚岁计）返港，其间可谓历经坎坷磨难，遍尝人间滋味，内中多有不可与外人道者，但也为他日后出人头地奠定了坚实基础。正可谓：不经一番寒彻骨，怎得梅花扑鼻香！

1853年，陈大光曾陪同施美夫前往上海地区，调查太平天国基督教信仰的情况。1856年，陈大光辞去圣保罗书院的教职，转任港英殖民政府翻译。1858年，已转为经商的陈大光，参加香港鸦片专卖权竞标，其“万祥行”以高价竞得，却被疑与港英高层存在利益输送而遭调查，陈大光不得不放弃鸦片专卖权，携家离开香港，“前往南美洲英属圭亚那经商数年”②。

“1860年，陈大光作为清政府翻译人员，携家眷赴古巴及南美，交涉中国劳工权益保护问题。数年后回港，先是经商两年，再被港英殖民政府高等法院聘为翻译。1867年，香港高等法院书记伍廷芳离职后，陈大光继任，在职长达十五年，直至1882年离世。死后迁葬香港好华人永久公墓。清政府诰封武功将军。”③

---

① 该资料来自于陈永权发给笔者的电子邮件，系转发其友人张志正先生的查阅结果。Find another newspaper article, say that there are two Chinese working at Chinese Collection. A-shing and A-you, I think this A-shing could be Wong A-shing (1827—1902)。黄胜，one of the earliest students went to Monson School in US to study via London, might stayed several month, he might stayed several month in London, and got this job at Chinese Collection with A-you. Wong A-shing was the first Chinese member of the Legislative Council of Hong Kong, Ho Kai was the next. (Chi Jeng Chang) 陈永权《颍川陈氏三位杰出后裔》，载《全加陈颍川总堂成立百年纪念特刊》，2018年，第66页。

② 陈永权：《颍川陈氏三位杰出后裔》，载《全加陈颍川总堂成立百年纪念特刊》，2018年，第66页。

③ 陈永权：《颍川陈氏三位杰出后裔》，载《全加陈颍川总堂成立百年纪念特刊》，2018年，第67页。

1840年鸦片战争后的二十余年间，中国传统自然经济受到西方商品的巨大冲击、太平天国农民起义，加之自然灾害频发，大量底层贫困农民纷纷破产；而同一时期，美国西部淘金热潮兴起，美洲新殖民地开发如火如荼，都需要大量廉价劳动力。为了谋生，华南地区成千上万的华人被诱骗贩运到美国和中南美洲。来美华人主要集中在加利福尼亚。"1852年，加州2.5万名中国人就占了该州人口总数的十分之一"[①]，主要从事艰苦的采矿工作。中南美洲华人主要集中在西班牙殖民地古巴、秘鲁等地，仅古巴一地华人总数就达12万余众，主要从事种植园劳作。

图四　陈策的父亲——陈大光照片

"中国人'既无自由也非白人'，没有资格拥有财产、法院诉愿权，也不能成为公民。"[②]因此，各地虐华排华事件频发，华人正当权益受到严重侵害，甚至被虐待致死。但由于中国尚未在相关国家派驻使领，华人受尽欺凌，投诉无门，处境极其悲惨。后来的驻美、西、秘公使张荫桓曾对古巴华人境遇有如下描述："闽粤黠者假招工为名潜相拐贩，自道光丁未至光绪戊寅（1847—1878），华人被诱作苦［工］数至十二万六千余，拘役鞭捶，虐甚牛马。"[③]

1874年，留美幼童监督陈兰彬被清政府特派为专使，前往古巴、秘鲁等地调查华工遭虐的实况；次年被任命为驻美、西、秘公使；1877年与西班牙重订《古巴华工条款》，并在古巴设领事。"诸华人乃重见天日，数十年虐政一旦扫除。华人佣力自食，无'官工所'之束缚，拐贩绝迹，商贾渐集，蔚然可观。"[④] 由此可见，早期华人在美洲生存境遇之艰难。

不过，除1868年"蒲安臣使团"[⑤] 及1874年陈兰彬专使之外，未见1860

① ［美］沃尔特·麦克杜格尔著，李惠珍等译：《激荡太平洋——大国四百年争霸史》，北京：北京联合出版社，2014年，第276页。

② ［美］沃尔特·麦克杜格尔著，李惠珍等译：《激荡太平洋——大国四百年争霸史》，北京：北京联合出版，2014年，第276页

③ 《光绪十三年六月初八日（7月28日）》，任青、马忠文整理：《张荫桓日记》，上海：上海书店，2004年，第191页。

④ 《光绪十三年六月初八日（7月28日）》，任青、马忠文整理：《张荫桓日记》，上海：上海书店，2004年，第191页。

⑤ 1868年7月，清政府派遣蒲安臣使团与美国签订《中美天津条约续增条款》（又称《蒲安臣条约》），关于两国公民往来及移民待遇有如下条款：两国公民互相往来，或游历，或贸易，或久居，得以自由；两国公民可到对方政府公立学校求学，并享有最惠国国民待遇；两国公民在对方境内不得因宗教信仰不同而受歧视苛待。

年清政府派遣美洲华工权益专使的官方记载。那么，《颍川陈氏》所称陈大光以翻译身份参与的劳工权益交涉活动，或许是由当地华人互助团体发起的华工维权救助活动。此点有待新的史料发现。

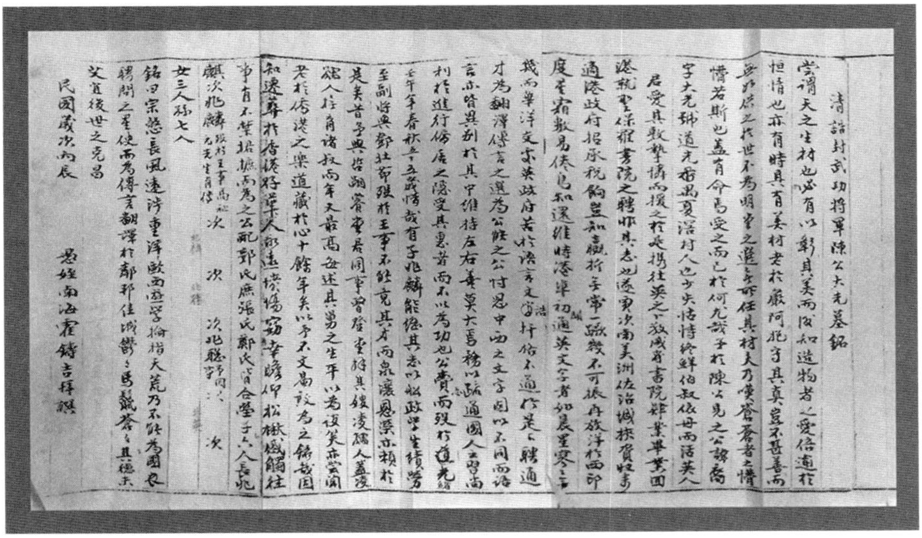

图五　霍铸吉：《清诰封武功将军陈公大光墓铭》

据《陈公墓铭》载：陈大光育有子女九人，其中六子三女。长子兆麒、次子兆麟（陈策）、三子兆祥、四子兆佳、五子兆聪、六子兆英。[①]

总之，陈大光身为广东人，精通英语，且在南美经商数年，了解当地国情，作为翻译，必定为困境中的华人提供了力所能及的帮助，为早期美洲华人的权益维护做出了不懈努力；英国殖民香港早期，陈大光在港英政府高等法院担任翻译及书记员，是一位颇有影响力的上层华人，为维护在港华人权益、促进中西交流融合，做出了积极贡献。

又据《陈氏宗谱》载：

> 陈策，名兆麟，印策，字振公，号玉书。生于咸丰九年十二月初三日（1859.12.26），终于光绪二十年八月十八日（1894.9.17）。时中日启衅，充北洋海军左翼右营（左翼左营——笔者注），帮带“经远”战舰，殉节于大东沟鸭绿江。事见于传。享寿三十六岁。[②]

幼年陈策随父母旅居美洲数年后返回香港，以父亲陈大光的教会教育背景，少年陈策自应接受英式书院教育，且受父亲熏陶濡染，英语水平自然不在话下，这为他日后考入船政后学堂奠定了扎实基础。其就读书院虽然尚未明

---

① 汇总以下资料而来。《陈大光致陈策家书》抄件：兆麒、阿祥（兆祥）、阿佳（兆佳）、阿聪（兆聪）；《清诰封武功将军陈公大光墓铭》（抄件）：兆麒、兆麟；陈永权注：兆祥、兆佳、兆英。

② 《陈氏宗谱》“二房兆麟”（抄件）。

图六　1900 年时的香港皇仁书院

确，然当时香港实行英式教学的书院，不外乎中央书院①、圣保罗书院、英华书院②。中央书院俗称香港大书馆，创办于 1862 年，后改名皇仁书院（Queen's College）。陈永权记述：陈策兄弟多人都入读香港大书馆，其祖父陈兆聪就读于该书馆。据此推测，陈策当年就读于中央书院的可能性较大。

三、陈策考入船政后学堂

船政后学堂驾驶班第四届学生共 26 名，陈策是其中之一，与刘冠雄、李鼎新、林文彬、何品璋等闽籍学生系同窗。③ 陈策是如何考入船政后学堂的，须追溯船政后学堂在香港招收粤籍学生（粤童）的缘起。

船政后学堂驾驶班第一届学生，最初招收的皆为闽籍学生（闽童）。因驾驶班课程以英国海军为模范，采用英语教学，闽童没有英语基础，教学效果颇不理想。于是于同治六年（1867 年）又从香港的英式书院招收了邓世昌等 10

① 中央书院是香港最早的以英语教学的一所官立男子中学，唐绍仪、何启、孙中山等人曾就读该书院。1889 年更名为维多利亚书院（Victoria College），1894 年更名为皇仁书院（Queen's College），延续至今。

② 香港英华书院（Ying Wa College），是一所教会男子中学，1818 年由苏格兰传教士马礼逊于马六甲创办，1820 年建成，1843 年迁往香港，以培养传教人才为主。

③《福州马尾船政后学堂驾驶班历届毕业生》，载《清末海军史料》，北京：海洋出版社，1982 年，第 436 页。

名英语基础扎实的粤籍学生（粤童）[①]，他们跨过课堂基础教学，直接上舰接受海上训练，故称之为“外堂生”。实践证明，粤童较闽童成长进步更快，于同治十年（1871 年）毕业后，很快就能独当一面，如张成、吕翰、叶富、邓世昌皆为其中之佼佼者。邓世昌任职船政水师，光绪元年四月（1875 年 5 月）任“海东云”炮舰管带，八月调带“振威”舰；光绪二年调任“扬武”舰大副。

船政后学堂驾驶班第一届从香港招生，取得了多快好省的成效，成为成功的范例。从驾驶班历届毕业生名单来看，粤籍学生（粤童）以第一届、第四届和第八届所占比例较高，其中第八届系由粤籍为主的留美幼童归国转学而来，属于特例；此后各届招收粤籍学生则日渐式微。

驾驶班第四届招生仍循前例办理。闽籍学生于光绪元年（1875 年）入学，赴香港招生则延至光绪二年初，船政档案对此有确载。光绪二年正月十九日，福建巡抚兼督办船政大臣丁日昌上奏《委赴香港招募学生片》：

> 惟后学堂学生除入“扬武”轮船并经洋将日意格带往英、法各国游历外，现在均系新选幼童，仅习咿唔，难冀其即能升堂入室。查现在轮船数目日增，若非由学堂造就管驾之才，谙练天文、算学各事，则一出大洋便茫无津涯，岂能与西人并驾齐驱，决胜顷刻？从前张成、吕翰等，皆由香港英国学堂招集而来，盖缘该学生在彼先已肄习数年，近朱者赤，变化更易为力。臣日昌现在札饬熟悉洋务之知府衔分发同知唐廷枢、同知衔黄达权前往香港英国学堂，挑选学业可造之学生四十名，俟其到厂，即派归后学堂，赶紧学习天文、算学、驾驶诸法……[②]（下文原缺）

可知后学堂驾驶班第四届香港招生，从光绪二年一月（1876 年 2 月）开始

---

① 关于船政驾驶班第一届“粤童”招收入学时间，有三种不同说法。海军史学者姜鸣持“1869 年说”：同治八年己巳（1869 年），“日意格为船政后学堂开展航海教学所需，委派洋教习前往香港、南洋地区寻购合适大帆船，预备改作练船。同时，鉴于后学堂在校生基础学科学习进度较慢，为保证练船购得后能有合适的学员学习航海，又在香港专门招收张成、吕翰、叶富、李和、李田、邓世昌、黎家本、梁梓芳、林国祥、卓关略等 10 名具有一定西学功底的广东籍青年，预备直接登练船学习航海，称为外堂生。原船政后学堂在校学生称作内堂生。”见姜鸣编著：《中国近代海军史事编年（1860—1911）》，北京：生活·读书·新知三联书店，2017 年，第 55 页。沈岩持“1867 年说”与“1867—1869 年说”。其一，“船政学堂于同治六年（1867 年）派人到香港英国学堂招收邓世昌等 10 名粤童入学，单独编班上课，称‘外堂生’”。其二，“同治六年（1867 年）派人到香港英国学堂招收 10 名粤童入学，其中粤童张成是同治八年（1869 年）入学，其余多为同治六年（1867 年）和同治七年（1868 年）间入学，驾驶 1 届毕业时只剩 33 名。”此两说有自相矛盾之处。见沈岩：《船政学堂》，北京：科学出版社，2007 年，第 90—91 页。笔者未能查到船政原始档案，暂取 1867 年入学之说。

② 《委赴香港招募学生片》，载张作兴主编《船政文化研究——船政奏议汇编点校辑》卷 13，福州：海潮摄影艺术出版社，2006 年，第 118 页。

实施，委派唐廷枢和黄达权任其事；此前同治六年（1867 年）驾驶班第一届的香港招生，即由此二人负责，积累了丰富的操作经验。此番再度受委，可谓任当其人。

唐廷枢（1832—1892），广东香山人，曾任怡和洋行总买办，是李鸿章办理洋务的重要臂助，也深得丁日昌的信任。光绪二年（1876 年），唐廷枢受丁日昌委派，正在福建筹办福建、台湾两地防务，且其与港英当局过从甚密，深悉香港情形。受委赴港招生，纯属兼顾。

黄达权（1827—1902），又名黄胜，字平甫，广东香山人，出色的洋务活动与新闻出版家。曾赴美国孟松预备学校留学，一年后返回香港，后长期在香港从事新闻和印刷业，深获丁日昌赏识。同治三年（1864 年）曾受聘上海同文馆英文教习；1867 年，协同唐廷枢从香港中央书院（大书馆）为船政后学堂招收粤籍驾驶学生，邓世昌即在此列。同治十二年受聘率第二批留美幼童赴美，三年任满返港，获保举同知衔知府，赏戴花翎。后来成为香港立法会的第一位中国议员。此黄胜应即前文所述与陈大光共事于“中国藏品展”的黄阿胜（Wong A-shing）。

唐廷枢和黄达权浸润香港商界、报界，陈大光则服务于港英政府高等法院，三人既有同乡之谊、年龄相近，且陈、黄二人曾在英国共事数月，三人交集密切。据此推测，陈大光获知船政后学堂驾驶班在港招生的消息，来自此二人的可能性最大；陈策是否得到其特别关照，则不得而知。

另据《颍川陈氏》，陈策投考船政驾驶班与邓世昌有些关联。

> 一日，正值着力培植海军的邓世昌管带回番禺省亲，并布告招考船政学员。于是大光公命其次子兆麟（陈策）去番禺请见邓世昌。邓说：“凡应试者必须具有真才实学，若去学堂应考合格，学堂自会录取。考中与否，只由你的成绩而定，我均不作甚通融。”不数日张出榜来，兆麟进而榜上有名。①

邓世昌的父亲邓焕芬（字端甫）② 在上海、香港等地通商口岸从事茶叶贸易，陈策的父亲陈大光则任香港高等法院书记，并经营生意，两家属广东番禺同乡，关系来往密切应是毋庸置疑的。陈策往见邓世昌之说虽有存疑，却可佐证陈、邓两家有世交之谊。即便陈策请见邓世昌实有其事，然其时邓世昌资历尚浅，不足以左右船政招生此类大事；且以其一贯严谨的处事风格，也断不能为陈策考录而徇私情、“走后门”。

---

① 陈永权：《颍川陈氏后裔》，载于《全加陈颍川总堂成立百年纪念特刊》，2018 年，第 66 页。

② 关于邓世昌的父亲名字，一说名焕庄，字端甫（百度百科）；一说名焕芬，字秋甫（邓素娥口述、黄锦和笔录：《邓世昌遗事及有关文献》，见《图书馆杂志》，1982 年第 2 期）。

此次计划从香港招生40名，实际招生人数并不确知，时年17岁的陈策系该批获招的学生之一。驾驶班第四届26名毕业生，闽籍18名，粤籍4名（陈策、关景、邝聪、黄伦苏），省籍不明者4名（吴松森、何金胜、丁沁波、唐祐）[①]，该4名来自香港的可能性也很大。

据《船政学堂》：“（光绪二年）二月十五日（1876年3月10日），从香港和本地共招收新生70多名，其中32名进入刚开设的电报学堂学习，余下学习驾驶专业（系驾驶第5届）。”[②]若依此说，陈策当属驾驶班第五届，而事实上确属驾驶班第四届。

由前引丁日昌奏片来看，此番香港招生，目的是为弥补驾驶班第四届闽童之不足，似无必要将新招香港学生另作一届；但不排除另外一种可能，就是将新招香港学生分为快慢两班，快班归入第四届，慢班另作第五届，以免因基础参差而影响整体教学进度。《陈大光致陈策家书》中所称“升班一事”，可能就是指将学生分作快慢两班、陈策入选快班之事。

关于船政后学堂香港招生的生源书院。据《船政学堂》：“船政学堂于同治六年（1867年）派人到香港英国学堂招收邓世昌等10名粤童入学，单独编班上课，称‘外学堂’。光绪十年（1884年）船政学堂再度派人到香港招生，孙中山当时18岁，在香港皇仁书院读书，也报了名。”[③]由此看来，香港中央书院是船政驾驶班招生的主要生源学校之一。前引丁日昌奏片已确证，驾驶班第二次较大规模的香港招生，是在光绪二年而非光绪十年。《船政学堂》遗漏了光绪二年的这次香港招生。

四、陈大光致陈策家书

陈策考入船政后学堂后，父亲陈大光与其互通家书不断，现存一封陈策入学不久后陈大光致陈策家书（抄件），谨将信文全录于下：

> 自汝别家，连接数函，辄知汝接到各物件，并升班一事，一一知悉。家内各人，为之甚喜欢。汝虽然被升而有功，不可以为自己功夫够使，有慢工课事。
>
> 然人生世上，多者不过数十载。书云：人生处世如大梦，渺渺茫茫又一年。何况学习之时，更无几矣。汝今该学之时，如不趁此好机会，顺水行舟，学习工课世务，则老时悔之晚矣，则欲学时而不能也。所以汝必须

① 见陈悦：《船政史》下，福州：福建人民出版社，2016年，第693页。

② 沈岩：《船政学堂》，北京：科学出版社，2007年，第92页。

③ 沈岩：《船政学堂》，北京：科学出版社，2007年，第90页。孙中山1884年4月入读该校时，校名为中央书院，1894年改名皇仁书院，故在此之前称“皇仁书院”不够准确。

时刻在心学习，以顾前程进身之计，况学无穷尽乎？如此，汝虽然不能超群，出家则可不在人下。若能尽人子之道，方可为有志之后生也。

大丈夫处世，如不能立功建业，又不能务于功课世务，不几与草木同腐。况今世人乖僻，憎人富贵厌人贫，先看罗衣后看人之世。谚云：富在深山有远亲，穷在路边无人问。又云：多酒多肉多兄弟，患难之时有几人？汝须读列国苏秦为志可也。

今皇上要用人之际，如过三五年，待往外国学英文之人回国，则断无汝今时之机会也。所以必须趁早成功，定业出身，方为上计。后来人数必多，工钱必少，此一定之理也。

昔寄汝唐书二套，谅亦收妥。英书二卷，一乃《数学撮要》，一乃《读法撮要》，此书必要朝晚分快慢、大细、高低、长短音大声读之可也。如或不识解，必须追究查明字典，不可草草读之。英文法 Grammar 第一部，乃紧要书，闲时习之为要。凡字如英字典注之不明，则查唐字典，如唐字典注之不明，则查英字典，不可写别字。

汝在福州要省俭，每月寄回八元间，以为后用计。见信方付回烟肉数斤，双梁加十二大□一对。不知汝要唐字典用否？如要用，则付回一音，便则寄来是矣。不可忘记学习官话正音，法国话亦要学些，以备出身所用。俗云：多艺好傍身。此之谓也。汝要学官场中礼仪，不可学饮酒食烟。此乃船政局最憎厌之事也。

汝大哥身子如昔，尚不见效，不能行动。阿佳读书写字略好，阿聪各事会讲话、会行走，兆祥仍在大书馆学唐英文。汝在外须要谦厚待人，毋稍涉倨傲。家内各人平安如常，无庸远挂。各亲友问好不宣。

丙子年四月初九夕

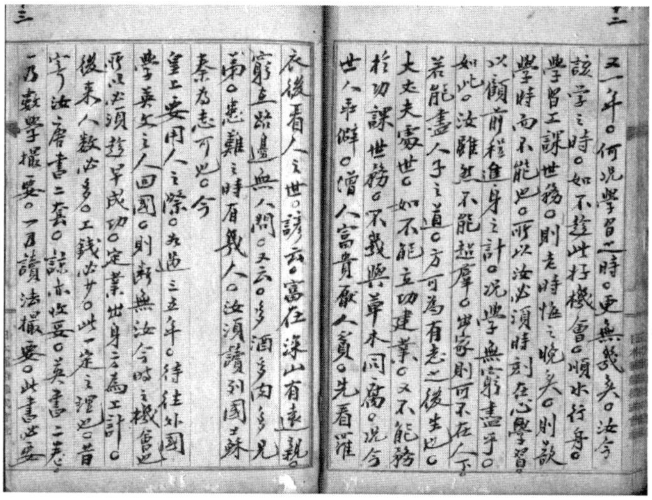

图七　《陈大光致陈策家书》（抄件）之一

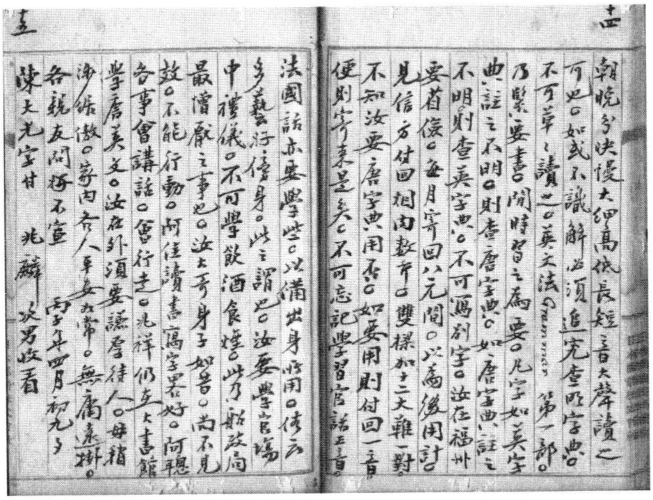

图八　《陈大光致陈策家书》（抄件）之二

陈大光字付　兆麟次男收看。[①]

此家书写于光绪二年四月初九日（1876 年 5 月 2 日）。综合家书与丁日昌香港招生奏片分析，陈策等该批香港学生的入学时间，当在当年 2 月至 3 月间。

家书字里行间流露着严父对儿子的谆谆教诲和严格要求，勉励陈策要珍惜宝贵光阴，珍惜学习机会，努力掌握知识技能，建功立业，出人头地。

陈大光极为重视陈策的英语学习，不仅寄来专业的英语参考书籍，还以切身经验给予学习方法指导；并教育儿子树立严谨求实的学习态度，要学懂弄通，不可似是而非。在学好英语的同时，还要学习官方语言（“官话正音”）和法语，做到一专多能（“多艺好傍身”）。家书中的“唐书”“唐字典”“唐文”，即中文书籍、中文字典、中文，如同西方“唐人街”之谓。

家书中所称“往外国学英文之人”，当指船政驾驶和制造第一届毕业生刘步蟾、林泰曾、魏瀚、陈兆翱“于光绪元年二月间，派随洋监督日意格前赴英、法，分往各兵轮船及船厂、机器厂，考究驾驶、制造之法，开阔见闻而资历练”之事。[②] 陈大光警示儿子陈策要有紧迫感和危机感，“必须趁早成功，

---

① 《陈大光致陈策家书》（抄件）“先君寄谕二先兄原函抄录”前有小序：“余生平最注意于先君函训二先兄之词，每每奉为圭臬。兹将原函录存于后，为后人法则。无非守身勤慎，待人恭忠。后人勉旃，庶不负子传孙继之道云尔。民国二年九月既望（1913 年 9 月 15 日），癸丑中秋，睿堂陈锡年识于香港第三街铭新堂，时年四十一。”小序表明，抄件的抄录者是陈策五弟兆聪，1913 年时年 41 岁（按虚龄计）；依此推算，兆聪应出生于 1873 年。信文系笔者辨读句读。

② “光绪五年十一月初八日丁丑：李鸿章、沈葆桢、何璟奏《出洋学生学业有成请奖折》”。见姜鸣编著：《中国近代海军史事编年》（1860—1911），北京：生活・读书・新知三联书店，2017 年，第 160 页。

定业出身”；要做正人君子，不要沾染饮酒、吸鸦片等恶习。

家书叙及家人家事，“汝大哥”即陈策长兄兆麒，“不能行动”可知病势沉重；兆祥即陈策三弟，在大书馆即中央书院学习；阿佳即陈策四弟兆佳，已入学；阿聪即陈策五弟兆聪；看来陈策六弟兆英此时尚未出生。

据陈文，“陈兆麟，号玉书，从军名‘策’”。后学堂驾驶班第四届毕业生名单中，其名为“陈兆麟”；光绪八年（1882 年）李鸿章奏报为北洋水师请奖

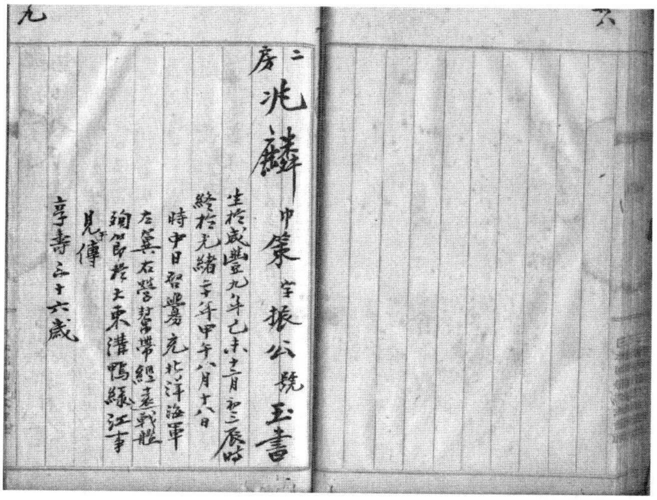
二房
兆麟 印策 字振公 號玉書
生於咸豐九年己未十二月初三辰時
終於光緒二十年甲午八月十八日
時中日啓釁充北洋海軍
左翼右營幫帶經遠戰艦
殉節於大東溝鴨綠江事
見傳
享壽三十六歲

图九　《陈氏宗谱》“二房兆麟”页（抄件）

名单、光绪十五年李鸿章奏报北洋海军军官任命名单，其名为“陈策”[①]；而陈策殉国后续修《陈氏宗谱》（抄件）载：兆麟，印“策”。可知“策”应是其服役北洋水师后所取名（即印名）。

以往有将“陈策”误作“陈荣”者，实源于“策”的异体字“筞”与“荣”的异体字“榮”，两者字形极为相近，旧时为手写，后人疏失不辨，极易将“筞”“榮”相混同，讹误谬传由此而生。《清末海军史料》之《事略》、沈岩著《船政学堂》，均属讹误。[②]

五、陈策在北洋水师（海军）的优异表现

关于后学堂驾驶班第四届，其闽籍学生于光绪元年（1875 年）入学，香

---

① “光绪八年八月二十九日壬午（10.10）”条，见姜鸣编著《中国近代海军史事编年（1860—1911）》，北京：生活·读书·新知三联书店，2017 年，第 226 页。《北洋海军新设副将至守备各要缺拣员请补请署清单》，中国第一历史档案馆藏，全宗 3，目录 168，卷 9394，2 号。

② 《陈镇玉书事略》，载《清末海军史料》，北京：海洋出版社，2001 年，第 359 页。沈岩：《船政学堂》，北京：科学出版社，2007 年，第 104—105 页。

港学生于光绪二年入学。按常规五年学制，该届学生应于光绪六年毕业[1]。

当时水师舰船驾驶人才极为缺乏，驾驶班的粤籍毕业生，因学业优异、英语功底扎实，便被直接调上水师舰船服役，而闽籍毕业生则多被选派到英国海军留学深造。陈策的去向如何呢？

“光绪六年庚辰十月（1880 年 11 月），南洋大臣刘坤一、北洋大臣李鸿章与福建船政大臣黎兆棠联合上奏，请续派第二届出洋留学生，拟派福建船政前学堂学生 8 人、后学堂学生 6 人（后因后学堂许兆箕等 4 人为北洋水师调用，充北洋水师学堂教习及威远练习船教练，仅 10 人成行）。”[2]

光绪六年七月十四日（1880 年 8 月 19 日），李鸿章奏请筹建天津水师学堂，七月十九日获上谕允准；光绪七年七月（1881 年 8 月），天津水师学堂正式招生入学。[3]

光绪七年十月十一日（1881 年 12 月 2 日），李鸿章等奏《续选学生出洋折》：“臣鸿章与臣兆棠往返咨商，拟定续选前学堂学生八名、后学堂学生六名，出洋肄业……惟查后学堂学生内有许兆箕等四名，先经臣鸿章调赴天津，派充水师学堂教习，及威远练船教习水手，皆有要差，碍难遽令出洋。”[4]

陈策的北洋水师早期履历为“威远”练船二副，恰与李鸿章奏报的“派充威远练船教习”相符。据此分析，该批调入北洋的船政驾驶班第四届 4 名毕业生，陈策就是其中之一，另外 3 人是许兆箕、曹廉正和陈燕年（陈伯涵）。[5]综合上引奏折的时间节点，可知陈策等人调入北洋时间，应在光绪六年十月至光绪七年七月（1880 年 11 月—1881 年 8 月）。

“威远”舰于 1880 年从船政水师调往北洋，成为当时北洋水师主力舰之一，兼充天津水师学堂训练舰，陈策任驾驶二副兼教习，从此开启了其 13 载纵横海上的海军生涯。

不久，陈策迎来了入役北洋以来的第一次重大军事行动。光绪八年六月九日（1882 年 7 月 23 日），朝鲜发生“壬午兵变”，北洋水师“扬威”“威远”

---

① 驾驶班第四届学生入学时间实为 1875 年。《船政学堂》第五章第一节：船政学堂的招生：“可推知 1875 年招收过新生”；而第五章第四节：毕业：“2. 后学堂驾驶与管轮专业毕业生，第 4 届 27 名（1876—1880 年）”，又认为入学时间是 1876 年。见沈岩：《船政学堂》，北京：科学出版社，2007 年，第 92 页、第 104 页。

② 刘传标编著：《近代中国海军大事编年》上卷，福州：海风出版社，2008 年，第 163 页。

③ “光绪六年七月十四日庚辰”条，见姜鸣编著：《中国近代海军史事编年（1860—1911）》，北京：生活·读书·新知三联书店，2017 年，第 175 页。《李鸿章奏天津水师学堂请奖折》，载《清末海军史料》，北京：海洋出版社，2001 年，第 394 页。

④ 《续选学生出洋折（光绪七年十月十一日）》，载《李鸿章全集》第 9 册“奏议九”，合肥：安徽教育出版社，2008 年，第 511 页。

⑤ 姜鸣编著：《中国近代海军史事编年（1860—1911）》，北京：生活·读书·新知三联书店，2017 年，第 282 页。其中曹廉正和陈燕年均系船政后学堂驾驶班第四届毕业生，即应是与许兆箕、陈策同时调来北洋任教习者。

等舰载兵赴朝，迅速平定变乱，稳定了朝鲜政局。八月二十九日（10月10日），李鸿章奏报为北洋水师请奖，其中："威远"大副戴伯康，以千总留闽尽先补用并赏戴蓝翎。"威远"二副军功陈策，请以千总尽先拔补并赏戴蓝翎。①

据最新发现的北洋海军军官档案，陈策的军官资历从1883年11月（Seniority：1883，November）起算②；其获得军官资历的时间是1883年11月（Date of Appointment to Present Rank：1883，November）③。据此可知，千总尽先拔补陈策在1883年11月补用千总后，取得了正式军官资历。

光绪十年（1884年），中法战争爆发，"威远"与"超勇""扬威"等舰往来于威、旅之间，严密布置北洋防务，以杜法军北上。十一月（12月），日本趁机策动朝鲜开化党发动"甲申政变"，建立亲日政府，企图彻底破坏中朝藩属关系；北洋水师派舰赴朝平乱，"威远"舰往来中朝联络请兵。光绪十一年，陈策因功升署守备，调充"康济"练船大副。

光绪十三年二月八日（1887年3月2日）奉旨准，北洋水师总查琅威理和邓世昌率400余名北洋水师官兵赴英、德两国，验收接带订造的"致远""靖远""经远""来远"四舰；陈策任"来远"舰大副，全力协助管带邱宝仁驾驶"来远"，④并拖带从英国订造的大鱼雷艇，历尽艰辛，至年底回国，居功至大。

图十　陈策任帮带大副的北洋海军"经远"舰

① "光绪八年八月二十九日壬午"条，见姜鸣编著：《中国近代海军史事编年（1860—1911）》，北京：生活·读书·新知三联书店，2017年，第226页。

② PaerⅠ：Alphabetical List of Officers. *Imperial Chinese Navy List*：*Pei—Yang Squadron*，Tientsin：Tientsin Printing Company.

③ PaerⅡ：Officers of The Active List（With The Dates of Their Seniority）. *Imperial Chinese Navy List*：*Pei—Yang Squadron*，Tientsin：Tientsin Printing Company.

④ 姜鸣编著：《中国近代海军史事编年（1860—1911）》，北京：生活·读书·新知三联书店，2017年，第355页。

光绪十四年四月二十七日（1888 年 6 月 6 日）北洋大臣李鸿章为接舰出力人员请奖，“往返程期至六七个月之久……该员弁等著有劳绩，拟恳援照出使各国人员例案，择尤请旨给予优奖，以示鼓励。”蓝翎留闽补用守备陈策，请免补守备以都司仍留原省尽先补用，并请赏换花翎，充“经远”帮带大副。①

光绪十四年八月二十八日（1888 年 10 月 3 日），《北洋海军章程》获准颁行②，北洋水师军官正式获得海军军官编制。光绪十五年一月廿一日（1889 年 2 月 20 日），北洋大臣李鸿章呈报“北洋海军新设副将至守备各要缺”清单，一月廿四日（2 月 23 日），82 名守备以上军官获准任命；其中补授和升署都司共 21 名，仅陈策一人系补授实缺都司（左翼左营都司充“经远”船帮带大副，请以花翎补用都司陈策补授），③ 其余 20 人均系升署都司，须期满 3 年方可补授实缺都司。

光绪十五年十一月上旬（1889 年 12 月），丁汝昌率北洋舰队南下避冻。“定远”“镇远”“致远”“靖远”“经远”“来远”六舰于十一月十日（12 月 2 日）先期抵达上海；“济远”“超勇”“扬威”及“威远”四舰随后抵达。十二月初九日（1889 年 12 月 30 日），舰队又分队巡航闽浙海口及台湾各处；“致”“靖”二舰被台抚刘铭传请留恒春协助“剿番”。十二月廿一日（1890 年 1 月 11 日），“定”“镇”“经”“来”四舰抵达香港坞修。光绪十六年二月初六日（1890 年 2 月 24 日），丁汝昌率“致”“济”“经”“来”四舰操巡海南各口后，于月底返港④。

图十一　“经远”舰帮带大副陈策

光绪十六年闰二月十四日（1890 年 4 月 3 日），北洋海军“定”“镇”“致”“济”“经”“来”六舰抵达新加坡，第一次对南洋进行正式访问，宣慰南洋华人华侨。新加坡《星报》新闻《中国战船来访》（1890 年 4 月 4 日）报

① 李鸿章：《接带快船出力人员请奖折》（光绪十四年四月二十七日奏，四月三十日朱批），中国第一历史档案馆藏，全宗 3，目录 168，卷 9394，30 号。

② 姜鸣编著：《中国近代海军史事编年（1860—1911）》，北京：生活·读书·新知三联书店，2017 年，第 376 页。

③ 北洋海军新设副将至守备共计 105 缺，其中副将 5 缺、参将 4 缺、游击 9 缺、都司 27 缺、守备 60 缺；首批呈报获准补署者共计 82 名，其中副将 5 名、参将 3 名、游击 7 名、都司 21 名、守备 46 名。李鸿章：《北洋海军新设副将至守备各要缺拣员请补请署清单》（光绪十五年一月二十四日），中国第一历史档案馆藏，全宗 3，目录 168，卷 9394，2 号。

④ 姜鸣编著：《中国近代海军史事编年（1860—1911）》，北京：生活·读书·新知三联书店，2017 年，第 395—398 页。

道："英辖六十余年，中国之战船南来者，此为第一次。故本坡之华籍商民等互相欣慰，藉睹故国军容，共知汉室之尊。"① 可知此访意义影响之重大深远。来访舰队受到驻新加坡领事左子兴（左秉隆）与华侨华人的热烈欢迎和热诚款待；随后又操巡小吕宋、槟榔屿等地。② 舰队于四月十一日（5月29日）返回威海卫基地。

光绪十七年四至五月（1891年5月至6月）间，"经远"舰参加了北洋海军成军三年后的第一次例行校阅。五月五日（6月11日）北洋大臣李鸿章奏报校阅情况，并为北洋海军请奖，"海军各员弁频年勤苦，不无微劳，容臣等查明，按照海军衙门奏定章程，择尤分别保奖，以昭激励。"五月八日（6月14日）奉朱批："各将领训练士卒，修建台坞，不无微劳足录，著准择优保奏，以示鼓励。"③

海军大阅毕，北洋海军稍事休整，提督丁汝昌即率"定""镇""致""靖""经""来"六舰开赴日本，展开自1886年"长崎事件"以来及成军后的首次正式访日。自五月二十日至七月四日（6月26日至8月8日），历时44天，先后到访神户、横滨、东京、吴、长崎等军港要地。

九月六日（10月8日），陈策以游击尽先补用，加副将衔。④ 在船政学堂诸多前届及同届毕业生中，陈策确系出类拔萃的佼佼者。

光绪二十年一月二十六日（1894年3月3日），北洋海军"定""镇""致""靖""经""来"六舰第二次巡访南洋，对新加坡、马六甲、槟榔屿等地进行了为期长达一个月的访问。⑤ "经远"随舰队返回天津大沽，即参加于四月三日至四月二十三日（5月7日至5月27日）举行的第二次海军大阅。⑥

七月一日（8月1日），中日甲午战争爆发。八月十八日（9月17日），中日海军激战于黄海大东沟。"经远"舰遭到四艘日舰围攻，管带林永升头部中

---

① 柯木林：《北洋海军访问新加坡的历史反思》，载郭阳、王记华主编《甲午战争与东亚近代历史进程——甲午战争120周年国际学术研讨会文集》上，北京：社会科学文献出版社，2018年，第298页。

② 柯木林：《北洋海军访问新加坡的历史反思》，载郭阳、王记华主编《甲午战争与东亚近代历史进程——甲午战争120周年国际学术研讨会文集》上，北京：社会科学文献出版社，2018年，第298—301页。

③ 李鸿章：《巡阅海军竣事折》（光绪十七年五月五日），载《清末海军史料》，北京：海洋出版社，2001年，第275—276页。

④ 姜鸣编著：《中国近代海军史事编年（1860—1911）》，北京：生活·读书·新知三联书店，2017年，第431页。

⑤ 柯木林：《北洋海军访问新加坡的历史反思》，载郭阳、王记华主编《甲午战争与东亚近代历史进程——甲午战争120周年国际学术研讨会文集》上，北京：社会科学文献出版社，2018年，第302—305页。

⑥ 李鸿章：《校阅海军竣事折》（光绪二十年四月二十五日），载《清末海军史料》，北京：海洋出版社，2001年，第279页。

炮阵亡，帮带大副陈策接替指挥，毫不退避，身受重伤，壮烈殉国，二副陈京莹再继之，亦中炮牺牲，全舰 200 余名官兵，仅 10 余人幸存。

陈策殉国数年后，其五弟陈兆聪委托同事好友高祉元，为之撰《陈副将玉书传》：

公讳策，字兆麟，号玉书，番禺人。少聪敏，有志节。年未冠，就福州船政学堂试，中选，习驾驶。毕业，充“威远”练船二副。以援朝鲜功，赏戴蓝翎尽先补用千总，充“康济”练船大副，洊升福建补用守备。时邓壮节公赴英德各国验收快船，审公能，与之偕，蒇事回。李文忠公知其才，奏请赏换花翎，迁都司，充“经远”快船帮带大副。三载考绩，以游击尽先补用，并加副将衔。

甲午之役，与日人战于鸭绿江，管带总兵林永升死之。公再接再厉，以忠义先士卒，身受重伤，仍坚立指挥不少懈，士卒皆感奋，船毁甚，无溃志。转战至大东沟，船没于水，公就义，时年三十有六。呜呼，壮哉！

是役也，邓壮节公死事甚烈。闻于朝，予谥予祭，恤荫优渥，天下瑰奇之士，莫不闻风慷慨，思为前驱。公与壮节生同里、死同时，而恤典独弗及，则又握腕咨嗟而太息！痛恨采访忠义者之遗于上达也。虽然潜德幽光郁而必发，安知不有人焉，为昭暴于来许耶？

余与公弟兆聪相友善，悉公生平。公固不独忠义，且至孝友。兄弟六人，公居次，孟兄、叔弟嫡出，以次皆同母。公事亲如孺子，训弟如良师，乡党宗族交称之。孟兄兆麒，娶未逾岁死，公敬事孀嫂若母焉。封翁卒，诸弟幼，饮食、教诲公任之。嗟乎！斗粟尺布歌谣，自古晚近以来，第求同根不相煎者，往往难之。乃读公训弟各书，至诚恻怛之意，流溢言表，谆勉诸弟，以母事寡嫂。其友爱至性，为何如耶？呜呼，可以风矣！

兆聪以公手书示余，并嘱为传。余何人，岂足以传公？然忠义如公、孝友如公，知之真而不志之详，他日之采风者将无所考证焉，则余之过也。爰不揣谫陋，据事实而为之传。世有发潜阐幽者乎，愿以斯文为嚆矢耳！

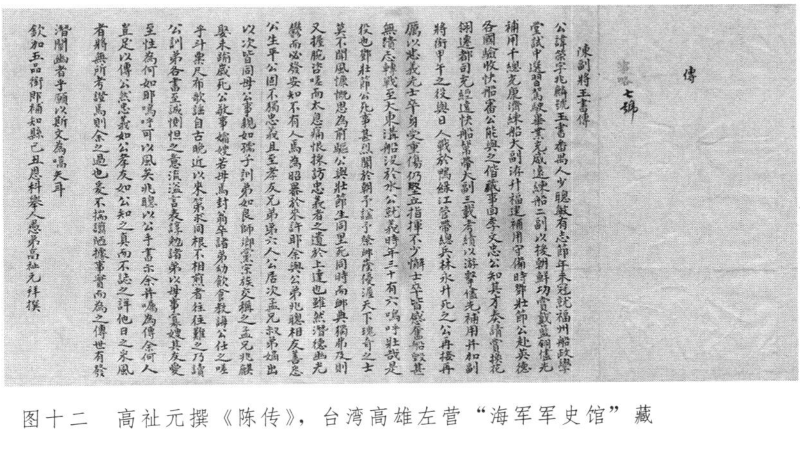
傳

陳副將玉書傳

公諱策字兆麟號玉書番禺人少聰敏有志節年未冠就福州船政學
堂試中選習駕駛畢業充威遠練船二副以援朝鮮功賞戴藍翎儘先
補用千總充康濟練船大副洊升福建補用守備時鄧壯節公赴英德
各國驗收快船審公能與之偕蕆事回李文忠公知其才奏請賞換花
翎遷都司充經遠快船幫帶大副三載考績以游擊儘先補用并加副
將銜甲午之役與日人戰於鴨綠江管帶總兵林永升死之公再接再
厲以忠義先士卒身受重傷仍堅立指揮不少懈士卒皆感奮船毀甚
無潰志轉戰至大東溝船沒於水公就義時年三十有六嗚呼壯哉是
役也鄧壯節公死事甚烈聞於朝予謚予祭卹廕優渥天下瑰奇之士
莫不聞風慷慨思為前驅公與壯節生同里死同時而卹典獨弗及則
又握腕咨嗟而太息痛恨採訪忠義者之遺於上達也雖然潛德幽光
鬱而必發安知不有人焉為昭暴於來許耶余與公弟兆聰相友善悉
公生平公固不獨忠義且至孝友兄弟六人公居次孟兄叔弟嫡出
以次皆同母公事親如孺子訓弟如良師鄉黨宗族交稱之孟兄兆麒
娶未踰歲死公敬事孀嫂若母焉封翁卒諸弟幼飲食教誨公任之嗟
乎斗粟尺布歌謠自古晚近以來第求同根不相煎者往往難之乃讀
公訓弟各書至誠惻怛之意流溢言表諄勉諸弟以母事寡嫂其友愛
至性為何如耶嗚呼可以風矣兆聰以公手書示余并囑為傳余何人
豈足以傳公然忠義如公孝友如公知之真而不誌之詳他日之采風
者將無所考證焉則余之過也爰不揣譾陋據事實而為之傳世有發
潛闡幽者乎願以斯文為嚆矢耳

欽加五品銜即補知縣己丑恩科舉人愚弟高祉元拜撰

图十二　高祉元撰《陈传》，台湾高雄左营“海军军史馆”藏

钦加五品衔即补知县己丑恩科举人愚弟高祉元拜撰。①

池仲祐撰《事略》：

陈公讳策，字兆麟，号玉书。广东番禺人。少聪敏，有志节。清光绪初年，应福州船政局考，选入，为驾驶学生。毕业，派充“威远”练船二副。赴朝鲜平乱出力。十一年，奖给蓝翎千总，调充“康济”练船大副，荐升守备。十三年，邓公世昌赴英验收快船，请于长官，与之偕，帮同驾驶“经远”军舰回华，充补本舰帮带大副。十四年，升游击加副将衔。十五年，北洋海军成立，补右翼右营游击。

二十年，中日战于大东沟，公身先士卒，已受重伤，犹坚立指挥不少懈。“经远”中炮沉没，与管带林永升同时蹈海殉节。年三十有六。事闻，朝旨从优照总兵例赐恤，给予世袭一等轻车都尉兼一云骑尉世职。公性孝友。兄弟六人，公居次。长兄兆麒早卒，公事嫂如母。宗族乡党称之。②

《陈传》所记史事相当准确，而《事略》则有四处史事舛误。其一，“十四年升游击加副将衔”，陈策以游击尽先补用加副将衔，时在光绪十七年，《事略》颠倒了其与光绪十五年晋职的先后次序。其二，“十五年，北洋海军成立，补右翼右营游击”，实为花翎补用都司陈策补授左翼左营都司充“经远”船帮带大副，《事略》将“左翼左营”误为“右翼右营”（“扬威”舰）。其三，赴欧洲接舰，陈策系帮同邱宝仁驾驶“来远”舰回华。其四，陈策海战殉国情节，实为林永升中炮阵亡在先，陈策接替指挥阵亡在后，《事略》称“与管带林永升同时蹈海殉节”。

由此可证，台湾左营海军档案馆所藏《陈传》，系转抄自陈兆聪抄件高祉元撰《陈传》；池撰《事略》对前者多有参照。《陈传》将陈策与邓世昌所膺恤典的差异相较，略抒撰者胸臆感慨，而《事略》对此则略而不取，且增加对其孝友品行的赞誉。两者差异乃由撰者私人与官方的不同角度所致。

六、陈策传承孝友家风

陈策考入船政后学堂不久，长期卧病的长兄兆麒，即于婚后不满一年去世；光绪六、七年间，陈策调入北洋，光绪八年其父陈大光去世；陈策作为陈氏家族事实上的长男，义不容辞地担起了家族的重任。此家书是陈策写给五弟兆聪的，一如当年其父陈大光的家书。谨将信文全录于下：

大凡少年人出门，以和为贵。遇事有所不识者，必须请教于人。恭敬

---

① 高祉元撰《陈副将玉书传》（传—事略—柒号）。高祉元，广东番禺（今广州市番禺南村员岗乡）人，光绪十五年（1889年）恩科举人，擅书法；由其引荐堂弟高剑父，师从花鸟画家居廉学习中国画，成为岭南画派的奠基者和创始人。

② 《陈镇玉书事略》，载《清末海军史料》，北京：海洋出版社，2001年，第359页。

尊长，老尊辈问话，立而答之，面目带欢容。上落船只，行李自须当心。倘相交朋友，要带眼识人。古云：口有蜜而腹有剑。又，择其善者而从之，其不善者而改之。在家时，凡事要紧听〔谨听〕嫂嫂教训，若有要事出门，必须告明为是。如暑天时，冷水不可乱饮。又，晚上不可和衣向睡，恐有冻着而致生病。遇病请医调治。俗云：保重身体，犹如孝顺父母。倘六弟有不是之处，你为长者，应教得教，应爱得爱；若他有不遵，即须禀明嫂嫂责骂，你切不可乱动手脚。

但清明时，即携六弟登父母之墓拜祭。倘墓有坏，即禀明嫂嫂可请人修理。至二姐之墓，与阿容表兄同往而拜。到省时，至紧亲到阿英表叔处，请安问候。如上书馆时，若隔远见三哥，可避即避；但不能避者，要叫他一声为佳。

年节放假时，看戏亦无防〔无妨〕事，切不可过多。古云：勤有功，戏无益。至花柳赌场，切不可染！望你切不可以此言为费！日后方有上进，颇可与父母争气；为兄嫂者，亦有面目对得先人矣。但到港时，即寄平安信来，以慰我心。

又，同六弟到各亲友处拜年，并吪名请安问候。托嫂嫂查及顺兴、顺隆、盈泰三店之合同①，可曾立否？又将去年之年结一同寄来。于二月上旬将我眷迁回烟台。若有来信，可交烟台洋海关收入，转交“经远”快船大副陈玉书收便得。

Lieut Chen Chek I. C. Navy

H. I. M. S “King Yuen”

To. Customs House or Elsewhese Chefoo.

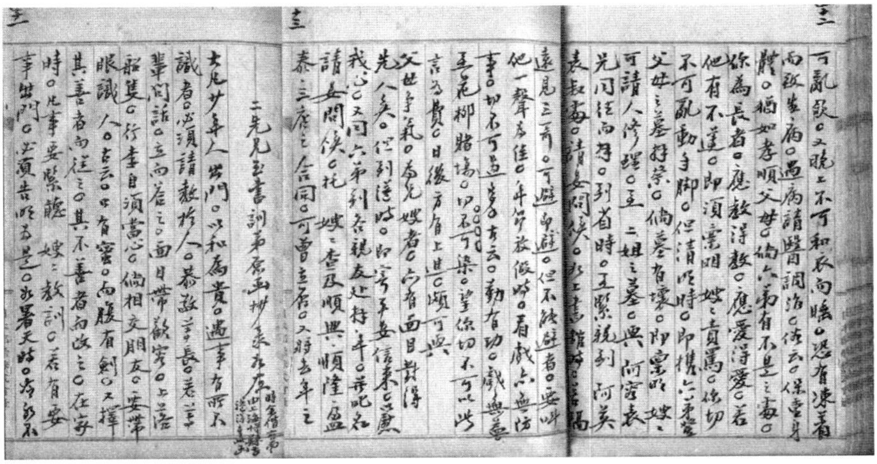

图十三　《陈策训弟家书》（抄件）之一

---

① 据陈兆聪在该家书抄件后所附注解可知，该三家商号系陈大光所创始，陈大光去世后，仍继续经营。

大嫂乃是个青年守节之妇，你为叔者，应更加恭敬。何况长兄当父，长嫂当母。古语有云也。①

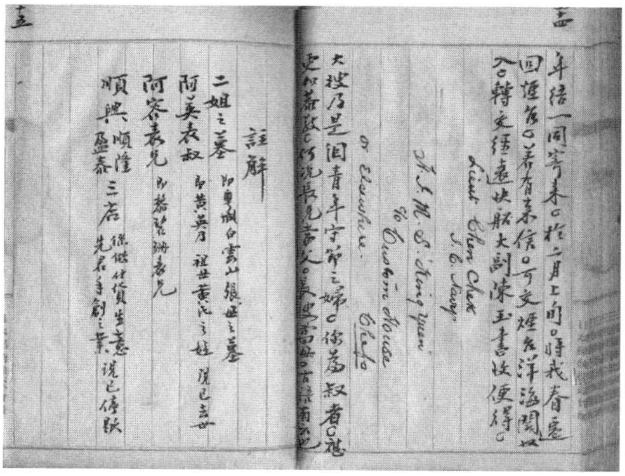
大嫂乃是個青年守節之婦。你為叔者。
註解
二姐之墓
阿英表叔
阿容表兄
順興 順隆 盈泰 三店

图十四　《陈策训弟家书》（抄件）之二

该家书抄件前首有陈兆聪附注：“时余偕六弟由上海将归香港，得奉此函。”综合分析家书内容可知，家书写于陈策任“经远”舰大副后（1888年6月）的某年临近春节之前，此时兆聪和六弟兆英尚在香港大书院读书；那么，兆聪和兆英为何要迢迢千里远赴上海？

查北洋舰队活动，光绪十五年（1889年）年底，“经远”随舰队南下操巡避冻，12月2日至30日在沪驻留，此后又继续南下巡航；此时距光绪十六年春节（1890年1月21日）仅一个月左右。可能是趁此间隙，陈策约两个弟弟到沪相聚。倘此推测成立，该家书应写于兄弟分别后至春节前这段时间。

家书中，陈策对弟弟的严教关爱表露无遗。关于出行安全、尊敬长者、谨慎交友、起居健康、友爱兄弟、勤勉向学乃至亲友往来等为人处事细节，不厌其烦，谆嘱教导。特别谆嘱弟弟，不要沉迷看戏娱乐，更不要沾染嫖赌恶习；要力求上进，为父母和兄嫂争气；教导弟弟要像对待母亲一样恭敬守节的孀嫂。

家书还透露出一些重要信息。其父陈大光在世时，担任公职的同时还兼营生意；陈大光去世后，其创办的顺兴、顺隆、盈泰三店继续经营，因诸弟年幼，平时由大嫂照看，重大事项陈策也给予关注。

家书还显示，陈策此时已任“经远”舰帮带大副，且已婚娶。据《陈氏宗谱》（抄件）：陈策娶妻巢晓珊，广东新会冲邓村人，生于同治元年十二月二十八日（1863年2月15日）。育有一子，名桂昌，字荫庭，生于光绪十四年四月二十八日（1888年6月7日）。② 陈策殉国时，其子桂昌年仅6岁。桂昌娶

① 《陈策训弟家书》（抄件）“二先兄玉书训弟原函抄录如左”下，附注“时余偕六弟由上海将归香港，得奉此函”字样，可知该家书系陈策致五弟兆聪。信文由笔者辨读句读。

② 《陈氏宗谱》（抄件）。

妻谭淑贤，育有四子一女（长子锦鸿、次子锦光、长女德贞、三子永辉、四子永樟）；桂昌于1944年6月去世。

高祉元撰《陈传》盛赞陈策可贵的孝友品行，恰与《陈策训弟家书》相印证：

陈策的大嫂凌孺人是一位贤惠善良、通情豁达、勤劳能干的女性。婚后不满一年丈夫陈兆麒即去世，数年后其公公陈大光亦辞世，二叔弟陈策（兆麟）内地求学从戎，家中诸弟尚且年幼，大嫂独力承担起照料整个家族的重担。霍铸吉所撰《陈公墓铭》亦可窥一斑。

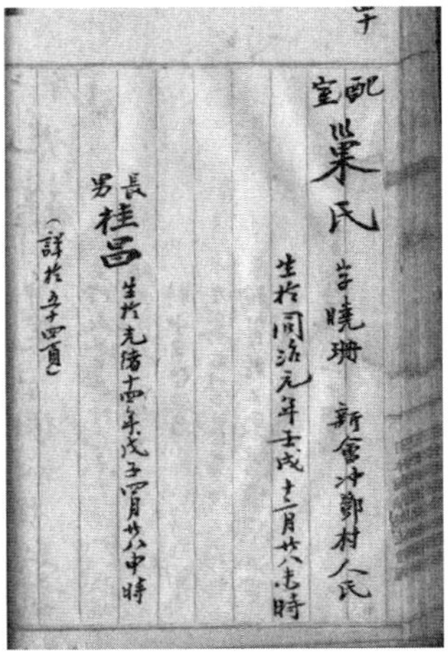

图十五　《陈氏宗谱》“二房兆麟妻、子”页（抄件）

“昔予与哲嗣睿堂君同事，曾登堂拜其嫂凌孺人，盖凌孺人抚育诸叔而年又最高，每述其舅之生平以为谈笑。”① 《陈公墓铭》撰者霍铸吉与陈大光五子陈兆聪（字睿堂，号锡年）系同事，曾到陈兆聪家拜访其大嫂凌孺人。大嫂凌孺人是家庭中年龄最长的人，承担起抚育诸位年幼叔弟的家庭重担，谈笑间，常常会讲述其公公陈大光的生平事迹。

七、两甲子后“经远”沉舰被发现

陈策等“经远”舰殉国官兵，除甲板之上遗体漂浮海上被收敛掩埋者，绝大多数随舰同沉海底。“经远”沉没的海域，日方记载在大鹿岛海域，而《庄河县志》（1921年编修）记载在庄河黑岛附近的老人石海域。百余年来，历史研究者多以前者为是，而以后者为非。为了探明究竟，2014年8月29日，《华西都市报——封面新闻》首席记者王国平特邀水下摄影师②，由当地渔民作向导，在老人石疑似沉船处，首次拍摄到了高度疑似“经远”沉舰的水下影

① 霍铸吉撰《陈公墓铭》。“舅姑”即“公婆”，是旧时儿媳对丈夫父母的书称，此处“舅”是儿媳对丈夫父亲的书称。

② 王国平，现任《四川日报》首席记者，辽宁省大连市庄河人，自小就听老辈人讲述甲午海战“经远”舰战沉在黑岛老人石附近、当年黑岛渔民打捞收殓殉国官兵遗体并在黑岛修建林永升祠、后来当地渔民下网捕鱼经常被沉舰挂网等故事。从事新闻工作后，更加关注北洋海军和甲午海战历史，对《庄河县志》关于“经远”舰沉没在庄河的历史记载，持可信态度。在《华西都市报——封面新闻》，连续发表了数十篇关于北洋海军和甲午战争口述历史的独家报道，在甲午战争历史研究领域与社会大众层面引起广泛强烈关注。在国家文物局水下文化遗产保护中心（现国家文物局考古研究中心）对该沉舰遗址进行考古调查之前，王国平首先找到了疑似该沉舰遗址，进行了水下摄影，并及时将信息通报给该水下考古部门。故“经远”沉舰遗址，王国平实有首先发现之功。

像。同时将详细信息报告了在此海域开展水下调查扫探的国家文物局水下文化遗产保护中心，确定了沉船的准确坐标方位。2018 年 7 月至 9 月，国家文物局水下文化遗产保护中心、辽宁省考古所、大连市考古所联合组队，对庄河沉船遗址开展水下考古勘探试掘，发现了沉船舷侧木质髹漆的“经远”舰名。从而确证疑似沉船遗址为“经远”沉舰，《庄河县志》所载无误，庄河老人石海域确为林永升、陈策等“经远”殉国将士的忠骸沉海之所。

图十六　疑似“经远”舰艏部位水下影像，2014 年 8 月拍摄，王国平提供

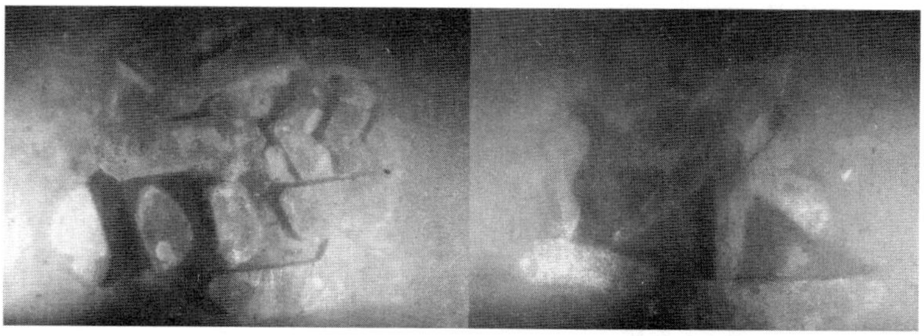

图十七　沉舰舷侧木质髹漆的“经远”舰名，2018 年 8 月拍摄，国家文物局考古研究中心研究员、“经远”沉舰水下考古项目领队周春水提供

附：霍铸吉：《清诰封武功将军陈公大光墓铭》①

清诰封武功将军陈公大光墓铭

尝谓：天之生材也，必有以彰其美，而后知造物者之爱，倍逾于恒情也。亦有时具有美材，老于岩阿，抱守其真，岂不甚善？而无如供之于世，不为明堂之选，无所任其材，夫乃叹苍苍者之懵懵若斯也！盖有命焉，受之而已，于

① 霍铸吉，广东南海人，系陈策五弟陈兆聪的同事好友。该文撰于 1916 年。

何尤哉！予于陈公见之。

公讳裔，字大光，号道光。番禺夏滘村人也。少失怙恃，终鲜伯叔，依母而活。英人某君爱其敦挚，怜而援之，于是携往英之卜敬咸省书院肄业。毕业回港，就圣保罗书院之聘，非其志也，遂寅次南美洲佐治城。挟资归来，适港政府招承税饷，岂知赢折无常，一蹶几不可振。再放洋于西印度，星霜数易，倦鸟知还。

维时港埠初开，通英文字者，如晨星寥寥无几；而华洋交处，英政府苦于语言文诰，扞格不通，于是下聘通才，为翻译传言之选，为公能之。公忖之：中西之文字固以不同，而语言亦皆异别，于其中维持左右，善莫大焉；务以疏通国人之习尚，利于进行侨居之。隐受其惠者，而不以为功也。

公赍志而殁于光绪壬午年，春秋五十五岁。惜哉！有子兆麟，能继其志，以船政学生绩劳至副将，与邓壮节殁于王事，不能竟其才，而泉壤恩荣亦赖于是矣。

昔予与哲嗣睿堂君同事，曾登堂拜其嫂凌孺人，盖凌孺人抚育诸叔而年又最高，每述其舅之生平以为谈笑。亦尝闻老于侨港之乐道，藏于心十余年矣。以予不文，曷敢为之录哉？因知迁葬香港好华人永远坟场，窃幸瞻仰松楸，感触往事，有不禁捃摭而为之。

公配郭氏，庶张氏、郑氏，皆合茔。子六人，长兆麒，次兆麟（殁于王事，高祉元先生有传），次〈兆祥〉，次〈兆佳〉，次兆聪（予同事），次〈兆英〉，次女三人，孙七人。

铭曰：宗悫长风，远涉重洋；欧西游学，抡指天荒；乃不能为国聘问之星使，而为传言翻译于邻邦；佳城郁郁，马鬣苍苍，其德未艾，宜后世之克昌。

民国岁次丙辰，愚侄南海霍铸吉拜撰。

从北洋到马江

——海军昭忠祠合祀案的发起以及推动

沈天羽*

摘　要：奉祀不仅是中国文化中的信仰活动，也是整体军事文化之一环，奉祀仪式是群体心理外显的一种形式，借由特定的空间、时间与行为，与先人建立心灵上的连结，同时凝聚新的集体记忆。早在 1903 年间，海军将领叶祖珪就有建祠奉祀甲午死难将士的提议，但是后续过程诸多横梗，入祀一事更是延宕经年。本文以海军档案为中心，回顾甲午殉难人员入祀一案，如何在天津筹建北洋海军昭忠祠，最后选择将申午两役将士合祀于马江昭忠祠，也借以探索中国海军在甲午之后，凝聚集体记忆的历程与尝试。

关键词：甲午战争　海军昭忠祠　集体记忆

昭忠祠之设，起自于清雍正二年（1724 年）之上谕："自太祖创业后，将帅之臣，守土之官，没身悍国，良可嘉悯。允宜立祠京邑，世世血食。其偏裨士卒殉难者，亦附祀左右。褒崇表阐，俾远近观听，勃然可生忠义之心，并为立传垂永久"。① 而后开始于崇文门内建祠，雍正六年完成，命曰"昭忠"，此为首座昭忠祠（京祠），昭忠祠入祀之条件、仪典均有定制，岁春、秋遣官依礼致祭。各省府城直到嘉庆七年（1802 年）才开始建地方的昭忠祠。咸丰三年（1853 年），更定恤典，文四品、武三品得入京祠，并获祀阵亡所在地，文五品、武四品以下者，凡赠职衔及当例恤者，并祀之。此外另有功臣专祠，就未以昭忠为祠名，如大学士福康安（1754—1796）的"奖忠"、僧格林沁（1811—1865）祠曰"显忠"、李鸿章（1823—1901）祠曰"表忠"等。② 甲申海战后，福州马尾即建立了马江昭忠祠，甲午之役理当比照办理，但其过程并

---

* 沈天羽，台湾"海军军史馆"原馆长。

① 清史稿校注编纂小组编《清史稿校注》（卷九十四、志六十九、礼六），台北："国史馆"，1986 年，第 2786 页。

② 清史稿校注编纂小组编《清史稿校注》（卷九十四、志六十九、礼六），台北："国史馆"，1986 年，第 2787 页。

不顺遂，波折不断。

一、建立北洋海军昭忠祠工作的开展

有关北洋海军昭忠祠的设立，是在光绪二十九年（1903年）五月间，任职于参谋水陆军务处的广东水师提督叶祖珪（1852—1905）所提出，并奉批由海防支应局执行，经费的来源是由“海军各船历年所缴”与“截旷银”两项下挪拨。叶祖珪发议设立北洋海军昭忠祠的缘由如下：

> 光绪二十年八月（1894年9月）间大东沟中东一役，海军奋力迎击血战逾三时之久……阵亡伤亡各员弁，均已蒙前北洋大臣李奏请分别议恤，惟邓世昌首先冲阵攻毁敌船，忠勇惟成，一时称叹，且官阶较高，并奉旨予谥壮节，予以建专祠各在案……提督自荷天恩统领北洋海军数年来，深知海军规模尚未恢复，经费亦不充裕，尚未敢以捐建专祠为请，然该事经定案，若历久不办，上无以宣朝廷优异之恩，下无以劝将士将来之志，抚衷追念，引疚良多。前蒙宪台慎重畿疆，有整顿海军之意图，因此拟请就在天津建立邓壮节公专祠，并将大东沟一役死难各管带员弁附祀其中，署曰“北洋海军昭忠祠”，列入祀典，由地方官员春秋致祭。[①]

叶祖珪的整体构想是在海军昭忠祠旁同时搭盖海军公所，作为全军员弁因公来天津的办公处。据叶的估计，这笔缴、截款是足够支应的。叶当时也已经绘有大概的图式，只待工程局择地、估工，再按照地亩的大小，定出祠所房屋的尺寸，竣工后，由海军提督查明所有死事，将各将士开列衔名送请刊刻木主，择日入祀。

光绪三十年八月十九日（1904年9月28日），署理长芦盐运使陆嘉榖与存祀道冯汝骙（？—1911）向继任的北洋大臣杨士骧（1860—1909）报告，认为该祠宇应该及早建盖。但是择地何处、应购地多少亩，经函询叶祖珪，叶表示在天津银元局后面有块地，可以用作搭盖祠所。而后建造局委派翟咸一担任委员，按照依叶祖珪所提供的图式逐项勘估，但翟未久就病故，改由陈丞汝负责此案。但因陈丞汝同时也负责建筑新马路市房以及李文忠公祠工程，业务极为繁重，无法兼顾。为避免拖延该项工程，陆、冯二人希望上级能另外派员，会同叶祖珪按图考核，丈量应建房屋间数及工款若干，造具详细估册后再交由工程局核办。

陆、冯二人的报告上呈后，袁世凯亲自于公园迤北处勘订地基，并改派候补知县陆葆泰会同前署天津县知县章师程为购地委员，计购地21亩余。全案

① 《事略（抄件）》（光绪三十年八月十九日），《甲午战役海军死难人员入祀案》，台湾“国军档案”，档号：341.6/6050。

也将依照叶祖珪的原规划，居中建筑海军昭忠祠，左侧附盖海军公所作为接待各国外宾、友军拜见酬酢，以及海军人员因公来津停顿之用，右侧附盖海防营务处，该处也就不再租用民房办公。①

为北洋海军建昭忠祠一事在光绪二十九、三十年间就已经起步，祠宇坐落何处、经费也有着落，陆、冯二人报告中有附上图式一张，但在档案中已经不得见。不过此后建祠的进度颇为缓慢，直到光绪三十四年三月间，才再有报告详陈购买海军公所、海军昭忠祠、海防营务处基地亩数的价款，以及基地内应补助迁走民坟的费用。② 购地之事为何历经三年余才再有进度？可能是叶祖珪在1903年提议建祠后，次年（1904年）受命总理南北洋海军兼广东水师提督，1905年即病逝。清政府复兴海军的计划也在此际开始推动，海军事务暂归陆军部办理，主管机构与人员更迭，海军建祠一事遂有所延宕。不过杨士骧继袁世凯担任北洋大臣后，虽同意按照前议办理，但指示将营务处、海军公所改并为一处兴建。③

营务处变更计划后，改丈绘估，以三易为二，本来购买的地段还颇合宜，但又因接连的事故，以致一直无法顺利开工。先是宣统元年（1909年）间，天津县工程局要扩充马路，马路将从海军公所基地界内迤北穿过，由于该土地一经割裂就变得畸零，建筑房屋所需的基地将会不敷使用。海防营务处认为天津工程局开辟的马路，倚靠着公园墙界，新路并非大道，又非贸易市场，尽可易地修筑，建请北洋大臣饬下工程局将该处马路改道，以利兴盖海军公所。但该报告也认为，如果该马路不能他移，公所可以考虑另外择地建造，建造北洋昭忠祠一事为此又有所拖延。

到了宣统二年三月间，营务处呈报案经支应局调查后，先前存下来的缴截旷银7万余两，有部分改拨他用，只剩下3万余两，如果按照原计划兴建，实在难以另外筹到款项。营务处也说明当初提督丁汝昌（1836—1895）、副将邓世昌（1849—1894）及林永升（1853—1894）、参将黄建勋（1852—1894）及林履中（1852—1894）及其余伤亡各员，经北洋大臣李鸿章奏请分别议恤，邓世昌照提督阵亡例，议恤入祀本籍、阵亡地方府城以及京师昭忠祠。天津为当时创办海军之地，辽渤一带对海军事迹知之较详，“羽毛未丰、捐糜中落，属在同仇、追思茹痛”，如今丁提督已蒙天恩开复原官原衔，为“昭荩烈于既往，

① 《北洋海防营务处为详请事》（宣统二年三月二十七日），《马江海军昭忠祠案》，台湾“国军档案”，档号：382.3/7132。

② 《仅将丈买海军公所海军昭忠祠海防营务处基地亩数援照成案核发地价并自行迁坟费银两各数目开呈》（光绪三十四年三月十七日），《马江海军昭忠祠案》，台湾“国军档案”，档号：382.3/7132。

③ 《北洋海防营务处为详请事》（宣统二年三月二十七日），《马江海军昭忠祠案》，台湾“国军档案”，档号：382.3/7132。

兴观感于方来”，在天津建立海军昭忠祠一事不宜再缓。建议先在已购之地中，奠基并合建围墙，居中先建昭忠祠一座，海军公所、营务处等日后筹到款再继续建造，同时营务处开始调查先后殁于军事的各将弁衔名，缮册呈请饬刊木主，祠成择日入祀。①

宣统二年六月（1910年7月）营务处重派委员甘联超、参事□道华前往该地逐项勘查，并按照昭忠祠仪礼应有之制估算后，次月终于上呈建筑图式，并于九月初四日（1910年10月6日）批定后开始建造。② 该建筑概要计：大门1座3间、垂珠门1座1间、正屋1座3间、露台1段、前院东西厢房并后院两庑4座12间、后院祭器库2座6间、大门左右耳房2座6间、游廊走廊70间、方砖甬路6段、白石碑2统、大门外白石狮子1对、照壁1座、石甬路1段、灰土甬路2段、围墙163丈等，总计需实银约25677两。但因为该建筑基地内尚有坟墓多冢，需要请义阡公所将坟墓迁移至新义地，迁坟也需补充款项③，因此实际开工日期应该还在该月之后，此时距叶祖珪发议之际，已历经七年有余。

二、民国时期的变化

宣统二年后，有关北洋海军昭忠祠的建造与使用情形，直到民国九年（1920年）才再有记录。海军在当时有整修马江海军昭忠祠之请，该案呈到大总统后被否定，因为府方高层听闻，甲午之役已奉前清朝命准予建祠，于天津公园内择有祠址，但现况究竟如何，亟应着手进行调查。海军总司令部请大沽造船所长吴毓麟（1871—1944）就近调查此事，吴透过天津县行政公署协助，得知之前工程局有记录丈明土地计地21亩3分1厘，警察厅工程科也有图纸存档，经携带图纸前往调查，该祠现为私立觉民中学校所管理。④ 据校长王鸿敏声称，该祠由校管理已在民国二年五月呈明前民政长在案，祠内原有房屋连

① 《北洋海防营务处为详请事》（宣统二年三月二十七日），《马江海军昭忠祠案》，台湾“国军档案”，档号：382.3/7132。

② 《北洋海防营务处详北洋大臣陈稿》（宣统二年九月初四），《马江海军昭忠祠案》，台湾“国军档案”，档号：382.3/7132。此稿内提及附图三本、图式三份十五张，但稿后仅附图式、估料与估价。

③ 《北洋海防营务处札义阡公所》（宣统二年十月二十三日），《马江海军昭忠祠案》，台湾“国军档案”，档号：382.3/7132。

④ 依据民国初年出版的《天津快览》记载，天津公园（即中山公园）当时除了直隶省议会厅、商品陈列所、北洋造币总厂及一些实业机构外，省立图书馆、美术馆、中华武士会、天津水西庄遗址保管委员会、觉民中学、中州会馆、北洋海军昭忠祠以至基督教福音堂等，也都设在公园内外（摘自章用秀：《名扬四方的文化园林》）。民国元年军界人物颜斌、刘汝贤、王崇义等人利用昭忠祠旧址办觉民小学，招收辛亥革命军人子弟。

大门殿座共30间，该校添盖后共计45间，一切案据均在省署保存。①

吴毓麟的调查经过及基地蓝图于4月5日送达海军总司令部，次日，总司令蓝建枢随即呈海军部说明：宣统二年间开始建造的昭忠祠工程已经完成八九，然因辛亥国变，未及正式奉祠，海军人士深感遗憾于心，未尝一日或忘。民国以来，营产或公产空置之房屋，许多暂假为学校，事定之后也有陆续收回者，况且昭忠祠系国之重典，万无废置不修之理，建议向直隶省长索还基地，并将祠宇恢复。② 此呈文系由海军总司令蓝建枢（1856—1929）、练习舰队司令兼第一舰队司令蒋拯（1865—1931）、第二舰队司令杜锡珪（1874—1933）、船政局局长陈兆锵（1862—1953）、江南造船所所长刘冠南（1856—1925）、大沽造船所所长吴毓麟、南京海军鱼雷枪炮学校校长郑纶、前吴淞海军学校校长郑祖彝、前烟台海军学校校长曾瑞祺（1866—1923）等共同联署，均为当时海军最重要的机关主管或是资深军官，显然地，在海军内部已经形成一种强烈的意识，为北洋海军设立昭忠祠不能再缓。

三、马江海军昭忠祠合祀案

海军部从民国七年（1918年）开始，请全军共同追忆甲午战役死难者的职衔与姓名，本是为了补拾残缺的史实，以免死绥忠烈湮没不彰。但同年一件原本祭拜马江昭忠祠的小事件，引发了在天津设立海军昭忠祠案的转向，甲午死难将士名录调查案，也意外成为后来甲申、甲午两役死难将士合祀案能够快速推展的动力之一。

（一）合祀案的缘起

民国七年（1918年）海军总司令蓝建枢11月南下校阅舰队，顺道前往祭拜福州马江昭忠祠，但是当他看到该祠经三十余年风雨摧折，房舍芜圮，地方多故，祀事弗遑，尤其是民国以来，各省所建的昭忠祠岂止百间，唯独此祠所祀是对外战役死难海军将士，反而被置若无睹，实非国家激励忠烈的本旨。民国九年（1920年）2月18日，北洋政局正处于直皖对立的紧张状态，战争一触即发，蓝建枢未经海军部，径呈大总统徐世昌（1855—1939），除了说明马江昭忠祠的现况，也希望“当修治祠宇之时，非得我大总统颁与匾额，以昭郑重”③。

---

① 大沽造船所函海军总司令（民国九年四月五日到）《复据天津县查勘昭忠祠地址据称该地现为私立觉民学校占用各节》，《马江海军昭忠祠案》，台湾“国军档案”，档号：382.3/7132。

② 海军部呈（民国九年四月六日），《请收回天津昭忠祠祠宇》，《马江海军昭忠祠案》，台湾“国军档案”，档号：382.3/7132。

③ 海军总司令部呈（民国九年二月十八日），《请颁马尾昭忠祠匾额》，《马江海军昭忠祠案》，台湾“国军档案”，档号：382.3/7132。

不过此时海军内部另一个构想同时也在酝酿。

重修马江昭忠祠已势在必行，蓝建枢将此事交给船政局局长陈兆锵就近筹展拓修的计划，也希望合祀的构想能在海军同仁间先建立共识。3 月 2 日、3 日，蓝建枢电海军部所属重要舰陆单位主官（南下护法舰员不在其中），询问将申午阵亡将士合祀于马江的意见。此事也再次触发了海军对甲午死难忠魂迟未建祠的隐痛。3 月 6 日，海军总司令蓝建枢（闽籍）、练习舰队司令兼第一舰队司令蒋拯（闽籍）、第二舰队司令杜锡珪（闽籍）、船政局局长陈兆锵（闽籍）、江南造船所所长刘冠南（闽籍）、大沽造船所所长吴毓麟（直隶）、南京海军鱼雷枪炮学校校长郑纶（闽籍）、吴淞海军学校校长郑祖彝（闽籍）、烟台海军学校校长曾瑞祺（闽籍）等 9 人，联署呈文海军部：

> 我国海军自兴创以来，甲申中法、甲午中日两役实为沉痛之历史，而我国人所永之弗忘者也。惟甲申死难将士当时曾奉朝命建昭忠祠于福州马尾地方，岁时致祭，垂为常典，而甲午一役尚付阙如。查民国七年十月曾奉钧部第 148 号训令，以部中撰辑《海军战纪》，征求大东沟、威海卫当日捐躯将士姓名……建枢前年校阅舰队到闽，祇谒马尾昭忠祠，见规模狭隘，日久失修，因商同（本文署名之各员）等，各竭绵力，并广为募捐，已略有成款……恳钧部具呈请大总统，乞将甲午一役死难将士姓名并祀于马尾之昭忠祠，以表风烈，而励忠节。①

实际上，除了以上 9 人之外，回电附议但未列名的还有驻福州的“海筹”邓家骅、甘联璈、沈继芳、王光熊等舰长。在此同时，海军也开始调查天津的北洋海军昭忠祠址建筑现况，在得知该祠已建好但被占用后，9 人再次联署要求海军部一定要交涉索回。以上两案看似同时进行，交涉索回天津基址案未有后闻，但合祀案则是持续进行。由此来看，海军对于索回北洋昭忠祠原基址的意图，不若推动合祀案强烈，毕竟索回原基址过程较为困难，觉民中学必须另觅新址迁校，新增建筑未必符合昭忠祠建制，即使索回，新旧建筑也须耗费公款修整，相较起来合祀案较为迅速且便利。另有一个背景，即是死难者尤其是高阶军官多为船政学堂毕业生，本籍多为福州，推动者亦然，在这种魂归故里的文化情感上，改变了甲午阵亡将士入祀的最终地点。原本由上而下进行的入祀案，自此转变为海军由下而上的推动。

（二）合祀案的推动

甲申、甲午合祀案上呈后，开始并不顺利。3 月上呈的合祀案，海军总司令部以甲午战役阵亡殉难诸将士尚未有专祠为由，希望合祀于马江，并将祠名

① 海军部呈（民国九年三月六日），《恳请转呈大总统乞将甲午将士并祀马尾昭忠祠》，《马江海军昭忠祠案》，台湾“国军档案”，档号：382.3/7132。

改为“海军昭忠祠”。本案经海军部转呈大总统徐世昌，但因高层听闻甲午之役已奉前清朝命准予建祠，于天津公园内择有祠址，因此没有同意海军部的构想。受到直皖战争的影响，北方政局不稳，海军部此际也困在庙街事件的交涉中，合祀案又拖了一年。不过海军人士对于合祀案的诉求依然相当坚定，船政局在这期间内，先重修了马江昭忠祠，陈兆锵也于民国十年（1921 年）4 月 25 日向海军总司令部促请此事：“拟将合祀马江名称改为海军昭忠祠联名呈部转呈大总统核准以彰忠烈等因，嗣闻甲午之役已奉前清朝命准予建祠，于天津公园内择有祠址，因作罢议。经查该处尚未建筑，此际库款支绌，土木之费亦复不赀，以筹措之艰，致旷时日，何以敦世道而慰忠魂？”① 表明海军同仁已无在天津续建北洋海军昭忠祠的想法。该咨文中，陈兆锵也提出死难者家属的诉求，船政局在 3 月间收到第二舰队杜锡珪司令来函，前“经远”军舰枪炮二副韩锦（参将）的家属韩和宠，以其父于大东沟之役阵亡，附履历事略前来请求入祀马江昭忠祠，陈兆锵认为“凡阵亡殉难之家属无不欲表彰其先世，大有迫不及待之情”，拟请仍照前议，将甲申、甲午两役阵亡将士合祀马江，俾免偏毗。

除了希望政府同意合祀案之外，船政局咨文的另一个诉求是经费补助：“原祠现经修葺，募款虽有成数，若合祀则更须展拓，仍觉不敷，应恳由中央拨帑五千元补助”②。显然地此补助款主要是因应合祀扩充的建设所需，颇有此案已非准或不准的选择，而是政府能补助多少经费的问题。陈兆锵希望这次提案仍比照先前的模式，由总司令主稿，同仁联呈海军部，转呈大总统“核准并给发修费俾成巨举”，福州方面也将加入福州海军学校校长张斌元（1865—1935）和福州海军制造学校校长沈觐宸（1881—1962），二人联署“以表全军同意此建议”。由总司令出面，“全军”合为一气作为后盾，显然的海军内部对合祀案已有强烈的共识，透露出坚决地向纷乱不断的北洋政府宣示的意味。

海军总司令部于 7 月 15 日将船政局咨文转呈海军部③，但海军部迟至次年（1922 年）3 月 27 日才将该案转呈大总统徐世昌④，6 月 7 日，海军部训令

---

① 船政局咨海军部（民国十年四月二十五日），《请呈部转请拨帑五千元拟将马江昭忠祠展拓修葺俾便合祀由》，《马江海军昭忠祠案》，台湾“国军档案”，档号：382.3/7132。

② 《重建马江昭忠祠碑记》，载林萱治编《福州马尾港图志》，福州：福建省地图出版社，1984 年，第 288 页。依该碑文系民国九年（1920 年）七月福州船政局局长陈兆锵主持重修马江昭忠祠时所撰，碑刻嵌于该祠墙壁上。由此可见马江昭忠祠在民国九年七月立碑之时，已完成修整事宜。

③ 海军总司令部呈海军部（民国十年七月十五日），《请将甲申甲午两役殉难将士合祀马江忠烈祠恳由中央拨帑五千元以充修费》，《马江海军昭忠祠案》，台湾“国军档案”，档号：382.3/7132。

④ 海军部呈（民国十一年三月二十七日），《请将甲午一役海军死难人员合祀昭忠祠并请发款补助修葺》，《甲午战役海军死难人员入祀案》，台湾“国军档案”，档号：341.6/6050.2。

海军总司令蒋拯，说明拨款补助修葺马江昭忠祠案，已于该年 4 月 3 日奉大总统准如拟办理，只是因内务、财政两部尚未回覆，要等到该两部通知后，再令知遵办。[①] 船政局局长陈兆锵接到指令后，还没有收到财政部背书，就请前总司令蓝建枢董其事，先开始进行合祀的扩充工程。其实陈兆锵心里也很清楚，当时中央财政匮乏几近破产，全军维持费一再积欠，各机关都已经难以为继，何来余款补助修祠，既然经费能否拨下是未定之数，船政局与陈兆锵承载了数百英灵入祀之重任，与其继续空等，不如一鼓作气募款完成数十年未竟之志。以上海、福州为核心发动的合祀案，最后成为海军全军的行动。由于修造款项甚为吃紧，吴毓麟除了自己捐助 500 元外，也出面向时任大总统黎元洪（1864—1928）募了 3000 元赞助。

到了 1922 年 7 月之际，马江昭忠祠的修建工程已大致完成，为此陈兆锵建请于农历八月十八（公历 9 月 17 日）甲午纪念之日奉主入祠，并催请大总统黎元洪饬下财政部将补助款如数发给，总统个人所捐助的款项也请一并赏发，并请赐匾额用志以光荣诸先烈。[②] 海军部在收转船政局的呈文时，部内编纂科听闻此事，主动将数年来已收录汇整的甲午死难名单，于 8 月 2 日送交海军总司令转送船政局，完成了甲午英烈入祀的最后一个记忆工程。合祀案进入最后紧锣密鼓的阶段，11 日，大总统核定颁给匾额及所请经费，之后海军部先于 16 日训令船政局局长陈兆锵，该局所有的建议与规划均奉大总统核准办理[③]，19 日才告知海军总司令部，表示已经先通知福州船政局陈兆锵遵照办理。[④] 1922 年 9 月 17 日，也就是甲午之役 27 年后，申、午两役死难将士正式合祀于马江昭忠祠，北洋海军死难将士终有祭祀之所，而海军甲午的集体记忆也有了新的附着之处。

四、结语

建造北洋海军昭忠祠奉祀甲午忠烈一案，在光绪二十九年（1903 年）间

---

① 海军总司令部训令（民国十一年六月七日），《甲午海军死难人员合祀昭忠祠并请款修葺已奉令准》，《甲午战役海军死难人员入祀案》，台湾“国军档案”，档号：341.6/6050.2。

② 福州船政局呈（民国十一年七月十八日到部），《甲午死难将士合祀马江昭忠祠订于夏历八月十八日奉主入祠恳请据情转呈请将前准帑银五千元捐款三千元发下并书赐匾额以志光荣》，《甲午战役海军死难人员入祀案》，台湾“国军档案”，档号：341.6/6050.2。

③ 海军部指令第 296 号（民国十一年八月十六日），《请发修建昭忠祠助款并请赐额已转呈奉令仰即遵照》，《甲午战役海军死难人员入祀案》，台湾“国军档案”，档号：341.6/6050.2。

④ 海军部指令第 135 号（民国十一年八月十九日），《船政局长请发昭忠祠助款各款并请赐匾额转呈奉准令仰遵照》，《甲午战役海军死难人员入祀案》，台湾“国军档案”，档号：341.6/6050.2。

由叶祖珪倡议，历经波折，终于宣统二年冬开始兴造，工程也已完成，但因辛亥革命，入祀一事乃中辍。而后该地亩中所有房舍为私立觉民学校所继用，难以收回，建祠一事虽因事局多故一再搁延，但从未为海军所遗忘。直到民国九年因该案延宕太久，始思以合祀之便，在中国海军兴始所在地的福州马尾，将原议兴建的“北洋海军昭忠祠”与“马江昭忠祠”合为一处并祀。相较于清季由上而下设立“北洋海军昭忠祠”变故不断，民国时期由下而上推动合祀案的过程就快速许多，除因设立昭忠祠以奉祀甲午殉难将士，本就是政府核定但延宕许久的旧案，海军上下早有共识外，也因推动此案的人物，绝大多数是船政学堂毕业生，也大多曾参与甲午战役。如刘冠雄、蓝建枢、刘冠南、李鼎新、陈兆锵、郑祖彝、郑纶、曾瑞祺、蒋拯、黎元洪等，或经历其时如吴毓麟、杜锡珪等，均有乡土、同僚的近情，终有所成。另一个重要因素，是海军部从民国七年起开始征集甲午死难名录与事略，已先在全军上下建立了认同与共识，名录至民国十一年也已大致备载，合祀仅需扩充马江昭忠祠的建筑，无须如当初叶祖珪所规划的进程，待祠宇建好后才开始征求死事刊刻木主，亦是成就此案的关键。

推动甲午死难将士入祀一事，前后近二十年（1903—1922），国民政府时期海军部为慎重此事，于民国二十二年制定每年的 8 月 23 日（甲申海战）及 9 月 17 日（甲午大东沟海战）为海军纪念日，并规定由在闽最高长官率领海军人员前往致祭。① 民国二十五年（1936 年）7 月，海军部续颁定甲申、甲午海军阵亡将士祭典仪序，以昭重典，而兹遵守。② 由中国社会与礼制的角度来看，合祀案告成才是甲午之役的终曲，从军事文化传承的面向来看，这也意味着中国海军亟欲走出甲午的阴霾，在重回蔚蓝大洋的海图上定位，其兴始之地将指引着海军后进们，以策励来兹、雪耻奋进为动力的新航向。

（本文初稿刊于 2015 年台湾台北中华军史学会会刊，本次发表以该时之研究为基础，就合祀案重新修正校定，以补疏漏）

---

① 海军部训令第 969 号（民国二十二年二月十三日），《定国历八月二十三日及九月十七日为本军纪念日》，《甲午战役海军死难人员入祀案》，台湾“国军档案”，档号：341.6/6050.2。

② 海军部训令第 4893 号（民国二十五年七月二十八日），《颁发马尾昭忠祠甲申甲午海军阵亡将士祭典仪序》，《甲午战役海军死难人员入祀案》，台湾“国军档案”，档号：341.6/6050.2。

民国海军首次编史活动初探

王国平*

摘　要：中国近代海军历经甲申、甲午海战两次挫折，官方层面长期未有系统性历史书写，直到1914年，在时任海军总长刘冠雄的推动下，海军官方首次对海军历史进行系统编纂。这次编史活动，对于保存近代海军历史具有重要意义，同时也开创了民国海军官方修史的传统。但这次编史活动长期以来并未受到研究者的关注，本文在翻阅史料基础上，首次对民国初年这次海军编史活动进行梳理，通过对编纂过程、编史机构以及编史成果的追踪，以图较为系统反映这一海军故实。

关键词：海军史　海军实纪　昭忠祠　刘冠雄　池仲祐

"但尽忠不能尽孝，忠虽以移孝作忠为辞，而儿不孝之罪，总难逃于天壤矣！"

1894年，在写完最后一封信后，北洋海军"经远"舰驾驶二副陈京莹（1863—1894）随舰队开拔。在信的最后陈京莹写道："若叨鸿福，可以得胜，且可侥幸，自当再报喜信。幸此幸此！"1894年9月17日，在中日黄海一战中，陈京莹随舰沉眠海底。

陈京莹的甲午家书，被后世称之为"千古绝笔"。同这封家书一样，中国近代海军历史的众多事迹、文字得以保存至今，皆得益于民国初年的海军编史活动。

一、海军编史处成立

从现有资料看，民国初年海军编史活动的直接动因源于民国初年清史编纂的需要。

---

* 王国平，《四川日报》首席记者。

辛亥鼎革后，民国政府延续了官修前朝正史的制度。1914 年 3 月 9 日，大总统袁世凯（1859—1916）下令开设清史馆，延请赵尔巽（1844—1927）为馆长，正式开始编修清史。

因迭经战火，档案阙失，因此开馆之初，清史馆首先四处征求史料，其中就向海军部征集有关清末海军的资料："考献征文为急务，官书而外，惟朝章宪典之宜求，请就部员中遴选一二员遥襄史局，专任馆务或需调查案卷随时派员前来接洽。"①

受此启发，海军部决定成立编史处，并呈报给国务院，呈文中写道：

> 查各国海军向有历史，且皆递年增订，以资考证。我国海军创起于福州船政，成功于北洋舰队，其间沿革、战役可述之事甚多，迄今四十余年未有记载。现北洋案卷经庚子之变，多半散失，趁此一二老辈尚未凋零，犹能身证口述，亟宜采辑残阙，以资纂述。议于部内附设海军编史处，纂次完善，将来送入史馆，以为传信。②

可见海军编史处成立的直接目的是搜集资料，纂述信史，同时也满足清史馆的工作需要。而上述这一段话，也成为后来关于海军历史编纂工作的经典表达。

民国初年，各项经费常有短缺，为打消中央政府对费用、编制的顾虑，呈文中还特别写了一段说明："至经费难筹，除笔墨纸张、抄录各费外，所有委派本部各员，皆纯义务，不支津贴，其调用数员，略给津贴，以节费用。"

海军部筹设海军编史处的呈文经时任国务卿徐世昌（1855—1939）递交后，1914 年 12 月 27 日获大总统袁世凯批准。③

此后，海军编史处工作启动。"以刘心组（传绶）中将董其事，属黄庥民（裳治）少将、陈逸儒（寿彭）司长分理之。"④ 另聘严复（1854—1921）为总纂。⑤

刘传绶（1870—1950）为天津北洋水师学堂驾驶班第三届毕业生；黄裳治（1859—1927）为船政后学堂驾驶班第四届毕业生；陈寿彭（1855—?）与海军关系密切，时任海军部军法司典狱科科长，也是船政学堂第三届毕业生。⑥ 严

① 《海军部呈筹设海军编史处情形请予备案祈钧鉴文并批令（中华民国三年十二月二十七日）》，《政府公报》第 955 期，1914 年，第 16—17 页。

② 《海军部呈筹设海军编史处情形请予备案祈钧鉴文并批令（中华民国三年十二月二十七日）》，《政府公报》第 955 期，1914 年，第 16—17 页。

③ 《海军部呈筹设海军编史处情形请予备案祈钧鉴文并批令（中华民国三年十二月二十七日）》，《政府公报》第 955 期，1914 年，第 16—17 页。

④ 池仲祐：《海军大事记》，载《近代史资料》总 61 号，北京：中国社会科学出版社，1986 年，第 88 页。

⑤ 池仲祐：《海军大事记》，载《近代史资料》总 61 号，北京：中国社会科学出版社，1986 年，第 124 页。

⑥ 刘传标：《船政人物谱》上，福州：福建人民出版社，2017 年，第 114—117 页。

复本身是船政学堂毕业，后又在天津水师学堂执教，其同学、学生遍布海军。

海军部成立编史处的消息，也受到当时媒体的关注。从当时的报道看，“特聘”人员除严复外，还有林纾（1852—1924）、傅莲峰（生卒年不详）。[①]傅莲峰是林纾的好友，清末曾在外务部工作，辛亥后留寓北京。[②]

林纾的身份较为特殊，他虽非海军出身，但与多位船政学堂的毕业生合作翻译西方文学作品，成果斐然，与北洋海军的闽籍将领也颇多相识。甲午战败后，林纾通过文字不断表达对北洋海军的“冤抑之情”，曾一度想写作一本《甲午海军覆盆录》，虽然“未及竟其事”，“然海上之恶战，吾历历知之”。林纾的这一情感后来书写在1908年和魏易（1881—1931）合译的日本小说《不如归》中。[③]

《甲午海军覆盆录》最终没有写成，但林纾留下了一些散篇。比如，1910年4月由商务印书馆出版的《畏庐文集》中收录有《徐景颜传》，记述一位叫“徐景颜”的北洋海军将领悲壮殉国。大约在1921年，林纾又受北洋海军将领杨用霖（1854—1895）家人的所托，撰写《清建威将军提督衔补用副将闽县杨公墓志铭》。在这篇文章中，林纾提及，当年海军总长刘冠雄（1861—1927）曾邀请他修撰《甲申甲午海军殉难诸臣传》，但因各家子弟未能提供行略，“史乃弗就”，并因此感慨：“不图七十之年，乃为公补此铭也。”[④]

这里牵涉到林纾与刘冠雄的一段交往。大约在1901年后，林纾定居北京。在1913年，刘冠雄聘林纾为“书启老夫子”，每月致送一百元，“并不到衙门，亦无官之名目，亦不是秘书，是私自出资送我”。[⑤]

目前虽然没有直接证据表明林纾参与了海军编史处的工作，但从林纾的叙述中可知，编撰申午两役相关历史刘冠雄其实已经谋划多时，并已经邀请林纾展开过前期工作，但直到借着编修清史的机会，海军编史处才成立起来。

因此池仲祐（1861—?）在撰述编史缘起时，将刘冠雄列为首推人物：“民国三年，岁在甲寅，海军总长刘资颖上将以为，列国海军莫不有史，而吾华独付阙如，引以为憾。因于部内设立编史处……”[⑥]

---

① 《海军实纪告成预闻二则》，《国学杂志》，1916年第8期，第14—15页。

② 林纾：《傅莲峰述异》，转引自江中柱等编《林纾集》（3），福州：福建人民出版社，2020年，第676—677页。

③ 林纾、魏易译：《不如归》，上海：商务印书馆，1908年，序言。

④ 林纾：《清建成将军提督衔补用副将闽县杨公墓志铭》，《畏庐三集》，北京：中国书店，1985年，第43A页。

⑤ 林纾：《训林璐书》（1913年10月23日），《林纾家书》，北京：商务印书馆，2016年，第53页。

⑥ 池仲祐：《海军大事记》，载《近代史资料》总61号，北京：中国社会科学出版社，1986年，第86页。

二、函札四驰，征求故实

海军编史处成立后，具体的编撰工作由池仲祐承担。

池仲祐是北洋海军的老朋友。光绪八年（1882 年），丁汝昌率队到英国接收“超勇”和“扬威”舰。当时池仲祐随队担任文案，他将此行的见闻一一记录下来，是为《西行日记》，成为今天研究北洋海军历史的重要史料，也是近代中国海军首次走向世界的历史见证。

从英国回国后，池仲祐在旅顺、威海、烟台、上海等地任职，和海军人士多有交集。光绪十五年（1889 年），池仲祐考中举人，此后到广东任职近十年，曾在多地担任知县。

民国成立后，因为和海军的历史渊源，池仲祐进入到海军部工作。1913 年 6 月，海军总长刘冠雄校阅海军时，池仲祐就以“秘书”身份“掌理来往函电文件及典守印信、重要公牍”①。因此次调随行营颇为得力，刘冠雄在当年 8 月呈请任命池仲祐为海军部副官②，8 月 25 日任命获准。③

1914 年底，海军编史处成立后，熟悉海军历史、与海军有旧，同时习惯记录历史的池仲祐被派往担纲此事。

编撰工作首要任务是搜求、汇集材料。当时采取了两种方法，一是整理原清廷旧档，如相关典章、御旨、奏折等；二是关于甲申、甲午两次海战情形以及殉国将领的形状、传记等资料，则以发通启等形式征集。④

特别是第二种，是当时搜集资料的重点。在海军编史处批准成立的第二个月（1915 年 1 月），即通过报刊发布史料征集启事。这封启事，情词恳切，全文录下。

> 启者：各国海军例有历史，递年编订兼及他国，所以资军人之研究而发起国民之知觉者也。我国海军发轫于福州船政，成军于北洋舰队，设部于前清末季，四十未有纪载。凡海军之培才诘戎，舰队视海线为支配，军港视舰队为计划，即属简单学识。我国民一无所知，将何以捍卫候遮，以自立于环球之上乎，此海军编史所以不容缓也。论者曰，申午二役，一衄于法、再败于日，元气未复，欲纪何从？不知胜败兵家之常，胜固可纪，而败尤不可不纪。盖纪胜不过夸张功烈，扬厉前徽；纪败则毖后惩前，尤

---

① 《校阅日记》，载《中华民国海军史料》，北京：海洋出版社，1987 年，第 398 页。

② 《海军部请任命池仲祐为副官呈文（1913 年 8 月 2 日）》，载《中华民国海军史料》，北京：海洋出版社，1987 年，第 753 页。

③ 骆宝善、刘路生主编《袁世凯全集》第 23 卷，郑州：河南大学出版社，2013 年，第 372 页。

④ 《海军实纪告成预闻二则》，《国学杂志》1916 年第 8 期，第 14—15 页。

足警醒后人，使之刿目怵心，以为卧薪尝胆之奋者也。兹事体大，良非一手足之烈。惟是典章、制度尚有官书可考，独战事情形非身历行间则传闻异词，不足信今垂后。本处征集申午战事采访不厌其详，搜罗不厌其琐。凡我海军同泽同袍，有躬预二役之战者尚能口述当日情形，或其祖、父殉国死绥、耿节孤忠至今未表，请各胪举事实，邮寄前来。零条片纸、白话单词，均无不可，其有私家纪载、日记杂录，亦请将原稿惠寄本处，尤表欢迎，并登载姓名，藉光史乘，阐幽激懦。凡留心世道，保爱宗邦诸君子均有责焉。尚望各陈所见，助成信史，幸甚幸甚。此启。①

在其他媒体刊登的启示中，还写着收件地址：北京铁狮子胡同海军部。

启事刊登后，在海军以及家属群体中引起强烈反响，一时间“函札四驰”②，各种资料不断汇集到编史处。从目前可见的档案中，这些资料包括当时健在的海战亲历者撰写的回忆文章，家属提交的殉国将士的传记、书信等等，本文开头提到的陈京莹家信就是由其家属提供给海军编史处的。

开展史料征集工作的同时，即由严复拟定了体例，为“十一纪四表”③，并且末附甲申、甲午两役死事者事略，仿明代戚继光作《练兵实纪》，取名为《海军实纪》。④

到了1916年，海军史料“大致已有搜集”，有媒体预告海军实纪“行将告成”⑤。

三、海军编史成果

史料征集、拟定体例，接下来就进入具体的编纂环节，但此期间海军编史处发生了变动。1915年5月，海军部将海军编史处与编译处归并办理，组建为“海军编译委员会”⑥。该会成立后，由于经费问题，人员和海军编史处一

① 《海军编史处征事实》，《申报》1915年1月31日，第6版。

② 池仲祐：《海军大事记》，载《近代史资料》总61号，北京：中国社会科学出版社，1986年7月，第88页。

③ 池仲祐：《海军大事记》，载《近代史资料》总61号，北京：中国社会科学出版社，1986年7月，第88页。当时《申报》报道为“十编四表”，《海军编史处征事实》，《申报》，1915年1月31日，第6版。

④ 《海军编史处征事实》，《申报》1915年1月31日，第6版。

⑤ 《海军实纪告成预闻二则》，《国学杂志》1916年第8期，第14—15页。

⑥ 旧海军部编《海军大事记（1921—1941）》，载《中华民国海军史料》，北京：海洋出版社，1987年，第1019页。另，包遵彭等人记录海军编史处改组时间在1917年，见李定一、包遵彭、吴相湘主编《中国近代史论丛——第一次中日战争》第1辑第6册，台北：正中书局，1957年，第5页。

样，多由其他部员兼任。到了 1919 年，经费短缺问题更加突出，海军总长刘冠雄申请裁撤编译委员会，归并到海军部军学司内设的编译科，1919 年 11 月此议获准。①

海军编史处的命运，也预示了海军历史编纂工作的曲折。

粗略来看，整个编纂过程，至少延续到 1926 年，主要成果有如下。

1.《海军大事记》。

从目前的资料来看，《海军大事记》应是率先完成。池仲祐在该书卷首附识中介绍，他在编写《海军实纪》时，"累岁以来，渐有述辑"，因此又承命编写大事记。② 可见在最初的海军史编写计划中，并无《海军大事记》，而这本"溢出成果"的图书则成为日后研究海军历史的重要资料。1940 年初，海军总司令部在该书的基础上，续编下卷历史至 1941 年，后又续编至 1945 年。

海军史编纂工作因当时内阁更替频繁，再加上机构、人事变动，海军编史工作进行缓慢。特别是 1916 年 4 月，刘冠雄辞去海军总长职，池仲祐这一年在"军书旁午之余，乘隙探稽，时复作辍"。1917 年 7 月，刘冠雄再任海军总长，督促尽快完成《海军实纪》，并请海军中将蓝建枢（1855—1929）为编史监修。

蓝建枢是船政后学堂驾驶班第三届毕业生，甲午时任"镇中"炮艇管带。他的加入，让编纂工作得以加快，同时他对《海军大事记》也极为重视，"搜讨残文，谘取遗老，采其所得，按年列叙"，最后交给池仲祐汇总。

《海军大事记》起始于同治元年（1862 年），终于 1917 年 12 月。由蓝建枢、刘传绶、黄裳治审定后，交海军部排印行世。③ 1917 年 12 月，这是《海军大事记》的截稿时间。在该书"例言"中写有"民国七年二月池仲祐再识"④，1918 年 2 月似可看成该书的"脱稿"时间。

1918 年 8 月中旬和 9 月，严复和刘冠雄"鉴定"全书后，分别写下序言。⑤

---

① 《海军总长刘冠雄呈大总统呈报归并编译机关划一著作奖励办法并拟取销编译委员会规则请准备案文》，《政府公报》1919 年，第 1370 期，第 13 页。旧海军部编《海军大事记（1921—1941）》，载《中华民国海军史料》，北京：海洋出版社，1987 年，第 1030 页。

② 池仲祐：《海军大事记》，载《近代史资料》总 61 号，北京：中国社会科学出版社，1986 年，第 86 页。

③ 池仲祐：《海军大事记》，《近代史资料》总 61 号，中国社会科学出版社，1986 年，第 86 页。

④ 谢忠岳主编《北洋海军资料汇编》下，北京：中华全国图书馆文献缩微复制中心，1994 年，第 1074 页。

⑤ 谢忠岳主编《北洋海军资料汇编》下，北京：中华全国图书馆文献缩微复制中心，1994 年，第 1068、1070 页。

1919 年 2 月，由池仲祐编撰的《海军大事记》，“颁发全军备考”。[①]

综合来看，《海军大事记》文稿应完成于 1918 年 2 月之前，出版时间应在 1919 年初。

值得一提的是，该书扉页标注“海军部总务厅编纂科编纂”，池仲祐也由“海军部副官调办编纂科科长职务”[②]。可见，此时海军编史工作已跟随池仲祐转移到编纂科。

2.《海军实纪·造舰篇购舰篇》。

该书脱稿时间或略晚于《海军大事记》。在《造舰篇》卷首有附识，署名为“民国七年仲夏，海军部副官兼编纂科科长池仲祐”[③]。一般认为其于 1918 年由海军部印行。[④]

3.《海军实纪·述战篇》。

因为一直在征集有关北洋海军的相关信息，这本书脱稿时间较晚。书中信息显示，最迟在 1924 年 7 月，《海军实纪》文稿才完成，时任海军总长李鼎新（1862—1930）首先看到，并写序言；1925 年春季，此时已长期寓居天津的刘冠雄到北京时，看到该书；1926 年 3 月，时任海军部次长吴纫礼（1874—1963）看到该书；1926 年 9 月，以海军总长代理国务总理的杜锡珪，看后写下序言。1926 年孟冬（农历十月，公历 11 月），《海军实纪》由海军部印刷所印行。[⑤] 书前署名“海军部副官前编纂科科长池仲祐编辑，海军部总务厅编纂科科长林鉴校勘”，可知此时池仲祐已不再担任编纂科科长职务。

《述战篇》分为上下两篇，上篇为甲申战事纪，下篇为甲午战事纪，附申午两役死难群公事略。

---

① 旧海军部编《海军大事记（1912—1941）》，《中华民国海军史料》，北京：海洋出版社，1987 年，第 1028 页。对于池仲祐《海军大事记》的刊印时间，李定一、包遵彭、吴相湘三位历史学者编辑《中国近代史论丛——第一次中日战争》丛书中，在辑录该书时，结尾处标示“民国七年二月海军部印”，显然有误。如今在上海图书馆藏有一册初版的《海军大事记》，馆藏介绍出版日期也写作“民国七年（1918 年）”。为确认该书的出版时间，2021 年 9 月笔者专程到上海图书馆检视该书，全书最后仅有一句话：“海军大事记终　海军部印刷所排印”，并未标注具体出版日期。不过，当时有媒体报道《海军大事记》“脱稿”日期为 1919 年 3 月 3 日（《国内大事记》，《来复》，1919 年，第 50 期，第 15 页），与海军部记录时间相近。此外，上海图书馆收藏的这本《海军大事记》封面上有“南京海军鱼雷枪炮学堂”的红色印章，也可佐证该书出版后的传播情况。

② 池仲祐：《海军大事记》，上海图书馆藏铅印本，索书号：线普长 011095。

③ 李定一、包遵彭、吴相湘主编《中国近代史论丛——第一次中日战争》第 1 辑第 6 册，台北：正中书局，1957 年，第 52 页。

④ 李定一、包遵彭、吴相湘主编《中国近代史论丛——第一次中日战争》第 1 辑第 6 册，台北：正中书局，1957 年，第 101 页。

⑤ 池仲祐：《海军实纪·述战篇》，1926 年。

《海军实纪》出版时，池仲祐大约65岁，已“垂垂老矣”。他书中的在后记里回忆了与海军将士的交往，“死绥将士，多与贱子雅有情愫”。而这次耗时多年的资料搜寻，仍然有“殊多挂漏”。

“寸衷耿耿，抱憾何涯。”池仲祐在最后写道：“尚望后此有续告者，再为补遗备载，已尽表彰忠烈之微忱。”①

此后，池仲祐是否收到了更多的材料，如今已无法确知。

自民国成立后，刘冠雄在担任海军总长期间，便一直推动为海军修史。当年林纾未能完成的《甲申甲午海军殉难诸臣传》，在池仲祐的坚持下得以成书。拿到文稿时，刘冠雄批阅循环，不禁为之流涕长太息。他以幸存者的身份慨言：“至附列阵亡死难人员事略，表彰忠烈，尤后死者之责也。海山苍苍，海水茫茫，安得泛叶舟、携杯醑，重向洪涛澎湃中，一哭我袍泽诸故人也。悲夫!”②

故人凋零，忠勇殉国。池仲祐说：“每值航泊，云天怅望，未尝不黯然伤神也。”这本书出版后不久，1927年3月，国民政府定都南京。1927年6月，北京海军部撤销南迁，当月刘冠雄在天津家中去世。大约也在此时，池仲祐因年迈去职，返回福州故里。③

4.《海军实纪·教练篇》。

这份材料的信息，最早由曾在国民党海军服务的包遵彭先生（1916—1970）披露。据其介绍，1948年冬国民党海军总部开始迁台，他在整理积存的海军旧档时发现了一批“迄未发表及史学界不易获致”的史料，其中最显著的就是有严复“校定”、池仲祐编著的《海军实纪·教练篇》未刊稿。此外还有一批关于海军学校的旧档，比如《马江海军学校》稿、《船政前学堂》稿、《黄埔海军学校历史》稿、《天津水师学堂事略》稿、《北洋威海水师学堂事略》稿、《烟台海军学校事略》稿以及署名池仲祐编的《昆明湖水师学堂纪略》稿等，共有13份。这些档案资料上，都有“教练第XX号”的标注。④ 池仲祐在编撰《海军实纪》时，曾将材料分门别类地归档到《述战》《事略》等项下，并进行编号。根据包遵彭的描述，基本可以确定这些学校的事略稿是池仲祐编撰《教练篇》的准备资料。但遗憾的是，《海军实纪·教练篇》的全貌至今未现于世。

从1914年12月海军编史处成立开始，到1926年11月最后一本海军史出版，这次海军编史活动历时将近12年，共成书四册六篇。虽然由于时局、人

---

① 《书后》，《海军实纪·述战篇》，1926年。

② 《刘冠雄序言》，《海军实纪·述战篇》，1926年。

③ 《池孟彬先生口述历史》，北京：九州出版社，2013年，第4页。

④ 包遵彭：《清季海教育史》，台北：“国防研究院”出版部，1969年，第1—3页。

事等多种原因，最终“未竟全功”[①]，但因“此乃吾国第一次也”[②]，而具有重要的开创意义，并为后世集中保存了一大批原始资料。

四、推动甲午死难人员入祀昭忠祠

在《海军实纪·述战篇》的编纂过程中，还推动了甲午死难将士入祀马江昭忠祠。

《述战篇》中涉及甲申、甲午两战以及两次海战海军殉难人员名单。相较甲申马江海战死难者名录在船政局旧档中已有详备记录，甲午海战“将士请恤卷牍，叠经兵燹，荡然无存”。当时海军部相关职员凭记忆录写了一份只有百余人的名单。考虑到“遗漏尚居多数，死绥忠烈湮没不彰”，1918 年 10 月 11 日，海军总长刘冠雄下令将这份殉难官兵名册印刷 50 份，命海军总司令蓝建枢发到各舰艇，征集未载甲午海军死难人员名录，“以昭来许而慰忠魂”。[③]

1918 年 10 月 14 日，海军总司令公署接到训令，随即将名单分行海军三个舰队的司令处，并要求他们“转发各舰艇，遍示官佐士兵”，不得延误。其中第一舰队 12 份，第二舰队 28 份，练习舰队 4 份。[④]

1919 年 1 月 21 日，经过两个多月的调查，蓝建枢向海军部呈报了从各舰艇处收录的名单，比原名单多出 130 余人。蓝建枢在呈报中还指出，因年代久远无从追忆以及部分舰员从军较晚，导致还有人员未能列报。[⑤]

从当时海军的实际情形看，还有另外的原因。1917 年甲午老将程璧光（1861—1918）率部分军舰南下，支持广东护法军政府，“海圻”“海琛”等第一舰队的大型军舰此时基本在广东。这些军舰上也有不少甲午海战的参加者，当时未能向他们征询，成为一个无法弥补的遗憾。

在此次收集甲午死难人员名录事件过去一年之际，1920 年 2 月 18 日，蓝建枢向大总统呈文恳请为马江昭忠祠题写匾额，以光忠烈。

---

① 李定一、包遵彭、吴相湘主编《中国近代史论丛——第一次中日战争》第 1 辑第 6 册，台北：正中书局，1957 年，第 5 页。

② 《海军实纪告成预闻二则》，《国学杂志》1916 年第 8 期，第 15 页。

③ 海军部训令第 148 号（民国七年十月十四日到），《令发甲午战役死难人员名单仰分行各司令转发各舰艇遍示官佐士兵各就所知填载缴署送部》，《甲午战役海军死难人员入祀案》，台湾“国军档案”，档号：341.6/6050.2。

④ 海军部训令第 148 号（民国七年十月十四日到），《令发甲午战役死难人员名单仰分行各司令转发各舰艇遍示官佐士兵各就所知填载缴署送部》，《甲午战役海军死难人员入祀案》，台湾“国军档案”，档号：341.6/6050.2。

⑤ 海军总司令公署呈海军部（民国八年一月廿一日），《呈为汇送甲午战役原单未列殉难人员姓名请折》，《甲午战役海军死难人员入祀案》，台湾“国军档案”，档号：341.6/6050.2。

蓝建枢在呈文中提及，早在1918年校阅舰队时就曾抵达马尾，并专门拜谒马江昭忠祠，发现祠堂规模狭隘，“上雨旁风”，因此和时任福州船政局局长陈兆锵等人商议“展拓修葺”，因需款较巨，便广为募集。陈兆锵“首捐俸钱”，各界听闻，也捐款踊跃，“响赴一旬，万金其不殚者，由我军中人集赀益之”①。蓝建枢希望，待修建完成时希望大总统能颁给匾额，以昭郑重。②

就在这封呈文后的半个月，马江昭忠祠在重修之前，蓝建枢又联名8位海军重要主官，提议将甲午死难将士入祀马江昭忠祠。

1920年3月2日、3日，蓝建枢将这一想法分别去电给几位海军主官，大家对于这一提议均表“赞同”。3月6日，蓝建枢、练习舰队司令兼摄第一舰队司令蒋拯（1865—1931，甲午战争时任“定远”船械三副）、第二舰队司令杜锡珪（1874—1933）、福州船政局局长陈兆锵（1862—1953，甲午战争时任“定远”大管轮）、江南造船所所长刘冠南（1856—1925，甲午时任“镇远”舰二管轮）、大沽造船所所长吴毓麟（1871—1944，曾在北洋海军系统任职）、吴淞海军学校校长郑祖彝（1865—1921，甲午时任“靖远”舰船械三副）、南京海军枪炮鱼雷学校校长郑纶（1859—?，甲午时任“致远”舰船械三副）、烟台海军学校校长曾瑞琪（生卒年不详，甲午时任“扬威”舰枪炮二副）等9位海军高级将领联名呈请海军总长萨镇冰转呈大总统徐世昌，恳请“将甲午将士并祀马尾昭忠祠”。

这件联名呈文中写道：“我国海军自兴创以来，甲申中法、甲午中日两役，实为沉痛之历史，而我国人所永弗忘者也。”甲申之役后，因朝廷敕建马尾昭忠祠，甲申死难人员得以“岁时致祭，垂危常典，而甲午一役尚付阙如”。呈文中提到，1918年10月海军部为编撰《海军战纪》征求甲午捐躯将士姓名，9位海军将领相信海军部早已笃念及此，“夫事迹昭垂所以彰信使，而馨祀事尤以妥忠灵，二者未容偏废也”。因此“恳请大总统乞将甲午一役死难将士姓名并祀于马尾之昭忠祠”“以表风烈而励忠节”。③

当时9人还曾设想，合祀后，将马江昭忠祠改名为“海军昭忠祠”。④

蓝建枢、陈兆锵等人的联名呈文递交后，海军内部人士想起，前清时曾在天津曾建有一所北洋海军昭忠祠。1920年4月6日，蓝建枢、陈兆锵等9人

---

① 陈兆锵：《重修马江昭忠祠、墓记》，《马江海军昭忠祠案》，台湾“国军档案”，档号：1910/382.3/7132。《马尾文物题刻诠释》，福州市马尾开发区文物管理委员会、文体广播电视局编印，1994年，第53页。

② 海军总司令公署呈大总统（民国九年二月十八日），《请颁马尾昭忠祠匾额》，《马江海军昭忠祠案》，台湾“国军档案”，档号：382.3/7132。

③ 蓝建枢等呈海军部（民国九年三月六日），《恳请转呈大总统乞将甲午将士并祀马尾昭忠祠》，《马江海军昭忠祠案》，台湾“国军档案”，档号：1910/382.3/7132。

④ 陈兆锵咨蓝建枢（民国十年四月二十五日），《请挈衔呈部转请拨帑五千元》，《马江海军昭忠祠案》，台湾“国军档案”，档号：1910/382.3/7132。

呈请海军部咨行直隶长官收回天津海军昭忠祠，以便奉祀。[①]

最终，海军部虽然对天津海军昭忠祠的情况已经查明，但因种种原因未能收回使用。

1921 年 7 月 15 日，蓝建枢再以联衔的方式，将合祀想法请海军部转呈大总统，并请中央拨帑五千元。但因当时南北海军分裂，而且海军军费欠发严重，收到呈文后，海军总长仅批一“阅”字，并无后续。[②]

直到 1922 年 3 月 27 日，时任海军总长李鼎新将蓝建枢、陈兆锵等人合祀甲午海军死难人员的建议呈文大总统徐世昌。

李鼎新呈文中也有一段论述：“查甲午一役，实为海军史上一大纪念，死难将士言之痛心。承楼船横海之名，同仇敌忾；矢猿鹤虫沙之誓，取义成仁。情近于蹈海而亡，壮气与波涛俱涌；事出于普天共愤，精心偕日月常昭。合常祀以劝忠，媲前贤而竞美。该总司令等所陈不无为见。”同时，李鼎新表示，还将督同海军总司令继续寻查甲午之役海军死难人员名单。[③]

1922 年 4 月 3 日，徐世昌下达《指令第七百二十一号》：“令海军总长李鼎新：呈请将甲午中日一役海军死难人员合祀昭忠祠，并请发帑五千圆辅助修葺由。呈悉准，如所拟办理，交内务、财政两部查照。”[④]

1922 年 8 月 1 日，护理海军总司令周兆瑞（1872—?）接到海军部编纂科的函文，除了抄送入祀名单外，还有一封短信。如今这封信已有残缺，但从文字来看极有可能是池仲祐所写。信中提到，为搜求甲午故实，“四处征求，函电交驰”，并强调“（甲午死难人员名单）实多遗漏，无从探索，徒付阙如，足为叹惋。尚冀难□各□子弟以后有续报者，当为随时补入战史……”[⑤]

入祀到马江昭忠祠的甲午死难人员名单，是海军部在 1918 年至 1919 年征集的基础上整理出来的，包括北洋海军提督丁汝昌在内一共 230 余人（其中有 1 人为陆军军官）。名单中，有两位舰船管带名字没有出现，一位是“济远”舰管带方伯谦，一位是“镇远”舰管带林泰曾。方伯谦因在黄海海战中逃跑而

① 蓝建枢等呈海军部（民国九年四月六日发），《请收回天津昭忠祠祠宇》，《马江海军昭忠祠案》，台湾“国军档案”，档号：1910/382.3/7132。

② 蓝建枢等呈海军总长（民国十年七月十六日发），《仍请合祀昭忠祠并拨款修造》，《马江海军昭忠祠案》，台湾“国军档案”，档号：1910/382.3/7132。蓝建枢等呈海军总长（民国十年七月十五日），《请将甲申甲午两役殉难将士合祀马江忠烈祠恳由中央拨帑五千元以充修费》，《甲午战役海军死难人员入祀案》，台湾“国军档案”，档号：341.6/6050.2。

③ 海军部呈大总统（民国十一年三月廿七日发），《请将甲午一役海军死难人员合祀昭忠祠并请发款补助修葺》，《甲午战役海军死难人员入祀案》，台湾“国军档案”，档号：341.6/6050.2。

④ 《大总统令》，《政府公报》1922 年 4 月 4 日，第 2187 号，第 187 册，第 57 页。

⑤ 海部编纂科函（民国十一年八月一日到），《马江昭忠祠各先烈进祠有日合将所有名单抄送》，《马江海军昭忠祠案》，台湾“国军档案”，档号：1910/382.3/7132。

被斩杀。林泰曾在率领“镇远”舰从旅顺返回刘公岛时，因舰底擦伤，内疚羞愧而自杀。对于林泰曾的自杀，在当时即有非议。从名单看，此时海军界对他似乎依然有所看法。

1922年8月25日，民国国务院秘书厅向海军部转发了大总统府颁给的匾额一方。① 海军部于9月1日转到福州船政局局长陈兆锵，令其“敬谨悬挂”。②

1922年9、10月份（农历壬戌八月），为合祀对昭忠祠进行的修缮工作竣工。

1922年农历的八月十八日（1922年10月8日）当天下午，修缮一新的昭忠祠，肃穆庄重，合祀仪式隆重举行。大总统特派海军宿将萨镇冰，代表中央政府前往致祭。③ 从此，马江昭忠祠内供奉甲申、甲午殉国将士的神主牌位。历经清朝和民国政府批准，成为同时祭祀甲申、甲午海军英烈的唯一海军专祠。

作为后话，在1926年印行的《述战篇》中，死难将士名单上多了两个人，一个是林泰曾，一个是定远舰升火卓板。同时原来在“派驻各舰候补委员”的史寿箴移到定远舰上。④

五、结论

辛亥革命后，在新国体下，如何书写前代历史，不仅面临着话语体系的冲击，还交织着族群认同等因素。这次脱胎于国史编撰的海军编史活动，最初动力来源于甲午宿将刘冠雄，但从整个过程来看，可以说是近代海军群体的一种“记忆自觉”，是历史记忆、国家礼仪与自我认同的联结。特别是经过甲午之战的海军群体，需要通过这样一次编史行动共同重塑“过渡时期”的价值谱系，宣示海军历史和精神的连续性。同时，在此次编史活动的助推下，甲午殉国将士得以入祀昭忠祠，进一步确立了马江昭忠祠在国家祭祀系统的特殊地位。⑤

本文根据现有资料，对民国初年的这次海军官方编史活动进行了初步探讨，但仅梳理了编史本身技术层面的工作，对于编史背后海军群体的精神活动、历史观问题，乃至素材取舍、传记写作、文本确定等方面，留待未来做进一步细致的挖掘整理。

---

① 国务院秘书厅函（民国十一年八月二十五日），《府函送颁给昭忠祠匾额一方请查照转发》，《甲午战役海军死难人员入祀案》。

② 海军部训令福州船政局（民国十一年九月一日发），《令发昭忠祠匾额一方仰即祇领悬挂》，《甲午战役海军死难人员入祀案》，台湾“国军档案”，档号：341.6/6050.2。关于这款匾额上的文字内容未见记载。

③ 《大总统令：大总统指令第二千七百八十三号》，《政府公报》1922年9月8日，第2341号，第192册，第133页。

④ 《海军实纪·述战篇》，1926年。

⑤ 姜鸣：《中国船政　海军摇篮》，《船政》第一辑，福州：福建人民出版社，2023年，第5页。

浅析近代军事船坞建设的环境要求

——以船政与日本横须贺造船所为例

李奕峰*

摘　要：19世纪，中日两国为实现军事自强，纷纷兴建起本国的军事造船机构，此类机构建设要求十分复杂，其选址、环境等因素都必须审慎思虑。在晚清洋务自强运动和日本明治维新的历史背景下，最具代表性的莫过于船政和日本横须贺造船所。本文分别就船政、横须贺造船所的兴建背景及其环境情况进行比较，并分析二者各自的选址原因，探索近代军事造船机构建设所需的基本环境要求，及其背后的政治因素影响。

关键词：造船厂　船坞选址　军舰　近代海军

19世纪中叶，近代中国的国门在西方帝国主义列强的坚船利炮打击下，被迫开放，经历第一次、第二次鸦片战争的惨痛失败，晚清政府及有识疆臣开始意识到海防的重要性。以曾国藩（1811—1872）、左宗棠（1812—1885）、李鸿章（1823—1901）等为代表的洋务重臣分别在国家海防建设上大显身手，其中左宗棠在1866年奏请创立的船政，融造船、教育、军事于一体，是为创海防近代化开山之功，为中国近代海防建设奠定了重要基础。船政的军事造船事业曾一度成为国内的中心，但于1874年第一次海防大筹议之后，中国海防近代化重心北移，船政的造船活动逐渐趋于萎缩。

近代日本在1854年遇到“黑船来航”事件，遭受着和近代中国一样的挑战，但主政日本的幕府政权看到昔日强邻——清政府只能在列强的武力胁迫下委曲求全，与帝国主义列强签订了一系列不平等条约，意识到了日本作为被海洋环绕的岛国，建厂造船、建设近代化海军，是挽救幕府统治和增强国力的迫切任务，逐渐使日本的近代造船事业具现化。1866年，以小栗上野介（1827—1868）为主的幕府要臣成功推进日本本土造船机构的诞生，在横滨的横须贺村创立横须贺制铁所，主营造船、船只修理以及机械制造业务。明治时

* 李奕峰，福建师范大学社会历史学院硕士研究生。

期的横须贺造船厂得到了长足发展，成了 20 世纪日本重要的海军修造船基地之一，在第二次世界大战后成为驻日美军的基地。

船政和横须贺造船所，是近代中日两国在应对列强侵略时建立的近代海防建设事业，具有鲜明的代表性，成立时间和早期运作模式几乎相仿，而发展却逐渐同途殊归。故将二厂进行比较和分析，能够较好地了解到军事造船机构建设所需的环境情况应是如何。

一、船政造船厂选址分析

1. 兴建背景

1864 年，在太平天国战争中清政府方面向外国租用了近代舰船这类新式武器，亲历战争的重要将领左宗棠对蒸汽动力军舰的作战实力大为欣赏，认为如果中国也有能力自主建造军舰的话，国家在军事上就不仅能平定内乱，亦能抵御列强的侵扰。左宗棠遂与法国人日意格（Prosper Marie Giquel，1835—1886）、德克碑（Paul—Alexandre Neveue d'Aiguebelle，1831—1875）商议如何在中国建成一个能由中国人自主造舰的船厂。终于左宗棠自称之为“怀之三年”的造船计划，于 1866 年 7 月 14 日得以实现，清政府当天颁上谕，对左宗棠在当年 6 月 25 日上呈的造船建厂奏请予以采纳和批准。获准后，左宗棠与日意格等人经过商讨，决定在属于左宗棠辖区的福州马尾建成一个既能够造船，又能够教学，还能够创立近代轮船舰队的机构，史称总理船政、船政，日意格则称之为“The Foochow Arsenal”即“福建兵工厂”，船政的造船事业就此诞生。

2. 选址历程

1866 年 8 月 19 日，左宗棠约请法国人日意格同往马尾勘择厂址①，选定在中岐乡濒江一块土地，宽 445.5 米，长 379.5 米，作为厂址，随即开展征地事务。同年 12 月 23 日，船政各厂开始破土动工，全部厂区占地 40 万平方米，此厂区选在了福州闽江之滨，背山面江，地势险要，江面开阔，航道稳定。距省垣福州约 20 公里，离闽江口不及 40 公里。“上抵省垣南台，水程四十里，下抵虎门海口，水程八十里有余。自五虎门以上，黄埔、壶江、双龟、琯头、金牌、亭江、闽安，皆形胜之区，而金牌最为重要。自闽安而上，洋屿、罗星塔、乌龙江、林浦皆形胜之区，而罗星塔为最重要。马尾地隶闽县，踞罗星塔之上流，三江交汇，中间港汊旁通长乐、福清、连江等县，重山环抱，层属锁关。船署设在山麓，地名为中岐乡。”②

---

① 马渊：《清末军工船坞选址初探》，《小城镇建设》，2007 年第 4 期，第 54 页。

② 左立平：《中国海军史》下册，武汉：华中科技大学出版社，2015 年，第 573—574 页。

3. 选址分析

选定福州马尾为兴建船厂之地，原因如下。

首先，马尾为近海口的闽江北岸，距五虎门海口百余里，沿江自林浦、洋屿、闽安、琯头，以至五虎门，皆为战略要地。沿江小岛星罗棋布，两岸山峰数十里，形势险要，亦有控制江面的北岸炮台。这一地形可在马江设置设三道防线。

第一道防线：闽江出海口有琅岐岛将闽江水分为二汊，南经梅花镇入海，北经琯头、长门入海。金牌山在琅岐岛西界，峭壁高数丈，平如砥，与五虎门、长门相犄角，紧锁闽江入海口。

第二道防线：离罗星塔三四十里处，即为另一要塞闽安镇，至此江面仅宽330米，只要布置几个水雷，便能阻止入侵的船只。

第三道防线：马尾船厂港口处于马限山环抱之中，唯有一侧面临马江，此处有马限山炮台卫戍船厂。

其次，马尾濒临的闽江江段（马江）江阔水平，深20余米，涨潮时深度随之增加，是造船修坞的理想地点。该地拥有可以容纳吃水二十二三尺的舰船的泊地，它的深度正适宜于船厂设计建造的船只；也适合兴建沿码头展开的工厂设施，对造船很是便利。

再次，筹划时已经确知福建本省山林广茂，能供给大量木材及其他原料，可供各工厂之用；隔海相望的台湾基隆可为马尾军港内停泊舰船提供大量煤炭。并且此处罗星塔对面营前便是闽海关，船厂的经费容易筹措。

最后，船厂设在马尾，便于时任闽浙总督的左宗棠及其他高级官员前往监督工程。

二、日本横须贺造船厂选址分析

1. 兴建背景

19世纪60年代，日本德川幕府在欧美列强的层层压迫下，以及国内倒幕势力威胁政权稳定的情形下，幕府要人们意识到了向西方学习科技器械的重要性，并且急切希望增强本国造船能力，建立起属于幕府的海军。于是他们向法国政府提出合作请求，横须贺制铁所于1866年顺利开建。① 法方在此不仅向日本提供了资金借助，也提供了技术支持，如法国工程师韦尔尼（François Léonce Verny，1837—1908）应法国驻日舰队长官、法国驻日公使和日本幕府的三方邀请，担任横须贺制铁所首长。1868年日本明治政府接管横须贺制铁所，于1872年将之划归日本海军省，横须贺制铁所进一步地成为国家重要军

① ［日］中島武：《幕末の海軍物語》，东京：三友社，1938年，第95页。

事船厂。

2. 兴建选址

早在接到日方请求后，法国政府为扩大在远东的政治影响力，亦有意与幕府达成协助建立近代造船厂的意图。1864 年 12 月，受幕府委托的法国领事罗淑亚（Léon Roches，1809—1901）先行对江户大湾区域的沿海水陆情况进行一番考察，认为其中的相模、三浦、长浦湾非常适合建设船坞。随后在 1865 年 1 月，罗淑亚再次与日本舰队司令以及法方的造船技术人员，一同搭乘法国军舰在长浦湾区进行土质、水深等勘测。经过法国专业人员的多番检测，发现邻近的横须贺湾区与法国土伦港（Toulon）的形势类似，是设厂的不二之选。选定地址后，幕府逐步与法国驻日本公使及船厂首长议定建厂造船的章程，日本的近代造船工业就此开启。

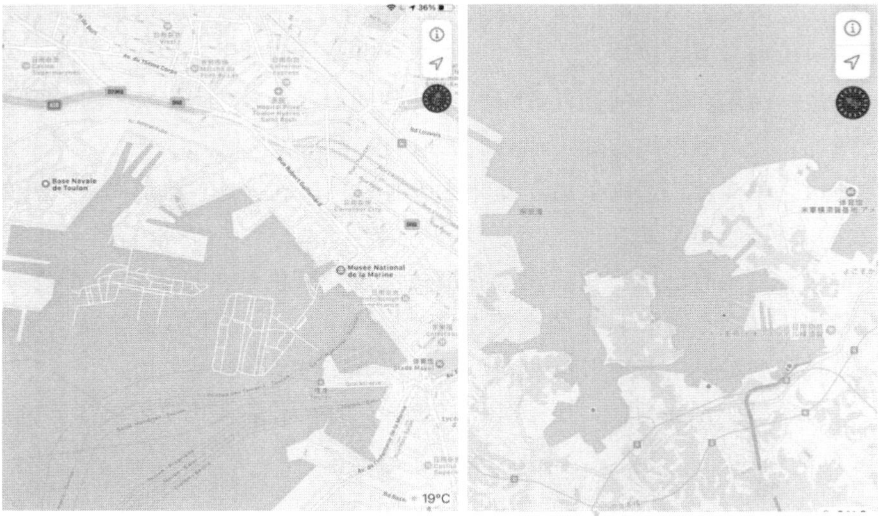

图一　法国土伦港（左）与日本横须贺港对比

3. 选址分析

首先，横须贺港位于日本本州岛东京湾入口处东岸，关东地区三浦湾的最南端，作为战略要地扼守当时首都江户（现东京），并且与东京湾和相模湾相对，距离首都江户仅 65 公里（40 海里），距离神奈川县首府横滨市仅 30 公里（20 海里）。港口地势隐蔽，港内水域开阔（水域面积达 30 多平方公里），水深流缓（水深 7～30 米），潮流流向基本呈北偏西和南偏东向，流速在 1 节左右（约 1.852 公里/每小时），无须疏浚，具备舰船驻泊的良好条件。[①]

其次，横须贺湾的海岸线曲折，利于布置港湾，其港区形状呈现环形，背面环山，正面临海，处于要害之处，与法国的土伦港一样有着得天独厚的设防地理条件。

---

① 日本横須賀市编《横須賀案内記》，1925 年，第 5 页。

再次，经过法方军舰多年驻扎横滨的实际考察发现，横须贺港口的舰船从近岸浅水区驶出时，舰体也完全没有磨损的痕迹，证明此处水质清澈，土石实厚，在法方造船技术人员的勘测后，认定此处为造船之良港。①

最后，因为法国的领事馆驻扎于日本横滨，有大量法国舰船驻扎或往来于横滨港口，舰船时常需要修理和维护，但当时日本可用的船舶修理厂仅有距离此处较远的长崎制铁所一家，故法方为寻便利，建议日本幕府可在横须贺建厂。而对于日本幕府来说，选址横须贺距离行政中心江户较近，方便幕府人员视察横须贺工程进展。

三、船政、横须贺造船所选址比较分析

从以上选址活动可以看出，左宗棠选定马尾作为设厂造船之地的一大缘由是希望能够在自己闽浙总督的辖区内兴办船政，以期早日建成一支近代蒸汽舰船水师，并且实现中国人也能够自主造船和培养海防人才的目标。对其中的地理环境因素考虑其实有限，其选址的技术顾问日意格等实际也并非工程专业人员，给船政后期的发展带来了一定阻碍。日本德川幕府选址横须贺的原因在于幕府要臣小栗上野介的先见之明以及法方的参与，法国技术人员协助选择了拥有较优地理条件的横须贺村作为船厂地址，兼顾了宏观战略统筹上的可操作性和战争状态下的军事防御性。一个半世纪过去后，横须贺成为一个军港城市，也是现今美日两国重要的现役海军基地。

1. 战略价值

两地选址中较具全局战略意义的当属日本横须贺造船厂。横须贺造船所位于东京湾的门户处，是当时距离日本首都江户最近的造船厂，明治政府发布的海防海军政令能够优先施行。再者，设立在此能够起到保卫首都的作用，得到了海军省大力扶持，横须贺于 1884 年被转设东海镇守府首府，是当时日本范围最大的镇守府。直至现代，昔日的横须贺造船所仍然是美国第七舰队以及日本海上自卫队的基地，其战略价值可想而知。

相比之下，船政由于远离京畿门户，其区位战略价值逊于横须贺造船所。但马尾接近闽江入海口，便于集结福建水师北上会合上海吴淞口岸的南洋水师，或是南下解困位于黄埔的广东水师，及驰援驻台清军和确保对台湾海峡的海权控制，亦具有重要的战略意义。

2. 地理条件

在地理条件方面，船政和日本横须贺造船所各有所长。处在闽江北岸的船政，因马江江阔水平，深可二十丈，潮上倍之，是造船的理想地点。此外，马

---

① ［日］横須賀海軍工廠編《横須賀海軍工廠史》第一卷，东京：原書房，1983 年，第 4 页。

尾附近的罗星塔一带江域是可以容纳吃水二十二三尺的舰船的泊地，它的深度正适宜于船厂设计建造的船只，也十分适合兴建沿码头展开的工厂沿岸设施，对造船很是便利。

而日本横须贺造船所是一个港湾厂区，处于天然良港，有着异常开阔的水域，其航道宽度和舰船容载量大于船政，地势则与船政一样隐蔽，藏于东京湾的西侧，如要攻占其需要付出相当代价。二者相同之处不仅是地理位置上的隐蔽，在湾区土质情况上也大致相似。实际上在船政建厂之初，马尾江滨沿岸并非如左宗棠上报的那番“水清土实”，沈葆桢在主持船政建设之时，进行的首项工作即是填土加高整个地块的标高，并夯实地基，以弥补马江沿岸地势低洼，容易被大水淹没的缺陷。这点，与横须贺造船厂起初的船渠选址类似。横须贺湾水位较浅，大概深八九尺，并且其土质泥泞，同时韦尔尼也提议将内浦、白仙、三贺保三个湾区沿岸进行适当的填海造地。[①]

3. 军事设防

马尾距闽江出海口百余里，其间共有三道依托天险而设的防线，是典型的江河流域纵深防御体系。但是三道防线的炮台皆为旧式，所设火炮大多不具备转向能力，在 1884 年中法马江之战时，炮台的弱点即被法国海军所乘，在法国海军舰队撤离闽江时，炮台相继被攻陷，未能发挥阻滞敌军的目标。

日本横须贺军港虽不如马尾拥有纵深三道防线，但其港区处于群山环抱之中，隐蔽性良好，有利于修筑炮台工事。尤其是东京湾口的观音崎山以及对岸的锯山皆可以从高处设置近代新式炮台，实现双关把门，紧锁港区，可看作是对自然形成的山势湾区组织而成的对海防御典范。二者在选址的军事设防上都考虑到了要背面环山，正面临海，利于防御外敌侵扰。因两厂的沿袭过程不同，无法准确地比较出孰优孰劣，但都是两国在近代化实践发展中被发现的良好港湾。

4. 后勤补给

在造船所需物资的供应方面，船政靠近闽江入海口，对于造船后勤保障非常有利，闽省森林广袤，物产丰富，能有供给船厂的木材及其他原料，可供各工厂之用，而隔海相望的台湾基隆可为马尾军港内停泊舰船提供大量煤炭，能解决制造机械和船只的动力需求。

反观日本，其国土面积较小，在近代，自然资源开采效率不高，并且当时正值明治维新布告的殖产兴业政策，明治时期的日本正朝着工业化进程快速前进，国家本就稀缺的资源并不是仅专供横须贺一厂。曾有时，外国煤船到横须贺船厂修理，首长维尔尼以及日方负责人发现此船燃煤质量达标，且价格还比

---

① ［日］石原戒造：《幕末の英傑小栗上野介を偲ぶ　横須賀海軍工廠創設の由来》，东京：マネジメント社，1934 年，第 20 页。

本国实惠（价格更加便宜的原因，是因为日本近代采煤产业正处于发展阶段，开采成本较高），遂向上请示，将该船燃煤全部购入造船厂使用。可见充足的后勤补给是日本发展造船业、实现工业化的难题之一。①

船政与横须贺造船厂的对比，除了以上四点外，还对两厂的一些基本信息做了比较，形成下表。

船政与横须贺造船厂基本信息对比表②

	船政	横须贺造船所
开工时间	1866 年	1866 年
初次购入土地	328 亩	约 110 亩
港口水深	20 余米	7—30 米
港口土质	黏土、淤泥类满粉、细砂、泥炭等	石灰岩质砂石、黏土等
水质	浑浊、泥泞	清澈、无须疏浚

5. 其他因素

除了上述提及的四项军事造船机构所需要的环境要求之外，从船政和横须贺两家与法方合作的形式也可看出两国在建厂战略目标的区别。

船政是由地方大臣提出的建设方案，通过日意格邀请法国驻上海总领事白来尼作为他在华协助办厂的担保人，保约体现的是中国政府对日意格个人的协助办厂协定。在试寻求法国政府参与保约时，法国政府始终认为船政仅是一地方机构。在外交上不对等，且也没有资格与其订立国家级别合同。这一原因归咎于清政府领导者在中国工业近代化的道路上，并不是一个发起者的角色，而更像对地方大员的近代化建厂方案进行评判的裁判者。这导致在外方的眼里，船政的归属权责不清，认为其仅是一个地方机构。船政的设立除了显示出了其归属权的混乱以外，更显示出国家没有把它看作一个国家级造船机构，对其重视程度因后期国家海防战略倾向于购舰，以及地理位置远离京畿而逐渐减弱。

反观日本横须贺造船厂，在 1864 年策划建立之初，就是德川幕府中央重臣提出，议定在横滨地区建立起一处为国家造船的船厂。其合作条约就是法国政府与幕府政权签订，是在国家层面的合作，而后船厂在国家之间的交流就愈发重要。横须贺船厂在幕府时期的几年，都是由维尔尼直接对接幕府汇报相应工作，到明治时期，在新政权百废待兴的时刻，暂时由神奈川县裁判所负责管理。明治政府国家机构一旦建立形成，横须贺造船厂的管辖权就开始在国家各部轮换，分别经历大藏省、民部省、工部省、海军省，再到 1884 年将日本东海镇守府的首府从横滨转移至横须贺。可见，因横须贺造船厂的特殊地理位置

① ［日］横須賀海軍工廠編《横須賀海軍工廠史》第一卷，东京：原書房，1983 年，第 152 页。

② 该表数据及信息根据《船政志》《横须贺海军工厂史》资料整理。

和重要地位，日本政府一开始就把横须贺的管辖权牢牢地掌握在手中，并且在海防海军政策上重视其发展。待到明治政府中后期时的海军扩张计划，日本各地的船厂或多或少由政府转卖经手给日本各大财阀，而横须贺船厂自始至终在国家的助力下得以发展。在战略地位上，船政与之相较已不可同日而语。

四、结语

从以上的分析可以看出，在近代无论是清末的船政马尾造船厂，还是日本的横须贺造船厂，在选址修建船厂和军工用造船设施时都要综合考虑到宏观战略部署和统筹、选址地方的自然地理条件、军事设防以及重要后勤补给等多方面因素，以确保动用巨资兴建的近代船坞能够成为日后重要的海军基地，进一步地实现各自的军事价值，为自己国家的海军舰队提供完善的舰船制造、维修、停泊及防御等功能。除此之外选址地点与船厂建设发起人所代表的地位阶层息息相关，并且造船机构在发展的过程中，国家所推行的海防方略一定程度上也决定了该造船机构的命运。

海军与舰船史

船政

Chuanzheng

中国近代海军中的妈祖信仰

陈　悦*

摘　要：妈祖信仰是中国传统海洋文化的重要组成部分，在造船、海事等活动中有着深远影响。19世纪中国面临近代化变革，由此而诞生了近代化海军，西式的近代化海军作为全新的海上活动主体，与传统的妈祖信仰之间产生了并存现象。本文以中国近代海军中具有代表性的船政、北洋海军为观察对象，介绍分析中国近代海军诞生之后，妈祖信仰在其中的流传迹象，乃至成为海军制度的特殊现象。以此显示在近代化变革、转型的大潮中，传统海洋文化所继续发生的影响，彰显传统海洋文化的蓬勃生命力，以及传统与近代相互交融的独特性。

关键词：妈祖信仰　近代海军　文化影响

1840年第一次鸦片战争爆发后，中国历史进入了近代阶段。[①] 这一时期里，在西学东渐的巨大变局背景下，传统中国社会经历了走向近代化的嬗变、转型，来源自西方的科学、思想、文化等不断在中国大地上传播，使得中国的传统文化面临外来文化的空前挑战。二者之间，既出现了碰撞、摩擦乃至对立的情况，也不乏巧妙地相互融合，乃至臻于中西合璧的例子。在这一“三千年未有之大变局”中，中国传统海洋文化中的海神妈祖信仰，与学习欧洲制度而建立的中国近代化海军之间，即出现了融合共存的现象，是中国传统海洋文化在近代海洋文化转型时所生发出的全新内涵。

一、船政天后宫

中国近代化海军的历史源起于1866年在福建福州马尾创设的船政。1866

---

* 陈悦，马尾船政文化研究会会长，福建师范大学社会历史学院硕士生导师。

① 张海鹏：《关于中国近代史的分期问题》，载《中国近代史基本问题研究》，北京：中国社会科学出版社，2013年。

年6月25日，时任闽浙总督左宗棠上奏清廷，鉴于鸦片战争以来暴露出的海防薄弱的惨痛教训，为了“防海之害而收其利”，申请通过雇佣法国技术团队进行技术传授，学习西方的造船与海军科技，设立西式的造船和机器工厂（船政“十三厂”）、工程技术学校（前学堂）、海军军官学校（后学堂）、职业技术学校（艺圃）等一系列全新的机构，从而实现建设近代化海军、巩固海防的目标。在巨大的海防危机刺激下，清王朝于当年的7月14日就对这一事关海防建设的方案做出了上谕批准，并异乎寻常地对这种破天荒的近代化变革方案做出高度评价，称这一模式是“中国自强之道”[①]，船政即由此而获准创办。

船政以建设西式海军为目的，其舰船建造完全采取西法，建造以蒸汽动力的近代化舰船，无论是造船的技艺、舰船的形式以及航海的技法，都迥异于既往中国传统的造船和航海活动。然而值得注意的是，尽管船政在舰船、海军科技层面采取的是完全西化的路径，但在传统文化仍然对社会发生着巨大影响的时代，人的活动依旧会大量遵循传统文化的生活经验。作为涉海机构的船政，其内在的海洋文化方面，实际有着十分明显的传统文化印记。

1866年左宗棠上奏获准创办船政后，旋因西北军务紧急，在当年秋季被清廷调任为陕甘总督，奔赴西北。此后经清政府谕令，在福州原籍守制的原江西巡抚沈葆桢出任首任总理船政大臣，主持船政各项建设工作。根据沈葆桢本人的记述，在他到任船政大臣伊始，就在船政衙门中供奉天后妈祖，祈祷妈祖庇护船政这一全新的海事活动，“臣自奉命总理船政以来，深维事巨才铨，恐辜委任，夙夜祇惕，冀托神佑，以牖愚蒙。每月朔望，即公所中设位行香，罔敢旷越。”[②] 到了1868年1月18日，船政的第一艘军舰在当天开工建造，在开工仪式之先，沈葆桢率领船政官员，以及外国技术团队负责人提前在船政衙门内进行了一场祭告天后妈祖的礼仪，“于十二月二十四日亲率在事员绅并日意格、达士博等祭告天后，出赴船坞。偕提调官周开锡、夏献纶与诸员匠共捧龙骨安上船台”[③]。这些记录，是妈祖信仰在有关船政、中国近代海军建设活动的档案文献中留下的早期直接材料。

妈祖，俗名林默，又称林默娘，生于公元960年，在中国传统海洋文化中被视为庇佑航海乃至造船等海事活动的保护神。自宋代至清代，“庙食遍天下，赫濯所昭，代有显应”[④]，其尊号也在历代中央王朝的加封下日益尊崇，直至“天上圣母”，其影响更是遍及中国沿海各地，乃至传播到周边国家。“海疆天后灵贶尤昭昭不可殚述。是以列圣封号叠加，纶音累贲，海宇之

---

① 左宗棠：《试造轮船先陈大概情形折》。《船政奏议汇编》卷一，光绪戊子船政衙门版。

② 沈葆桢：《择建神宫，仰恳御书匾额片》，《船政奏议汇编》卷四，光绪戊子船政衙门版。

③ 沈葆桢：《报明造船开工日期并船厂一切情形折》，《船政奏议汇编》卷四，光绪戊子船政衙门版。

④ 黄岩孙：《仙溪志》卷三，福州：福建人民出版社，1989年。

内莫不尊亲”[①]。船政创办的年代，妈祖信仰的影响正巨，以至与西法造船、海军活动相互交融、辉映。

图一 船政天后宫历史照片。陈悦收藏

仍然是在 1868 年，因为考虑到在船政衙门中供奉天后妈祖不够敬重，且船政衙门中的供奉场所空间狭窄，不便于举行大规模的祭祀活动，“廨宇嚣杂，不足以昭诚敬，且椽舍迫狭，秋霜春露，祭献有期，兴俯祼将，莫展仪节，心实歉然”[②]，总理船政大臣沈葆桢遂下令专门兴建一座天后宫进行崇祀。这座称为船政天后宫的建筑择址于船政衙门正后方的莺脰山上，在当年的夏至前后竣工落成，成为中国历史上第一座专门庇护近代化海军建设活动的天后宫。坐落于莺脰山巅的船政天后宫，俯瞰着船政衙门，乃至整个近代化的船政生产厂区、教育片区，中西合璧，景象颇为壮丽。

船政天后宫落成时，沈葆桢邀请福州鼓山涌泉寺的名僧奇量兼任主持[③]，同时亲自为船政天后宫撰联：“地控制瓯吴，看大江东去滔滔，与诸君涤虑洗心，有如此水；神起家孝友，贯万古元精耿耿，望后世立身行道，无愧斯人。”[④] 联文中即充溢了对天后妈祖的崇敬颂扬之意，同时也不难看出，沈葆桢还借着敬神而勉励船政在事工作人员要对自己的工作保持敬畏，忠于职守，“立身行道，无愧斯人”。这种一语双关，恰似传统天后妈祖信仰与近代化造船、海军事业的并存。

为了光耀船政天后宫，沈葆桢还专门上奏清廷，请求皇家赐予匾额，清廷

① 沈葆桢：《择建神宫，仰恳御书匾额片》，《船政奏议汇编》卷四，光绪戊子船政衙门版。

② 沈葆桢：《择建神宫，仰恳御书匾额片》，《船政奏议汇编》卷四，光绪戊子船政衙门版。

③ 福州涌泉寺藏光绪甲午年碑。

④ 林萱治主编《福州马尾港图志》，福州：福建省地图出版社，1984 年，第 343 页。

随后允准，赐予“德施功溥”四字，“天后神灵夙昭显应，我朝封号叠加，钦崇备至，兹当闽省神宫落成，尤冀长承灵贶，著南书房翰林恭书匾额一方，交沈葆桢祗领，敬谨悬挂，以迓神庥”①。此举又使船政天后宫成为了为数不多的得到皇家荣典的天后宫。

此后，船政每有新造舰船开工、下水等事，都会在船政天后宫举行祭祀典礼，至于每月的朔日、望日，以及天后妈祖诞辰的祭典，更是长存例行。在迄今保存的清代光绪二十三年（1897 年）的一些船政财务票据档案中，还存留着有关船政天后宫举行天后妈祖祭典的经费开支情况，成为有关船政天后宫以及近代海军妈祖信仰的生动记录。

> 天宫秋祭，雇礼生二名，工食钱一千三百六十文；鼓吹三名，钱一千二百文；果品等件，钱一千一百三十六文；香蜡等件，钱三千八百九十四文；干果等件，钱三千二百一十六文；猪三口，四百十六斤，钱六十千六百五十六文；羊三口，七十六斤八两，钱九千四百八十六文；本署亲兵轿班十一名，二十二日饭食钱一千一百文、二十三日饭食钱一千一百文。②

二、船政造舰船命名中的妈祖信仰印迹

船政自 1868 年开工建造第一艘军舰后，至 1912 年为止，在清末时期共建成了不少于 47 艘各型舰艇③，这些完全采用西式设计和建造工艺建成的近代化军舰，也按照西方海事的传统，均逐一加以正式命名，而非以往中国传统造船惯用的编号命名。与船政日常崇祀天后妈祖的活动相关联，在船政为舰船命名的活动中，也出现了关于崇祀天后妈祖的明显印迹。

1869 年 6 月 10 日，船政建造的第一艘军舰下水问世，船政大臣沈葆桢亲自为该舰取名为“万年清”。随后不久，开工于 1869 年 2 月 8 日的船政造第二号军舰在当年的 12 月 6 日下水，沈葆桢为之取名“湄云”。有关船政最早建造的这两艘军舰的舰名寓意，沈葆桢曾在给总理衙门的一封公函中进行过扼要介绍：“第一号船拟名曰‘万年清’，迓天庥也。第二号船拟名‘湄云’，昭神贶也”④。即，“万年清”舰的舰名取了清王朝的国号，寄寓王朝万年的吉祥含义。而“湄云”的舰名，则是为了祈祷神的庇佑。由其中的“湄”字，不难联想到妈祖的故乡福建湄洲岛。

---

① 沈葆桢：《择建神宫，仰恳御书匾额片》，《船政奏议汇编》卷四，光绪戊子船政衙门版。

② 《支应处呈送光绪二十三年八月十六日起至二十九日止收支银钱各款并实存根单》，马尾船政文化研究会藏油印本。

③ 林致燊、陈悦主编《船说——船政造船图鉴 1866—2021》，福州：福建人民出版社，2021 年。

④ 《海防档·乙：福州船厂（上）》，台北：“中央研究院”近代史研究所，1957 年，第 162 页。

图二　中国近代海军中第一艘舰名与妈祖信仰直接相关的军舰“湄云”号

有关于“湄云”舰舰名寓意的更直接说明，来自于当时在中国出版的西文报纸 The North-China Daily News（《字西林报》）。1869 年 12 月 27 日，《字西林报》登载了一篇介绍船政建设情况的新闻，其中提及船政刚刚建成的炮艇“湄云”号，并非常直接地说明了“湄云”的舰名寓意。

……The name given to the new gun-boat is 湄云 Mei-yun. Mei-chow 湄洲，a seaport of Fookien，is the birthplace of the T'ien-how 天后，who is now supposed to reside in the clouds of Mei——hence the name of "Mei-yun".①

按《字西林报》这则新闻的介绍，“湄云”舰的舰名意指妈祖故乡湄洲上空的云霓，而那里正是天后妈祖神居之所。为这艘军舰选取如此诗意的名字，实质就是为了纪念妈祖。将妈祖信仰寄寓在近代化军舰的舰名中，无论在妈祖文化的历史中，还是在中国近代海军的历史中，都可谓是开创之举。

舰名取意崇祀妈祖的“湄云”号，属于一艘木制的蒸汽动力炮艇，排水量 515 吨，装备有 160 毫米口径主炮 1 门，100 毫米口径副炮 4 门，火力较强。建成之后在 1871 年调防至浙江宁波、温州一带，旋于 1872 年被北调至奉天，此后长期以奉天的通商口岸牛庄（今营口）为驻泊港，四处巡弋，负责辽东至鸭绿江口一带的海上捕盗、巡防等工作。这艘军舰在甲午战争中被日本侵略军俘虏，战后归还给中国。② 作为题外话，清末长期担任“湄云”舰管带（舰

① “The Foochow Arsenal”，*The North-China Daily News*，December 27. 1869（6871）.

② 陈悦：《近代国造舰船志》，济南：山东画报出版社，2011 年，第 49—70 页。

长）的是一位名叫屠宗年的船政水师军官，浙江宁波籍，其曾孙女屠呦呦是中国现代著名的科学家。

继"湄云"舰之后，在船政所造的舰船中还出现了多艘舰名与妈祖信仰存在某种关联迹象的军舰，如"福星"（炮艇，515 吨，1870 年下水）、"安澜"（炮舰，1258 吨，1871 年下水）、"永保"（运输舰，1258 吨，1873 年下水）、"海镜"（运输舰，1258 吨，1873 年下水）、"开济"（巡洋舰，2200 吨，1883 年下水）、"镜清"（巡洋舰，2200 吨，1885 年下水）、"通济"（练习舰，1900 吨，1895 年下水）、"吉云"（拖船，135 吨，1898 年下水）等，这些军舰舰名的寓意值得未来深入研究和探讨。

受此种文化习惯的影响，后来成军于黄、渤海地区的北洋舰队中也存在有类似的现象，如北洋舰队的"利运""宝筏"等舰船，其舰船的名称也具有明显的与妈祖信仰文化关联的迹象。

三、妈祖信仰在近代海军中的制度化

1871 年，船政以自身所造的舰船作为装备基础，以自身培养出的海军人才作为舰员骨干，奉旨编练成了中国最早的近代化海军舰队——轮船，并在 1872 年实现了派舰驻扎沿海各通商口岸的布防模式（除马尾和台湾外，船政轮船还分派军舰驻扎于牛庄、天津、烟台、上海、宁波、温州、广州等地）。1874 年日本侵略台湾事件发生后，清王朝调整海军建设战略，筹建南、北洋海军，后更以事关京畿海上门户防御的北洋海军作为重点建设，以此取代了船政轮船舰队的地位。不过由于船政开近代海军建设风气之先，无论是人才储备、经验积累，在当时的中国都无出其右，北洋海军开始筹建后即受到船政轮船部队的诸多影响。北洋舰队从船政大量调用富有经验的军官、水兵，舰上的规章制度、操作习惯也深受船政影响。潜移默化之中，流传于船政的天后妈祖信仰也导入北洋海军，并随着北洋海军的正式成军而制度化。

1883 年 5 月 7 日，船政后学堂驾驶班第四期毕业的北洋水师军官黄裳吉向直隶总督李鸿章汇报自己接管"操江"号炮舰的情况，并开列了自己与前任管带（舰长）马复恒交接时所点数到的舰上全部物资清单。这份清单里包含了武器、燃料、航海工具、维修保养工具、生活用品以及各种旗帜等，其中与龙旗、航海信号旗等旗帜并列的，记录有一面"圣母旗"①。所谓的圣母旗，正是天后旗，这种旗帜是天后妈祖信仰中的一种重要仪仗，为红色底，上书"天上圣母"四字，中国传统船舶多有悬挂，以祈祷神庥。而"操江"舰的物资清

① 《署理操江轮船管带黄裳吉谨将前管带移交各物件缮具清折》，载《江苏省立国学图书馆》第四年刊，档案，第 17 页。

单中出现了天上圣母旗，标志着早在北洋海军筹建阶段，天后妈祖信仰已经在军中流传，甚至已经成为一种习惯。不难推想，悬挂天后圣母旗，可能与设祠崇祀天后等现象一样，早在船政时期就已经在船政的舰船上运用，随着船政人员、制度的北移，这种对妈祖的信仰也影响到了北洋水师。

更为特别的是，北洋水师崇祀妈祖的活动甚至还在海外进行。和船政主要以自造舰船作为装备基础不同，北洋海军建设以外购军舰作为主要装备，曾分多次向欧洲的英国、德国订造军舰。中法战争后，北洋海防通过中国驻英、德公使，分别在两国各订造了 2 艘巡洋舰，即将建成时派出接舰部队赴欧洲接收归国。根据清代《申报》记载，1887 年，北洋海防在德国伏尔铿造船厂定造的“经远”号巡洋舰下水，下水仪式也出现了疑似悬挂天后圣母旗的记录，“当下水之时，许竹筼星使亲行告成礼，就船上大张布幔，致祭海神及天后”①。在德国进行的这次妈祖崇祀活动，是妈祖信仰文化史中值得留意的一笔。

1888 年，随着舰队规模粗具，经总理海军事务衙门上奏，清廷懿旨批准颁行《北洋海军章程》，北洋舰队全军获得国家正式编制，成为国家经制军队，番号正式称为“北洋海军”，是近代中国第一支国家海军。根据当时日本海军情报机构侦取的情报显示，北洋海军在其军规制度中直接列入了有关妈祖信仰的内容，这是妈祖信仰第一次以制度化的形式进入中国近代海军。

涉及妈祖信仰的内容主要体现在北洋海军的军旗制度中，其正式规定了有关天后旗的样式、悬挂时机等。

北洋海军的制度规定，天后旗为长方旗，红色底，绣有黑色的“天上圣母”四字，要求在每月的朔望日，以及天后妈祖的诞辰、祭日等纪念日，在军舰的桅杆上悬挂。②

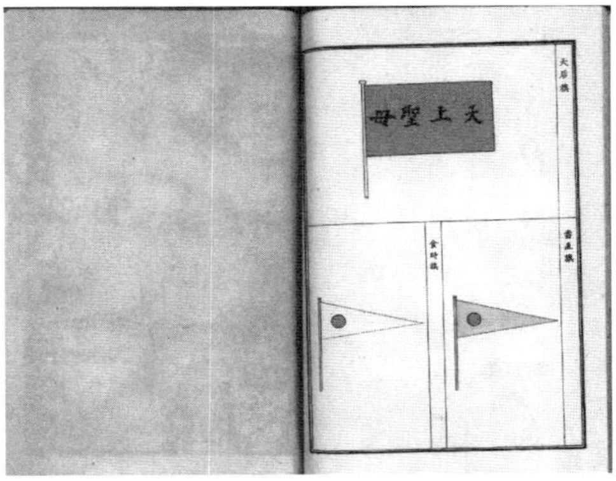

图三 《清国北洋海军实况一斑》中刊印的北洋海军天后旗图样

北洋海军以黄底青龙旗作为国旗、海军旗，根据所用的舰艇的等级不同，从大到小分作五种，在规章中一一规定了尺寸。而天后旗则分为大、中、小三种，对应的是国旗的一、二、三号旗（分别为大、中、小型军舰使用，国旗的四、五号旗是舰载舢板临时悬挂，故这些小艇未设天后旗），也都规范了具体的尺寸。对比之下不难发现，同等第的国旗和天后旗相比，天后旗的尺度略大，这也显现了对于神的尊崇。

① 《申报》，1887 年 2 月 28 日第 2 版。

② 《清国北洋海军实况一斑》，日本海军参谋部，1890 年，第 62 页。

北洋海军制式龙旗、天后旗尺寸对比表①

	龙 旗	天后旗
一号旗	432 厘米×288 厘米	551 厘米×266 厘米
二号旗	368 厘米×240 厘米	462 厘米×213 厘米
三号旗	288 厘米×192 厘米	391 厘米×177 厘米
四号旗	217.6 厘米×144 厘米	
五号旗	204.8 厘米×115.2 厘米	

四、甲午战争中出现的几件北洋海军妈祖信仰实物

1894 年，中日甲午战争爆发，北洋海军在这场战争中经历丰岛海战、黄海大东沟海战以及威海卫保卫战，最终于 1895 年 2 月 14 日力竭覆师，这是中国近代海军史上至为惨痛的一幕。在这场战争所产生和遗留的图像史料和文物实物中，出现了几件和妈祖信仰直接相关的物品，是妈祖信仰在北洋海军中运用情况的实证材料。

1. 天后旗

1894 年 7 月 25 日，日本海军联合舰队“吉野”“浪速”“秋津洲”三舰在朝鲜西海岸牙山湾偷袭中国北洋海军军舰“济远”“广乙”，挑起了甲午战争中的海上首战——丰岛海战。

战斗中，“济远”舰遭受重创，逃离战场。“广乙”舰则一度向日本三舰发起冲锋挑战，然而因为该舰火力贫弱，最终被日本军舰击伤，舰长林国祥指挥军舰退往战场以南的朝鲜泰安县海岸，冲滩搁浅。为防遗舰资敌，舰员对军舰进行自毁后弃舰。

丰岛海战结束之后，日本海军在泰安县海岸发现了“广乙”舰残骸，遂对该舰进行调查，并掠走了舰上的武器和一些物资。1894 年 11 月 5 日，日本报纸《日本》以《清国军舰图》为名刊登了日军从“广乙”舰上缴获的北洋海军旗帜图样。因为当时

图四 1894 年 11 月 5 日出版的《日本》刊载的北洋海军“广乙”舰旗帜图

① 陈悦：《中国军舰图志（1855—1911）》，香港：香港商务印书馆，2013 年，第 283—284 页。

图五　甲午战争末期日本东京祝捷大会照片，在悬挂的旗帜中可以清晰地看到一面北洋海军的天后旗

报纸无法直接将照片制版，报端出现的是根据实物描绘的绘画，其中尺寸最大的旗帜就是一面天上圣母旗，《日本》报上的图解为：“天后旗。书有天上圣母四字，每月朔望及祭日在军舰桅杆上悬挂。”①

甲午战争末期，日本东京在上野公园举行祝捷大会，曾将缴获的清军旗帜、服装悬挂展示，在当时拍摄的照片中再次出现了一面天后旗，疑似“广乙”舰上被掠走的那面。这也是北洋海军天后旗留下的重要实物影像记录。②

2. 天后神位

甲午战争后期，北洋海军军舰退守山东威海刘公岛。1895 年 1 月，日军侵入山东半岛，于 1 月 30 日开始海陆合击北洋海军。由于威海陆地炮台、要塞均被日本陆军占领，退守在威海湾中的北洋海军出境极为艰难，舰船不断遭受损失。

1895 年 2 月 9 日上午 9 时 18 分许，当时作为代理旗舰的北洋海军“靖远”号巡洋舰在防御日本海军进攻威海湾时，突然被日本陆军占领的威海陆地炮台火炮击中，舰体破损严重，最终下沉。

日军占领威海后，将海湾内的北洋海军沉没军舰的打捞拆解权拍卖，由日

① 《日本》，1894 年 11 月 5 日，第 4 版。

② 《东京市祝捷大会》，日本东京江木书店，1895 年。

本民间力量来华进行破拆。无意之中，保存在“靖远”舰军官会议室内的舰长官印，以及一件特殊物品被日方捞获，即天后妈祖神位。

从“靖远”舰上打捞获得的天后妈祖神位，现与同时捞获的“靖远”舰长官印都保存于日本福冈。神位由神龛和神主牌两件组成，神龛状若亭阁，雕工精美，带有金饰，神主牌表面贴金，正面有“敕封护国庇民妙灵昭应弘仁普济福佑群生诚感咸孚天上圣母之神位”字样。这件重要的文物，不仅证明了妈祖信仰在北洋海军中的流传，也显示了在舰上供奉妈祖神位可能是北洋海军各舰的普遍做法。

图六　保存于日本福冈的“靖远”舰天后神位

从 2014 年以来，中国水下考古工作在近代海军沉舰考古方面取得接连的成果，甲午战争中沉没的“致远”“经远”“定远”等军舰的残骸相继被发现，但目前水下考古调查的成果中尚未出现有关天后妈祖信仰的实物，相信假以时日，极有可能在近代沉舰残骸中有这类物品的突破性发现。

五、余音

甲午战争失败后，清王朝撤销北洋海军编制，旋又在 1895 年当年重新筹建北洋海军，此后中国近代海军进入清末海军时期。与之前的船政、北洋海军相比，清末海军各种制度更为西化，甚至原本中西合璧的海军制服也彻底改为西式，而原本列于海军旗章制度中的妈祖信仰规范，也悄然褪去。不过作为中国近代海军的一种重要的海神信仰文化，妈祖崇拜仍然习惯性地在清末乃至民国时代的海军中长期存在。

例如 1923 年，上海的福州会馆、天后宫——三山会馆修竣，重祀妈祖，民国海军界人士即曾积极参与，“三山会馆因年久失修，重行修理，现经全部告竣，特行开幕礼，于本月起演戏三天，并为所祀之天后神诞开光……昨日上午十时，海军领袖率海军人员前往拈香，其他来宾、海军同人及侨沪闽帮为多数，上海淞沪警察厅长徐国梁曾奉福建省长萨镇冰来电，请饬派警保护”[①]。

抗日战争胜利后，1946 年年初，一位中国记者参观当时正在上海江南造船所维护的海军主力舰“长治”，也记录下了舰上供奉天后妈祖的生动情形：“我们走进会客室，室内布置整洁简单，除铺着白布的台椅外，屋角还有个约

① 《申报》，1923 年 11 月 6 日，第 15 版。

二尺高、一尺宽的小牌楼，里面有块‘天上圣母’的红木牌”①。此时，天后妈祖信仰早已不是海军有成文条例规定的文化活动，但从舰上依旧保持供奉的情形可见，此种信仰已然是海军的传统。

而在近代海军崇祀妈祖的源起之地福州马尾，清代的船政机构虽然在民国时期几经分合变迁，初改为福州船政局，后又改为海军马江造船所，但船政大臣沈葆桢所创立的船政昭忠祠始终崇祀不已，祠宇的各项经费也始终列在海军经费内支出，成为妈祖信仰与近代海军关系的重要遗迹。

1935年12月10日，时任海军马江要港司令部司令李世甲呈文海军部，请示动用海军公款修缮船政天后宫②，旋获批准，于1936年兴工，除对船政天后宫建筑进行修缮、油漆之外，还对年久老化的神龛、楹联、祭祀礼器等进行了修缮和添置。

抗日战争中，福州马尾两度沦陷，船政天后宫遭到严重破坏，至20世纪70年代初拆除。2006年，福州市马尾区在原址上复建船政天后宫，于2008年竣工，船政天后宫也成为中国近代海军和天后妈祖信仰这段历史的特殊史迹。

19世纪，中国海洋文化和当时的中国社会一样面临了近代化转型的严峻考验。传统与近代，对立与融合，是这一时代背景下的主题词。作为传统海洋文化重要构成部分的妈祖信仰，显示出了其深厚的文化影响力和蓬勃的生命力；作为近代化全新事物的近代中国海军，依旧延续了中国传统海事活动中的海神信仰——妈祖信仰，是中国传统海洋文化对近代化事物影响、融合的重要范例。

① 《申报》，1946年1月14日，第2版。

② 《海军公报》第79期，民国海军部，1936年，第320页。

抗战时期国民政府海军赴美借舰参战史论

——以《海军军官日记》为中心的讨论

余　锴*

摘　要：抗战初期国民政府海军舰艇损失殆尽，太平洋战争爆发后，以美国《租借法案》为契机，在知识青年从军运动背景下，国民政府向美国派出大量海军官兵，接受训练，以期借舰参战。本文论述依据的《海军军官日记》是战后不久，当年参与其事的海军练兵所著，从一个大学生兵的视角全方位回顾了本次海军赴美受训、借舰参战的历史，有一定的史料价值。

关键词：抗战　海军赴美借舰参战　《海军军官日记》

一、背景

中国近代的海军教育，发端于设立于福建马尾的船政学堂。1866 年以迄 1894 年，以船政学堂为开端，清政府先后创办了近 10 所海军学校，连续派遣了三批海军留学生，培养出大批掌握近代科学技术的造船专家和新型海军军官。船政学堂开办之初，舰船制造与驾驶教育并重，学制较短。到了 1913 年，船政学堂收归海军部管辖，基本奠定了“八年四”的学制①，即校课 5 年，舰课或厂课 3 年，试读或者甄别考 3 个月，完成学业安排休假 1 个月。学员不但要完成规定校课课程，还要到舰上或工厂实习，待考核合格，才算正式毕业。

按常规，海校学员毕业后将在舰上见习一年，并成为科班出身的中尉海军军官。抗战之前，马尾海校通常是在专用训练舰通济舰进行舰训，在南京鱼雷枪炮班受训并到“平海”等新锐战舰见习。其他海校也很重视舰训工作。但是在抗战初期，中国海军舰艇即已损失殆尽，海军学校教育几乎已无以为继，电雷、青岛、黄埔三大海校在国民政府军事委员会、军政部主导下渐次融合，停

---

*　余锴，贵州凯里学院人文学院教师。

①　陈悦先生对该学制的具体时间进行了辨析。见陈悦：《船政史》，福州：福建人民出版社，2016 年，第 646 页。

办。仅马尾海校仍在抗战大后方坚持办学，弦歌未缀，直至抗战胜利。

马尾海校在全面抗战后于1938年10月迁移到贵州桐梓办学，学员所修主要为校课，而在重庆木洞镇修枪炮课、舰训等课程。学员首先依托驻该地的海军修械所学习枪炮，在课堂里由教官吕叔奋带领学用小武器，王衍锬教军用化学，课本新颖，也有英美等国新武器的介绍。当地有"永绥"舰驻扎，舰长傅成[①]，也到"永绥"舰进行枪炮实际操作的练习。后专设舰课教室，教官有陈瑞昌、林葆格、郑海南等，练习舰为"民权"舰。李耀华详细介绍了自己与六位同学在川江驾驶舢板历险的经历。他指出："舢板驶风，在航海学员是比较重要而且有趣的工作。"[②] 这一时期的舰训可以认为仅是差强人意，聊胜于无了。

抗战中后期，在海军重建的策划中，最初是在1941年7月，蒋介石就下令预备挑选年轻有能力的海军军官30至50名候考以准备派遣至英美海军见习与服务，不过"迄未实现"。[③] 此事至1942年始有眉目。1942年7月2日，军事委员会颁布《赴英美参战见习暨造船办法》，说明其目的是："使海军青年军官参加同盟国海军作战与受潜艇训练暨造船等工作，特考选海军青年军官派遣赴英美舰队及船厂服务与见习，以增进其学历，而备为我国将来海军整建之基础。"参加考选的海军军官则指出："动机有两个，一个侧重于政治方面的，用来象征与盟军并肩作战、甘苦与共的国策，另一个则是军事方面的，使我们海军青年军官能得到近代海战实地经验，学习战争中产生的新武器和战术之应用。"[④] 1943年8月中国驻美副武官杨元忠海军中校首先向军令部寄呈《向美国接舰参战意见书》，指出这是个与美国发生密切关系，增强战后海军建设基础的机会。[⑤]

国民政府军事委员会1944年7月组建了海军官兵考选委员会，考选于当年10月下旬、11月上旬举行，共录取60名，12月加派10名。接舰士兵1000人，组成军官队和士兵队。士兵队的成员来自原海军士兵、大中专院校学生

---

① 傅成与他的儿子、马尾海校学员傅秉烈的情况参见宋炯：《追忆海军奇才傅成及海军教育发展》，《中外杂志》，2006年（第79卷第3期）；并见何伯平：《南开校友参加海军的情况》，［美国］《南开通讯》，2006年12月。

② 关于这一时期舰训的情况，参见李耀华：《我们在川江驶风》，《海军建设》，1941年（第2卷第7期）；重庆市巴南区在2007年抗战遗址调查中发现了该舰课教室的遗址，见《抗战时期海军军官学校现身巴南》，《重庆日报》，2007年12月6日。

③ 见台湾"国史馆"藏档案，批示吴思豫厅长件：1941年7月21日，全宗名：蒋中正"总统"文物，典藏号：002-070200-00010-080。承四川师范大学曹成建教授2009年暑期亲至台湾查得，并提供给笔者使用，谨致谢忱！此内容亦见于柳永琦：《海军抗日战史》下册，台湾"海军总司令部"，1994年，第784页。

④ 牧仁：《中国留英海军军官生活鳞爪》，载《碧海同舟：民国海军赴美赴英受训接舰纪实》，上海市政协文史资料编辑部、上海市欧美同学会，2003年，第181页。

⑤ 杨元忠：《接舰参战与中国海军重建》，《传记文学》，1984年（第44卷第4期）。

等，约 1000 人。其中，大批大中学校学生响应蒋介石在知识青年从军运动中“一寸山河一寸血，十万青年十万军”的号召，投笔从戎，参加赴美接舰考选的情况值得注意。比较突出的是国立交通大学，当时，该校航海、轮机、造船等专业的毕业班学生几乎全班报名，其他年级、班别的同学也踊跃报名，最终有 86 人成行。[①] 而学生兵占士兵队的人数比例亦达四成五以上。

美国在 1945 年 6 月 5 日由副国务卿通知美国驻华大使，决定美方 1945 年交舰，并请赴华访问的副总统通知中国政府并蒋委员长。[②] 中方原希望得到 4 艘 1500 吨驱逐舰或护航驱逐舰，以及 4 艘千吨左右的扫雷舰。但是美方拟发 8 舰的基本情况是护航驱逐舰 1300 吨、扫雷舰 700 吨、驱潜舰 719 吨。1945 年 8 月 28 日移交中国海军的舰只为护航驱逐舰 2 艘、扫雷舰 4 艘，海岸巡逻舰 2 艘。杨元忠说原计划是驱逐舰、潜水艇、扫雷舰、布雷舰各 2 艘，最后定案的却是护航驱逐舰 2 艘、护航炮舰 6 艘。但是军令部档案无此记载。[③]

此项史事，以往学界研究多集中在军官们，因其回忆录有比较集中刊发。在大陆，有专题文史资料选辑，如《碧海同舟——民国海军赴美赴英受训接舰纪实》，及增订本等；在台湾，则有“中央研究院”近代史研究所口述历史系列、“国史馆”口述历史系列，均有大量参与其事的军官们的回忆。依据这些资料以及相关档案，台湾的研究者如张力等研究了抗战中后期的海军官兵选拔、集训、出国学习以及有关之教育制度。[④] 而在大陆，专题研究论文如：笔者 2011 年完成的硕士论文《抗战时期的马尾海校内迁问题研究》[⑤]，湛峰在同年完成的硕士论文《南京国民政府时期的海军留学生》[⑥] 等，对抗战时期的海军留学问题，特别是军官队的情况进行了详细的研究。

但是，士兵队的史料搜集就相对困难，其介绍性的文章，有早期的片段回忆录[⑦]，有少量介绍性文章[⑧]，以及专门介绍留美海军学兵罢课风波的系列文章[⑨]等。总体来说，海军练兵参加海军训练乃至舰训的研究相对较少，向来为

---

① 许泽龙：《投笔从戎赴美学海军追忆》，载《碧海同舟——民国海军赴美赴英受训接舰纪实》，上海市政协文史资料委员会、上海市欧美同学会，2003 年，第 86—87 页。

② 转引自台湾“海军总司令部”：《海军舰队发展史》，台湾“国防部史政编译局”，2001 年，第 77—78 页。

③ 杨元忠：《接舰参战与中国海军重建》，《传记文学》，1984 年（第 44 卷第 4 期）。

④ 张力：《从“四海”到“一家”：国民政府统一海军的再尝试，1937—1948》，《“中央研究院”近代史研究所集刊》，1996 年第 26 期。

⑤ 余锴：《抗战时期的马尾海校内迁问题研究》，四川师范大学硕士论文，2011 年。

⑥ 湛峰：《南京国民政府时期的海军留学生》，南京大学硕士论文，2011 年。

⑦ 蕴：《留美受训回忆录》，《中国海军》，1949 第 1—2 期；瞿伟民：《第二次世界大战参军记》，《航海杂志》，1995 年第 6 期。

⑧ 刘杰：《中国海军留美风云》，《侨园》，1995 年第 5 期；荣正通：《抗战中交大学生投效海军始末》，《兰台世界》（上半月），2009 年第 17 期。

⑨ 王建民：《留美海军学兵罢课风波》，《航海杂志》，1999 年第 1、2、3 期。

研究者所回避，究其原因，研究所需史料的缺乏是一大问题。在这样的情况下，《海军军官日记》① 就引起了笔者的注意，此书介绍了一个海军军官的海上生活日记。查看内容，即为国立交通大学学生的作者参加赴美接舰考选，成为海军练兵，赴美接受海军训练，并接舰归国的经历。此本日记篇幅相对较大，为难得史料，笔者研读之后，有如下分析。

二、关于《海军军官日记》的分析

此书是抗战胜利后，海军总司令部新闻处编辑的海军小丛书之一，其作者，该书末页钤印称为田开铨②，在《海军总司令军官佐属现职录（1947.5.1）》中称，田开铨是湖南大庸人，生于1928年3月8日，1947年5月13日任海军总司令部编纂处少尉副官，曾任该处附员，学历为交大航海，美国海训团。③ 在前述许泽龙文章中，亦有此人名字。此套丛书还有《海上国际法》《中国海军现状》《第二次世界大战东西两洋海战简史》《中国海军现状及其展望》等数种。

全书67页，记述时间从1944年11月1日至1946年7月15日，非每日所记，每则日记短长不一。从回忆自己求学于湖南长沙雅礼中学初中部时，立下“制海者制世界，我们应当制海”宏大志向开始，到海军总司令部命令美援八舰停泊吴淞口，为海军练兵安排出路而结束。笔者将其内容分为以下部分，详加介绍。

1. 关于作者的苦闷

1944年末，作为国立交通大学航海班学生的作者在考试之余，回想自己的海军梦想。他在湖南长沙雅礼中学初中部时，受同班有一个名叫迪肯的对海军“无所不知”的疯狂的海军崇拜者影响下，幻想着将来有一天会穿着洁白的制服，踏上一艘轻快的军舰，冒着惊涛骇浪，横过辽阔的海洋，从一个国度驶到另一国度，处处受到热烈的欢迎。或是经过了惨烈的长期抗战，终于胜利，中国海军官兵以占领军的身份，骄傲地出现在东京街头。为了这一切，“就是

① 海军总司令部新闻处编《海军军官日记》，1947年。福建师范大学硕士研究生付豪同学应笔者请求于2018年12月17日在该校图书馆拍摄了全书，并提供照片给笔者，谨致谢忱！以下引述该书，不再单独出注，特此说明。

② 卷首页书名为：《从入伍到服务：一个海军军官的日记》，封底后有钤印：作者　田开铨，见北京图书馆编《民国时期总书目1911—1949 文学理论·世界文学·中国文学》下，北京：书目文献出版社，1992年，第1269页。笔者所持福建师大图书馆藏书照片和北京合众书局在2018年10月25日拍卖出的原书上，亦有此钤印。在张泽生先生整理的《1944年海军赴美接舰受训学兵名单》里，田开铨列565名，此名单制作于2012年10月13日，承张先生提供给笔者使用，谨致谢忱！

③ 杨志本：《中华民国海军史料》下，北京：海洋出版社，1987年，第877页。

葬身鱼腹，也是痛快!”

但是现实是残酷的，眼见着本国幼弱的海军在殊死抵御敌人的过程中，备受摧残，海军舰艇退到长江上游，海军工厂迁到辰溪，海军陆战队开往大庸的高山峡岭中去剿匪。陆军都要被打得没有立足之地了，我们在这离开海岸线几千里的地方还想到海上去吗？一个月来急转直下的战局①，使这些学航海的人感觉到能够和长江保持接触，没有被迫迁到兰州、拉萨那些地方，已经是够幸运的了，哪里还敢奢求？

以历史的“倒放电影”看，那时，抗战已离胜利不远，但作者看到的只是失望，乃至绝望，其苦闷的心情，实可以想见。

2. 关于从军的思考

不久之后，作者开始考虑从军问题，他分析说：国家处于生死存亡关头的今天，我应该从军。蒋主席既然号召知识青年从军②，当然是认为青年此时捍卫国家比读书重要。当然，战争是危险的残酷的，一个男子居然到了被危险屈服的地步，还有活着的价值？杀死些敌人使胜利早日来临，比让敌人继续屠杀自己的同胞更残酷吗？他还想到了自己已经战死的父亲：“准备踏着你的血迹前进了，我要完成你未尽的愿望，我愿意像你一样地死去!”

准备从军以后，“应该投效于何种兵种?”则成了他冥思苦想的问题。他分析说，如果投效陆军，这十几年来学的不能够实用，译员似乎可以补救这个缺点，不过他的兴趣与这方面相差很远，而且从军而不作战又是件很大的憾事。如果投效空军，将之作为自己的终身事业，便会将他八年的航海志愿送入坟墓……最终，他痛苦地决定进入青年军。

但，之后，海军也招考了！目的是赴英美借舰参战。他立即决定了报考海军。

3. 关于报考

作者赶到军委会外事局和重庆唐家沱③体检和参加考试，考的科目有国文、英文、物理、化学、大代数、微积分等。获选后，他就到唐家沱报到，成为了一名海军练兵。

---

① 即豫湘桂战役，在此战役期间，日军甚至一度攻入贵州独山，酿成“黔南事变”，参见熬以深：《黔山抗战起烽烟》，北京：知识产权出版社，2013 年。

② 参见侯德础：《略论抗战后期的知识青年从军运动》，中国社科院近代史所民国史研究室、四川师范大学历史文化学院：《1940 年代的中国》上，北京：社会科学文献出版社，2009 年，第 122—135 页。

③ 唐家沱当时是抗战大后方的海军基地，见张祁：《抗日时期海军在陪都重庆》，载《福州文史资料选辑》第 15 辑（纪念马尾船政一百三十周年专辑），中国人民政治协商会议福建省福州市委员会文史资料委员会，1996 年，第 157 页。

4. 关于编队，出发准备

作者被派到了“江新”轮[①]顺利编定了军号，排了铺位席次，领了些军用品，换了一套全新的棉陆军制服。他被排为第七中队第三分队第三班的班长。中队长刘宜敏中尉[②]是三十多岁的北方人，对人非常和睦，分队长成宏略是航海科的毕业生，也是他从前在雅礼中学读书时的老同学。班上计有十人：戚廷、胥灵臣、杨鹤龄、胡树军、罗澄、左凤山、白甫台、江芳臣、黄建辉和作者。1945 年 1 月 22 日，军政部陈诚部长来唐家沱训话：“重建中国新海军的责任便在你们的肩上，你们便是海军的黄埔，你们是一个强大海军的种子。”1 月 26 日，启程赴成都，1 月 29 日，作者为防不测，出发前在四川新津将六年来的日记交予朋友“铸哥”保管。

5. 赴美路途上事项

2 月 7 日乘机飞往印度中国驻印军总部[③]丁江办事处。8 日启程前往加尔各答，12 日中午抵达，22 日启程前往孟买，24 日到达；3 月 14 日登上了运输舰美琪将军号，15 日启航。在途中，每天照例有两次演习，或是“备战”或是“弃船”或是“救生”。

3 月 26 日抵达澳洲新金山（笔者注：即墨尔本），4 月 2 日抵达新加尼多尼亚，4 月 15 日到达美国西海岸圣地亚哥市，接着便开始了横穿新大陆的旅程。穿过加利福尼亚州、亚利桑那州、新墨西哥州、得克萨斯州、俄克拉何马州、堪萨斯州、密苏里州、肯塔基州，田利西州、密西西比州、亚拉巴马州、佐治亚州，21 日中午到达佛罗里达州的迈阿密，进入迈阿密海军训练中心营房。

有论者指出：迈阿密海军训练中心有中国海军在此受训，结业后还需到古巴关塔那摩的美国海军基地进行海军战术训练和参加被接收舰的修理工作。由于接舰须按舰船编配人员，各司其职，故为国民党海军突击训练了大批人才，解决了国民党海军的燃眉之急。[④]

6. 关于课堂基础教学

他们于 4 月 22 日开始 3 个月的新兵训练，除了步操以外，运动项目还有徒手操、越障碍物、打沙包、单杠、双杠、拳击之类。作者特别提到了拳击的情况：“拳击时，最初是对打，接着是混打，几十个人打做一堆，我们差不多都是从来没有学过拳击的，打起来虽然很凶，防御方面却很不周到，所以一场

---

① “江新”轮是 1939 年 6 月 29 日由招商局撤退入川的大型客货船，吨位达到 3300 吨。

② 刘宜敏毕业于青岛海军学校，后在中国海军收复西沙、南沙行动中担任“永兴”舰舰长，随国民党撤往台湾后曾任“太康”舰舰长。

③ 即抗日战争期间派往印度接受训练和参加对日作战的中国军队。1942 年 8 月在印度兰姆珈成立，1945 年缅北反攻结束后，回国并撤销编制。

④ 曹剑浪：《中国国民党军简史》下，解放军出版社，2010 年，第 2014 页。

混战以后，一个个的都被打得头昏脑胀，火星直冒了，可是教官们并不因此罢休，他们还要选两对打得最精彩的人来一次‘决斗’。有一次我是，被‘光荣’地选上了，对方是个亡命之徒，我当然也不示弱，于是我们在打气和欢呼声中像两个野兽似的展开了一场恶斗。终了的时候，对方满口是血，我更是头痛得厉害，不过因为外表上看不出来，仍被宣布得了胜利。但是，天晓得，这一夜我竟然流了两次鼻血。”还有中国海军的练兵因此被送进了医院。4 月 28 日，国民政府驻美海军武官刘田甫少将赶赴迈阿密对受训海军官兵进行了检阅。

受训的内容首先是从基础的语言教育开始的。因为程度参差不齐，所以训练中心英文部为了教学的方便，便举行一次严格的测验，然后按成绩把第一中队到第五中队分为十组，依次命名为 A 组、B 组、C 组……J 组，A 组是初学英文的，J 组是些英文较好的大学生。原有的第六中队到第十中队，也依同样方法分为十组，依次命名为 K 组、L 组、M 组……T 组，作者是在 T 组。教学的师资来自哈佛大学，采用的教学法是英国剑桥大学所倡导的《基本英文法》，这方法除了专有名词外，只要学 850 个生字，便可以表达任何意思。直到 6 月，仍在教学。

英语教学以外，游泳是另一训练大项，6 月 16 日，当地组织了游泳比赛，中国海军派出四个冠军级选手，一人因公务未参加，但成绩仍然是勉勉强强，唯跳水挣得不少荣誉。作者评论说：“这次参加比赛，就一般情形来说，可以算是成绩不错，不过想到这三位代表在祖国的地位不能不令人难过。我们的身体差得太远了!”

其间，纳粹德国投降，欧战结束，苏联水兵入住迈阿密受训。作者详细记述了与苏联水兵的接触情况和他的个人感想。

之后开展了“船舶损伤管制”、枪炮、救火、船艺等各个科目的学习，每项训练均持续约半月。“船舶损伤管制”是一种学术，所以训练也是从“学”和“术”两方面着手的，即理论和实践相结合的操作；枪炮课程包括二十公厘炮、四十公厘炮、三吋炮、深水炸弹、机枪和手枪等，学习是着重于这些武器的运用和实弹射击；救火亦为重要的学习内容，学习分辨火灾的种类和各类火灾的扑灭方法，然后便实际演习救火，学习救火机、救火弹和救火泡沫的运用，汽油、柴油和其他可燃物的不同扑灭方法，此外水和泡沫应该向何种方向喷射，风的方向等都要很详细地研究；船艺的范围很广，例如舰体结构、结绳、罗经原理、操舢板、避碰章程、救生，都要学一点，学的时候也是课堂与实习并重的。

在学习船艺期间，作者的心思已经不能完全地放在学习上了，不只是因为那些东西从前他都学过，乃是因为那时的紧张战局使他太兴奋了。作者已经关注到：“琉球群岛在惨烈的战斗下被美军完全占领了，湘西和贵柳一带的国军也在大规模反攻，处处皆有胜利的消息。”作者提到了对苏联参战的担忧和愤怒。

不久即迎来了日本宣告投降的消息，作者详细描述了当地胜利狂欢的情况，但是，他心理却有着隐忧："胜利是值得快乐的，但是它带走了我的参战希望，他给祖国带来了更严重的问题！在这胜利之夜，我感到的只是惆怅，茫然……"

战争的结束不仅改变了整个世界的局面，也改变了中国海军的训练计划。

7. 关于分科教学

8 月 31 日，练兵们经过考试，分出了高级班，需要学习若干舰艇原理。9 月 6 日，开始了分科学习，分科有航海、枪炮、轮机等 12 科，决定分科的除了个人兴趣和能力外，还有多种测验。作者被分派学习射击指挥，这个科目仅有 6 人。此时，练兵们被正式赋予了"接舰"任务，所以搬出营地，分派到八舰，作者派到了"太康"舰。

首先是到枪炮学校学习枪炮理论课程，作者详细记述了学习、测验的历程，至 11 月 8 日考试结束后，美方特地安排学习了射击原理等课程，这些课程不再向苏联海军开放。11 月 22 日课程结束，作者返回"太康"舰。

8. 关于舰训

11 月 25 日，从各专门学校归来的中国海军官兵们正式接手八舰。训练继续开展，开始了军舰和人员合一的美国沿海的舰训，预计历时半年，训练中心也派出教官，负责指导教学，作者在"太康"舰担任射击指挥中士。在 6 次早出晚归的舰训后，举行了两天两夜的舰训，附带了一次实战演习。

1946 年 1 月 2 日，历经舰训时间的逐步延长，开始了远航古巴的行程。1 月 5 日，抵达古巴关塔那摩军港。1 月 13 日，军舰入坞，例行检修，作者随即展开了对当地军港的参观，特别在 1 月 30 日参观了举行日本向盟军投降仪式的"密苏里"舰。2 月 13 日，当地举行了高射炮演习。3 月 6 日，军舰出坞，展开了一系列专门的战术演习，比如作者所在的"太康"舰与"太平"舰配合进行了反潜演习。3 月 28 日，八舰准备启程返国，美国特地派出补给舰"Maumee"护送。(笔者注：该舰送八舰回中国后，美方决定将其赠予中国海军，即"峨眉"号)

9. 启程返国经过

4 月 6 日，八舰与补给舰"Maumee"一同启程返国，历经古巴、墨西哥、巴拿马、加利福尼亚、夏威夷、中途岛、日本等地。7 月 13 日，何应钦专程在横滨检阅了"太康""太平"两舰。7 月 15 日，接到海军总司令部的指令，归国航队预备停泊吴淞口待命。7 月 18 日，这次归国舰队的指挥官林遵应作者询问，指出士兵中的优秀者，将施以短期训练，升任军官。

文末，作者回想着出发时陈诚的训话，他应该不会想到，此后的中国海军所发生的大变化……

10. 一些值得注意的个人观察

除了接受迈阿密海军训练中心的专业训练的记述外，作者对印度、美国种族问题以及对苏联海军的观察，亦为笔者所关注。如路过印度时，他观察到："穿过渺无边际的平原，平原上满是农田和果园，一片富足的土地，但这片土地却尽是破衣盖不住瘦骨的人民，是谁夺去了他们的财富!?"作者感叹，印度人的民族自尊心丧失得太厉害了。在参观了美国黑人区，发现黑人很受歧视以后，作者评论道："这些情形对于高唱民主的美国，实在是无情的讽刺。'黑人问题'没有合理地解决，不但是美国社会的污点，而且是一个严重的政治危机。"而作者对于同在美国培训的苏联海军则多有批评和憎恨言语，亦可视为当时国内的一种舆论反映。

三、结论

以上所述，作者用近乎白描的手法对抗战时期国民政府海军赴美借舰参战的历程，特别是作为海军练兵参加基础训练、分科训练和舰训以及在此时期的所思所想等进行了记述，均全面而真实。同时此书作为当时海军总司令部新闻处编辑的小册子，也反映了国民政府"新海军"建设的思路，和反映当时人们意识形态方面的认识，比如对苏联的憎恶，等等。

日记内容停在了八舰到达吴淞口的前夕，此后的情况，笔者查询其他资料里得知，在中国两条道路、两种命运、两种前途的大决战前夜，他们都面临着人生的重大选择。其中大多数人与他们的长官一样身不由己地卷入了战争的漩涡，其人生道路由此而各不相同。

海军官兵不少是因抗日救国而来，特别是抗战后期响应知识青年从军运动的大中院校学生，更是这样。他们在前往欧美留学之后，接受民主思想洗礼，逐渐倾向进步，自然不愿意参加内战。陆续离开海军后，他们多留在祖国大陆，或投入人民海军行列。而美国迈阿密海军训练中心的这种训练模式间接地为人民海军初期的训练提供了借鉴;[①] 有些人成为其他各行各业的专家学者，为祖国社会主义建设服务。

但亦有部分官兵跟随国民政府撤往台湾，如报名参加第一批到英、美接舰的戴炳元（即戴勤）。徐学海回忆说："戴勤少将在海军甚有名气，他初肄业于马尾海校航海十届，据说因近视眼退学，后应'十万青年十万军'的号召，投入海军，被选派赴美受训，在'八舰'服务，习声纳。自美返国后，获选入官

① 戴熙瑜：《赴美受训接舰纪实》，载《碧海同舟——民国海军赴美赴英受训接舰纪实》，上海市政协文史资料编辑部、上海市欧美同学会，2003 年，第 63—68 页。

校军官班第二队毕业。”① 池孟彬对此评论说：“好的如梁天价、邓权昌、戴勤、袁昌炎、沈铎、高公鲁、刘文光等都留下来，他们比学生班更会发展。”②曾在之后任“太平”舰航海官③，后随国民党海军去了台湾的黎玉玺回忆说：“美国军援顾问团海军顾问组于 1951 年 5 月 1 日成立，自 1952 年起选送青年优秀军官赴美人各专科学校班接受训练，有人取得美海军舰队信号书及舰队战术运动教令两种文件携回。研究之后，如获至宝。立即调集优秀青年军官戴勤、徐志华等多人集中舰队指挥通信组，由张世奇组长指挥密译，再由我及黄参谋长锡麟，于每星期一至五晚饭后在舰队指挥部审核迄十时止。如此连续工作达七个月之久，完成翻译及审核定案。为期翻译正确不失原文意义，并决定原英文与中译文并印。此两书译印完成，使舰队训练奠立坚强的优良基础。”④此外亦有海军官兵在去台湾之后与蒋介石政府决裂的情况。⑤

但是，此书作者田开铨已然湮没于历史的长河中，笔者并没有查得更多的线索。

据笔者所知，有一部长篇小说《海军留美风云录》，介绍了中国“留美海军大队”的历史背景及其行程路线等，从侧面反映了在抗日战争时期青年知识分子的探索与追求⑥，亦为类似题材。其书前言称：“本文所记述的并非杜撰的故事，而是根据笔者的一段亲身经历而写成。”作者自称当时是重庆郊区一个大学外文系二年级学生。从行文上看，该书是采取了“大事不虚，小事不拘”的纪实文学手法，署名或为化名，因此史料价值打了很大折扣，但笔者以为，与上述《海军军官日记》对照、细读，或亦可用作历史研究而谨慎使用。

关于近代中国海军史事，尚有一些稀见史料值得研究，希望能够在以后的工作中注意到，从这个意义上说，对《海军军官日记》的研读可说是一种有益的探索。

---

① 张力、吴守成、曾金兰访问：《海校学生口述历史 2》，北京：九州出版社，2013 年，第 88 页。

② 张力、曾金兰访问、记录：《池孟彬先生口述历史》，北京：九州出版社，2013 年，第 275 页。

③ 王忻民：《香港归来四十年》，青岛：青岛出版社，1994 年，第 25 页。

④ 张力访问、记录，黎玉玺先生口述历史，北京：九州出版社，2013 年，147—148 页。

⑤ 王照龄口述，马军记录：《一位留美海军军官与台湾当局决裂的经过》，《史林》，2002 年第 3 期。

⑥ 海斌：《留美海军风云录》，北京：海潮出版社，1992 年。

大国重器、百年梦想

——中国航空母舰的筹划、建造与发展

贺怀锴*

摘　要：航空母舰的诞生把海战模式从平面作战推向了立体攻防体系，在现代海战中，航母的地位和作用愈加重要。现代意义上的航母诞生于20世纪20年代，英、日、美等国成为第一批拥有航母的国家。1928年，国民政府海军署长陈绍宽最早提出建造中国航母的计划，由于海军内部派系、经费短缺和国内政局混乱等原因，航母计划遂被国民政府束之高阁。中华人民共和国成立后，限于财力、技术、工业基础等因素，人民海军没条件建造航母。改革开放以后，中国航母逐步进入论证研究阶段。21世纪以来，航母进入改建与自建阶段，2012年，由瓦良格号改建的辽宁舰正式交付海军。这是中国百年航母梦的实现，也是人民海军走向强大、走向深蓝、走向世界一流的重要标志，还是中华民族复兴的体现。

关键词：国民政府　中华人民共和国　航空母舰　辽宁舰

人民海军成立70余年，回望70余年的海军发展历程，中国人民海军从无到有、从小到大、从弱到强，已发展为一支能够捍卫祖国海疆的强大海军。当下人民海军发展突飞猛进，实现了弯道超车，正在向着世界一流海军迈进。在新的时代征程上，在实现中华民族伟大复兴的奋斗中，建设强大的人民海军的任务，从来没有像今天这么紧迫。目前学界关于中国航母的研究集中于军事科

* 贺怀锴，河南大学历史文化学院暨中国近现代社会转型中心副教授，河南大学历史文化学院博雅拔尖人才。

技和海权领域等[①]，鲜有学者对中国航母发展历史进行深度剖析。中国航空母舰曲折发展史也是一个观察中国近现代史发展的重要视角，透视出中国从弱到强、从落后到先进的发展历程。鉴于此，本文拟在爬梳档案、资料集、报刊、日记、回忆录等史料的基础上，对中国航母发展历程作全面、深入、系统的梳理和探讨。

一、民国时期的航母建设计划及夭折

甲午战前，中国海军可谓极盛一时，但晚清政府“罔知治理，轻视国防，竟将议建海军之款移筑娱乐场所，以致甲午之役，终因海军实力不充至于战败”[②]。清末，清政府虽然提出复兴海军计划，并向外国购置了军舰，但海军规模已大不如甲午战争之前。北京政府时期，军阀割据地盘，互相争权夺利，“所有国帑全被内战浪费，以至海军无力添换新舰。就是原有的舰艇，亦日益陈旧”[③]，致使中国海军力量形成积弱的局面。1923 年，奉系购入 2500 吨级的商船，东北江海防司令沈鸿烈将其改造为水上飞机母舰，配备 3 架水上飞机[④]，命名为“镇海”舰，是中国最早的水上母舰。1927 年，沈鸿烈又将“华甲”运输舰也改装为水上母舰。当各国都建造航母时，中国才开始改造初级的水上母舰，显然落后于历史大趋势。[⑤]

南京国民政府成立之初，中央海军舰艇“共 44 艘，计排水量 30201 吨”[⑥]，海军署署长陈绍宽指出“幸值国基新奠，统一告成，政府首重建设，

---

① 目前关于中国航母成果集中于军事技术方面，如张明晖、袁理、洪冠新：《航空母舰液压拦阻系统拦阻力建模与仿真》，《北京航空航天大学学报》2010 年第 1 期；胡玉龙、黄胜、侯远杭、王文全：《航空母舰机库主尺度要素设计方法》，《上海交通大学学报》2012 年第 8 期等。同时也有学者以航空母舰与海军转型为视角作了探讨，如杨震、杜彬伟：《基于海权视角：航空母舰对中国海军转型的推动作用》，《太平洋学报》2013 年第 3 期等。然而关于中国航母的历史研究至今尚未引起学者的关注，故本文拟对此展开系统的探讨。

② 陈绍宽：《条陈扩充海军呈文》，《海军期刊》1928 年第 1 卷第 7 期。

③ 陈绍宽：《关于本军之谈话》，《革命的海军》1930 年第 6 期。

④ 刘传标：《近代中国船政大事编年与资料选编》第 2 册，北京：九州出版社，2011 年，第 698 页。

⑤ 水上母舰是航空母舰的雏形，1912 年，英国在一艘巡洋舰上安装了起飞与停机平台，这是世界上最早的水上母舰，此后，日、美等国相继研发出本国的水上母舰。世界纯正意义上的航母始于 20 世纪 20 年代英国的“竞技神”号和日本的“凤翔”号航母。1917 年，英国开始建造世界上第一艘航母，即“竞技神”号，由于工期较慢，至 1923 年服役。1920 年，日本开始建造航母，即“凤翔”号，因工期进展快，于 1922 年服役，因此“凤翔”号成为世界上最早服役的航母，也标志着世界海军进入航母时代。此后，美、法、德等国相继建造了本国的航母。

⑥ 海军总司令部：《海军沿革史初稿》，中国第二历史档案馆馆藏，档案号：787—578。

硕画鸿施，蔚为党国之光。海军同人视海防为第一道防线，若不从事整理，不特无以捍卫国户，更不足提高中国国际地位”①。1928年8月16日，海军“咸宁”炮舰举行下水仪式，蒋介石发表训词，“从今天起，我们的海军，在建设上须有长足的进步。我们的海军吨数，至少须达到60万吨以上”②。根据蒋介石的60万吨海军建设计划，同年12月，陈绍宽向蒋介石提交《条陈扩充海军呈文》，呈文提出建造航母规划，“拟以最低限度”，请建造驱逐舰4艘、潜水艇2艘、巡洋舰3艘及“飞机母舰1艘，约须2000万元”。③ 这也是中国第一次提出要建设航母。中原大战结束后，南京国民政府进入稳定和发展时期，海军部部长陈绍宽于1931年提出了更为宏大的海军发展规划，他认为“现今各国所有舰类，其数甚多。战斗舰、战斗巡洋舰不提外，即如飞机母舰、潜水舰艇等，皆是作战利器，我国则未尝有一”。南京国民政府军舰虽有数十艘，但“形式较小，故总排水量尚不及列强十分之一，以此防海，与门户洞开何异；以此御敌，如小孩与健者斗”。为了维护海疆安全，中国海军吨位与列强相比，“至少须有七成”，“可分为主力舰6艘、航空母舰3艘、大巡洋舰10艘、中小巡洋舰并其他运输、练习、工作等舰20艘、驱逐舰50艘、潜水舰50艘”。④陈绍宽提出的扩建海军计划却一直未得到蒋介石的批准，其根本在于蒋介石的派系偏见。国民政府中央海军为闽系控制，非蒋嫡系，蒋介石不愿看到非嫡系海军的崛起，因此，处处限制闽系中央海军的发展。⑤

在“一·二八”事变中，日本依靠航母控制着作战区域的制空与制海权，致使中国陆军部队陷入被动地位，“敌人恃其海军之力量，挑战淞沪”⑥，时人指出“日本仅开航空母舰一只来申，足使闸北、吴淞、江湾毁烬无余。其用途之伟大，可想而知”，当时“中国尚无此种”⑦。淞沪一战后，国人关于航母的重要性“认识者渐众，而提倡者亦不乏人”。⑧ 但限于财力与蒋介石的派系偏见，航母规划如同空中楼阁。蒋介石提出的60万吨海军计划只是他的空头许诺。1931年3月19日，蒋介石对航空班第一期学生训话，“若是用海军，造大兵舰至少要有几千万……建造出来的海军，仍旧是不够与任何帝国主义者斗

① 高晓星：《陈绍宽文集》，北京：海潮出版社，1994年，第8页。

② 《咸宁军舰进水纪盛》，《海军期刊》1928年第1卷第4期。

③ 陈绍宽：《条陈扩充海军呈文》，《海军期刊》1928年第1卷第7期。

④ 《海政关系国防》，《海军期刊》，1931年第3卷第7期。

⑤ 参见贺怀锴：《蒋介石对国民政府海军派系的分治与整合（1927—1949）》，《安徽史学》2021年第1期；贺怀锴、冯巧霞：《海军易帜与北伐时局》，《中国海洋大学学报（社会科学版）》2017年第6期。

⑥ 刘襄：《在抗战期间吾国之海军问题》，《海风月刊》1940年创刊号。

⑦ 胡宏基：《军舰新界说与中国海防》，《自强》1932年第1卷第2期。

⑧ 锡人：《关于航空母舰之军事常识》，《军事杂志》1933年第56期。

争”[①]。当时空军“每月经费要一百万，建设费还没有限制”，陆军“经费每月约需二万万”，而海军每月“不过四十万”。[②] 1929年，海军部长陈绍宽为建“民权”舰，东拼西凑“计36万元有奇”[③]，几十万的建造费用尚需东拼西凑，更谈何几千万元的航母建设，“惜政府未充分拨给经费，致海军之伟大计划未克早日实现”[④]。“九一八”事变后，国民政府海军建设倾向于建造只有二三百吨的小型内河炮艇。1933年，海军部拟定《海军建设计划案》，计划案规定造舰政策“取渐进及累进主义，由小舰之战斗单位达至海军战略单位”[⑤]。1934年，国民政府制定的《国防计划（海军部分）》强调海军建设“暂置主力不建，取小舰主义”[⑥]，陈绍宽的航母计划遂随之夭折。

全面抗战爆发前夕，中日两国海军实力相差悬殊，中国海军“舰艇共计66艘，排水量58068吨”[⑦]，军舰多为旧舰和小型舰艇。据日本防卫厅统计，1937年6月，日本海军共拥有285艘舰艇，包括4艘航空母舰、9艘主力舰等，“总吨位115.3万吨”。[⑧] 至武汉沦陷后，中国海军舰艇或自沉或被日军击沉，仅余十余艘小型炮艇。日军依持海军，完全控制了中国沿海的制海权，“随心所欲，任意肆扰，万里海岸，处处受敌，使我陆上守军，增加无限困难”[⑨]。第二次世界大战为航空母舰提供了绝佳的表演舞台，其中尤以太平洋战场突出，从决战中途岛、瓜达卡纳尔岛，到马里亚纳、莱特湾和珊瑚海大海战，再到硫磺岛和冲绳岛登陆战，美国凭借航母取得了战争主动。“美国之向日本进攻取得最后胜利，尤得力于海军的航空母舰与海军航空队”[⑩]，这促使国人认识到了航母在战争中的重要性，“航空母舰的活跃，今后当然是海战中的明星，在舰队战，在制空权，关系都很重大”[⑪]。

抗战胜利后，中国仅存舰艇十余艘，供行驶江湖之用。面对如此残破的海军情况，陈绍宽开始谋划海军的重建，并再度提出建造航母规划。1945年12月，陈绍宽谈海军建设，“对造舰问题，盼能自造，惟仍盼盟邦多予助力，并

---

① 吴敬恒：《蒋总司令言论集》，南京：拔提书店，1931年，第152—154页。
② 陈绍宽：《在海军部成立四周年纪念会上的开会词》，《革命的海军》1933年第53期。
③ 高晓星：《陈绍宽文集》，北京：海潮出版社，1994年，第19页。
④ 海军总司令部：《海军沿革史初稿》，中国第二历史档案馆馆藏，档案号：787—578。
⑤ 海军部：《海军建设计划案》（1933年），中国第二历史档案馆馆藏，档案号：787—2080。
⑥ 《国防计划（海军部分）》（1934年），中国第二历史档案馆馆藏，档案号：787—2081。
⑦ 《抗战前海军原有舰艇吨位武装及舰艇长姓名一览表》，中国第二历史档案馆馆藏，档案号：787—1682。
⑧ 日本防卫厅防卫研修所战史室：《日本海军在中国作战》，中华书局，1991年，第151页。
⑨ 巨公：《为什么我们需要一个海军》，《海风月刊》1940年创刊号。
⑩ 郭寿生：《新海军建设计划的研讨》，《新海军》1946年第2期。
⑪ 徐余：《航空母舰之活跃》，《大众》1943年第6期。

指出现代海军必需拥有航空母舰"[1]。然而蒋介石一心发动内战，蒋陈两人之间矛盾已不可调和。此时，蒋介石已决议要替换调陈绍宽，蒋介石在11月、12月日记本月大事预定表中记述"海军建设主管官之决定"。[2]陈绍宽知蒋不再容他，遂递上了辞呈。12月26日，蒋介石以军事委员会名义下令，批准陈绍宽辞职。蒋介石以亲信陈诚与桂永清主政海军，从此，海军完全为蒋介石控制。1946年6月，蒋介石发动了内战，海军成为其内战的工具。因内战消耗，国民党根本无力发展航母。

既然，国民党无法完成建造航母及一支强大海军的任务，那么只能依靠中国共产党来肩负起这项神圣的使命，进而实现中华民族的伟大复兴。

二、中华人民共和国航母的筹划与论证

解放战争进入反攻阶段，毛泽东于1949年初指出，1949年至1950年组建"一支保卫沿海沿江的海军，这种可能性是存在的"。[3] 1949年4月23日，华东军区海军成立，这标志着人民海军诞生。9月，在中国人民政治协商会议第一届全体会议上，毛泽东宣布要建设"一个强大的海军"。[4]中华人民共和国成立初期，限于条件的有限性，人民海军实施的是小舰发展、防御为主的方针，未曾将航母发展提上日程。其原因在于，首先，新中国成立初期财力、工业基础、技术等条件的限制，不可能，也没条件建设一支强大的远洋舰队，即包括航空母舰、巡洋舰、驱逐舰、潜艇在内的大型混合编队。其次，人民海军舰队力量薄弱，白手起家，仅有国民党海军投诚、起义的舰艇与在香港购买的小型舰艇。再次，新中国成立初期海军的任务是协同陆军守卫海岸安全，"主要建设自卫的海军，而不是建设帝国主义侵略的海军"[5]，朱德指出"在战略上只能采取防御的方针"[6]。因此，在1950年8月海军建军会议上，确定海军发展要建设一支"富有攻防能力的、近海的、轻型的海上战斗力量"[7]，即"只建轻舰，不造重舰"，这就是"我们建设海军的基本方针"[8]。20世纪50年

---

① 《陈绍宽谈海军建设》，《申报》，1945年12月22日，第1版。

② 《蒋介石日记》（手稿），1945年11月、12月，斯坦福大学胡佛研究所档案馆藏。

③ 中共中央文献研究室编《建党以来重要文献选编》第26册，北京：中央文献出版社，2011年，第26页。

④ 《毛泽东文集》第5卷，北京：人民出版社1996年，第345页。

⑤ 《肖劲光军事文选》，北京：解放军出版社，2003年，第227页。

⑥ 《朱德选集》，北京：人民出版社，1983年，第300页。

⑦ 杨尚昆、宋任穷、刘华清：《一代元戎》，北京：解放军出版社，1991年，第347页。

⑧ 《肖劲光军事文选》，北京：解放军出版社，2003年，第227页。

代，中央军委决定，“海军，作为主要装备的舰艇，今后仍以潜艇和鱼雷快艇为主”①。聂荣臻指出，建设一支强大海军决不能盲目地建造大型水面舰艇，“而最主要的是尽可能地多搞潜艇”，“潜艇在海上便于机动，无论进攻或防御，都是一种最有效的武器”。② 总之，这个方针是正确的抉择，是符合国情与历史发展规律的。③

“文化大革命”时期，海军各项建设受到极大冲击。20 世纪 60 年代，原子弹、氢弹试爆成功，人民海军第一代导弹驱逐舰、导弹护卫舰、常规潜艇、核潜艇相继研制，尤其是 1970 年 4 月，第一颗人造地球卫星发射成功，基于此，林彪迫不及待地提出要建造航母。1970 年 5 月 5 日，海军造船工业领导小组召开办公会议，决定由造船工业科研领导小组办公室主任刘华清负责航母的建造工程方案，并于 16 日上报《关于建造航母的初步意见》，拟以“护航航空母舰为宜，吨位 3 万吨”，在进度上，“争取三年内建成”。④ 这次航母研制被冠名为 707 工程。1971 年“九一三”事件后，航母论证终止。

1973 年 10 月 25 日，周恩来会见外宾时说：“我们的南沙、西沙被南越占领，没有航空母舰，我们不能让中国的海军再去拼刺刀。”⑤ 1975 年 5 月 3 日，毛泽东对海军党委第一书记苏振华讲到，“海军要搞好，使敌人怕。我们海军只有这样大（指小手指头）”⑥。按毛泽东的指示，海军很快制定了《关于海军舰艇十年发展规划的请示报告》，但该报告只强调量，要求达到 70 万吨，没注重质，一些过时舰艇也列入其中。鉴于此，海军副参谋长刘华清于 9 月 3 日给毛泽东和海军领导提交《关于海军装备问题的汇报》，汇报指出十年规划中的驱逐舰、护卫舰“到中、远海执行任务战斗力量还很弱”，海军陆基航空兵对 200 海里外的海上作战没有支援能力。⑦ 为了解决中远海作战的空中掩护问题，刘华清认为“有必要尽早着手研制攻击型和护航航空母舰（先搞常规动力的，排水量在 4 万吨左右，不一定搞 8 万、10 万吨的）”，建设强大海军的重点“决不能放在搞小艇上……要抓紧时间，在前 7 年左右将航母首舰

① 彭德怀传记编写组编《彭德怀军事文选》，北京：中央文献出版社，1988 年，第 593 页。

② 周均伦主编《聂荣臻年谱》下册，北京：人民出版社，1999 年，第 998 页。

③ 参见孙泽学、贺怀锴：《人民海军的创建与奠基》，《党的文献》2019 年第 3 期；贺怀锴《1953—1956 年人民海军的初步建设与发展》，《当代中国史研究》2020 年第 3 期。

④ 《关于建造航母问题的初步意见》，引自施昌学：《海军司令刘华清》，北京：长征出版社，2013 年，第 359 页。

⑤ 黄彩虹：《目击历史：一个军事记者的采访手记》，北京：长征出版社，2007 年，第 251 页。

⑥ 中共中央文献研究室编《毛泽东年谱（1949—1976）》第 6 卷，北京：中央文献出版社，2013 年，第 582 页。

⑦ 《刘华清回忆录》，北京：解放军出版社，2004 年，第 355 页。

试出来，10 年末开始形成战斗力”。[①] 之后，由于国内政治变动，此次航母计划搁置。

人民海军经过三十年的发展，虽然受到“文革”的冲击，一度陷入停滞状态。但总体上，通过海军官兵的不懈努力，海军装备从无到有，从单一品种到多品种，从简单技术到比较复杂的技术，从数量少到数量多，从质量低到质量达到较好，为以后的海军发展奠定了基础。

改革开放以后，一个稳定和经济发展的社会环境为海军发展提供了基本前提。1979 年 4 月 3 日，邓小平指出海军“应当是近海作战，是防御性的”，同时指出“防御也要有战斗能力”。[②] 1982 年，刘华清出任海军司令员，航母成为海军发展的重要议题。1983 年 5 月，海军成立装备论证研究中心，主要负责海军装备研发，其中一项重要任务就是航母论证与研究。1984 年，海军司令刘华清在海军第一次装备技术会议上指出，“海军想搞航母的时间也不短了。由于国家经济能力不行，看来 90 年代以前已没有这个可能了”[③]。他认为目前可以先不建造航母，但必须先研究。1985 年，海军组织编拟《海军 2000 年前发展设想和“七五”建设规划》，规划“设想用 15 至 20 年左右的时间，搞航空母舰和战略导弹核潜艇的预研，为 21 世纪海军装备发展预作准备”[④]，航母研发时间确立为 15 到 20 年左右，大约在 2000 年开始进入建造时期。这一规划是符合中国国情的，我国航母发展之路大体沿着这次规划实施。针对当时不同的声音，海军司令刘华清进行了细致的劝导工作，使得海军内部对论证航母和发展航母有了共识。当时，很多人普遍认为航母是侵略武器，防御不需要发展航母，为了扭转这一错误的想法，刘华清指出，海军建设“不能不讲航空母舰问题，我们对航空母舰要采取实事求是的态度，不能把航空母舰与向外侵略等同起来，发展航空母舰，也是海上防御的需要”[⑤]。当时，还有人认为现在经济与技术水平还不行，主张在 10 年以后再研制航母，鉴于这种观点，刘华清指出“现在不搞，10 年之后再搞，也还有困难，也要 15—20 年”。1987 年 3 月 17 日，刘华清在海军作战会议上讲到，“要开展航空母舰的预研工作”，

---

① 刘华清军事文选编辑组编《刘华清军事文选》上卷，北京：解放军出版社，2008 年，第 111 页。

② 中共中央文献研究室编《回忆邓小平》上，北京：中央文献出版社，1998 年，第 147 页。

③ 刘华清军事文选编辑组编《刘华清军事文选》上卷，北京：解放军出版社，2008 年，第 269 页。

④ 《刘华清回忆录》，北京：解放军出版社，2004 年，第 470 页。

⑤ 刘华清军事文选编辑组编《刘华清军事文选》上卷，北京：解放军出版社，2008 年，第 473 页。

航母预研工作自此拉开序幕，并再次确定“用15—20年左右的时间搞航母的预研”。[①]

在本国内部论证之余，1980年，刘华清亲自参观美国的“小鹰”号航母，1985年，考察英国航母，这些视察给刘华清留下了深刻的印象。此外，刘华清先后派出海军专家去法、美、俄等国家考察航母，也从俄罗斯聘请了航母专家来华讲学，还引进了部分航母的技术资料，通过这些措施，“航母上关键配套的预研，有了一定进展”，为以后的航母建造积累了技术条件。刘华清在回忆录自我做出了评价：“对于我国的航空母舰发展，我尽了一些谋划的责任”[②]。2016年，在刘华清诞辰100周年座谈会上，中共中央总书记、国家主席、中央军委主席习近平充分肯定了刘华清为航母的付出，“他着眼建设强大海军，力主发展航空母舰”[③]。因刘华清为中国航母付出的努力，他也被尊为中国“航母之父”。

除了刘华清，当时海军部门很多人都主张发展航母，中华人民共和国第一任海军司令萧劲光在1987年发表《建设现代化的强大海军》一文，他指出：“武器装备建设是海军现代化建设的物质基础。没有武器装备的现代化，就没有海军的现代化”，对于“要不要研究制造航空母舰和航母舰载机呢？我以为是需要的”。[④] 他进一步对此作出解释：“海军要不要建造航空母舰，决定于国家财政经济的可能和军委战略方针的需要。在这一方针的指导下，海军有什么样的战略任务，到什么地方去活动，就应该建立一支什么样的舰队和兵力。我们实行近海防御战略，并不排除到中远海作战。而到中远海作战，没有航空母舰是不行的。一个舰队在远海活动，没有航空母舰就没有制空权。没有制空权，就没有远海作战胜利的保证”，在远海，没有一种兵力可以取代航母夺取制空权，掩护远海舰队的活动，“当然，目前我们的国家还很穷，不可能马上就建造航空母舰”[⑤]。海军副司令张序三回忆，“我在海军时就主张（发展航母）”，由于“很多原因推迟了，我认为不太久就会有航空母舰”。[⑥] 正是由于海军领导的积极呼吁和海军科研人员的努力，使得中国在航母理论上取得了奠基性的成绩。

---

① 刘华清军事文选编辑组编《刘华清军事文选》上卷，北京：解放军出版社，2008年，第523、558、563页。

② 《刘华清回忆录》，北京：解放军出版社，2004年，第481页。

③ 习近平：《在纪念刘华清同志诞辰100周年座谈会上的讲话》，《人民日报》，2016年9月28日第2版。

④ 萧劲光：《建设现代化的强大海军》，《海军杂志》1987年第8期。

⑤ 《肖劲光军事文选》，北京：解放军出版社，2003年，第473—474页。

⑥ ［美］安德鲁·S. 埃里克森：《中国未来核潜艇力量》，海洋出版社2015年版，第206页。

美苏海军为了在世界各大洋执行全球进攻战略任务，投入大量经费维持着一支强大远洋舰队，这是发展中国家负担不起的。改革开放之初，中国正在过紧日子，要集中力量发展经济，国防建设要服务于经济建设大局。人民海军没有贸然建造航母，而是积极开展航母论证研究，是符合中国国情的选择，并为21世纪的航母建造提供了理论基础和技术支撑。

三、中国航母的改建与自建之路

面对航母领域基础薄弱的局面，购买并改建他国航母是中国航母发展的一条捷径。1984年，澳大利亚海军拍卖废弃墨尔本号航母，海军司令刘华清得知消息后，即安排人手与澳大利亚协商购买事宜，次年，中方购买了墨尔本号。墨尔本号航母是一艘建造于二战时期的过时航母，鉴于此，中方决定拆解墨尔本号，以便初步了解航母内部结构。1995年，法国有意送给中国克莱蒙梭号航母，条件是中国须从法国购买雷达和通讯系统，因涉及国防安全，中方对此极为谨慎。同时，西方各国对此均表示反对，法国“虽然极力说服欧盟向中国输出军事装备，但因受到武器禁运条款的限制，这些努力尚遥遥无期”①，此事不了了之。苏联解体后，处理了几艘旧航母，1995年，韩国以废钢的价格从俄罗斯购买了明斯克号航母，1998年，由于韩国陷入金融危机，遂将其卖给中国，2000年，明斯克号落户深圳，被改建成军事主题公园，即深圳“明斯克”航母世界。2002年，中国购买了俄罗斯退役的基辅号航母，俄罗斯将舰载系统予以拆除，因军事研究价值不大，2003年9月，基辅号在天津被改造成了主题娱乐公园，2011年5月，开始改建航母酒店，2012年1月1日开始营运，成为中国首家航母酒店。以上中国从国外引进的航母，或因舰体较老，或因舰载系统被拆除，而失去改建价值，遂被中方拆解或改建为军事主题公园和航母酒店。

1997年10月，全国政协委员、香港创律董事会主席的徐增平得到乌克兰转卖瓦良格号的消息，即赶赴乌克兰，谈判购买事宜，以便改造成海上综合旅游场。当时瓦良格号“已经建造完成了68%”②，乌方开价1亿美元，并表示乌方不负责出港以后的事宜。徐增平回国后开始筹钱，次年1月，徐增平再度前往乌克兰，双方通过谈判，确立定金为1800万美元，徐增平提出需要设计图纸以便改造游乐场时使用，乌方同意将图纸卖给徐增平，但需增加定金200万美元。双方谈判接近尾声时出现了波折，美、俄、澳、日、法等国向乌克兰

---

① ［法］克里斯蒂·曼巴尔：《中国海军早期航空母舰设想》，《舰载武器》2005年第7期。
② 《“瓦良格”的前世今生》，《人民日报》（海外版），2011年7月29日第5版。

施压，要求将瓦良格号公开拍卖，乌方为了应对来自西方等国的压力，同时照顾中方的已有谈判，乌方决定三天后公开拍卖。三天时间短暂，其他国家根本来不及准备材料和交易金额，在拍卖当天，西方各国拍卖价格远低于徐增平的价格，且手续不全，最终徐增平“以 2000 万美元的价格竞得这艘航母”。① 在航母拍卖成功后，徐增平首先将约 50 吨重的图纸运送回国，而“瓦良格”舰体回国之际，再次发生波折。以美国为首的西方国家向土耳其施加压力，土耳其政府不容许瓦良格号航母通过博斯普鲁斯海峡，“在中国政府一年多的谈判努力后，才得以通行”。② 土耳其向中方提出 20 项安全措施，中国政府同意土耳其的安全提议，并给予“国家担保”。瓦良格号于 2001 年 11 月通过博斯普鲁斯海峡，并 2002 年 3 月，抵达大连。徐增平决定取消建造航母游乐场计划，并将其交给人民海军。

2005 年 4 月，瓦良格号被拖进大连造船厂的船坞进行升级改造。因部分关键技术不成熟，改造工作搁置了几年时间，直到 2009 年瓦良格号航母进入改造实施阶段。同期，中国开始释放建造航母的信号，2009 年 3 月 5 日，海军原政委胡彦林在两会上回答记者提问时指出，“中国是一个海洋大国，无论是现实的还是潜在的安全需求，都要求中国应拥有自己的航母”。③ 20 日，国防部长梁光烈会见日本防卫大臣时指出“大国中没有航母的只有中国，中国不能永远没有航母”。④ 2011 年 7 月 27 日，国防部新闻发言人对外宣布，“目前我正利用一艘废旧的航空母舰平台进行改造，用于科研试验和训练”。⑤ 2012 年 9 月 25 日，第一艘航母在大连正式交付海军。中共中央总书记、中央军委主席胡锦涛与国务院总理温家宝等出席交付仪式，胡锦涛向海军授予军旗与命名证书，经中央军委批准，命名为“辽宁”舰，舷号为 16。⑥ 辽宁舰是“我军发展史上的一个重要里程碑，标志着我国航空母舰发展建设取得了重大成果”⑦，人民海军实现了中国航母零的突破。辽宁舰作为一艘过渡性的航母，战斗力不太强，但通过对瓦良格号的改建，可为航母自建提供经验：一是通过改装，摸清建造航母的关键技术；二是通过磨合舰载指挥、武器系统等，进一步完善航母系统间的调和；三是通过航母船体平台的训练、舰载机飞行员的训练，为以后航母提供人才支持。

---

① 《“瓦良格”号如何来到中国》，《南方日报》，2015 年 1 月 22 日第 A11 版。
② 《“瓦良格”的前世今生》，《人民日报》（海外版），2011 年 7 月 29 日第 5 版。
③ 胡彦林：《中国建航母有潜在现实需要》，中国人大网，2009 年 3 月 5 日。
④ 梁光烈：《中国不能永远没有航母》，人民网，2009 年 3 月 23 日。
⑤ 《解读我国改建第一艘航空母舰》，《解放军报》，2011 年 7 月 28 日第 5 版。
⑥ 《我国第一艘航空母舰正式交付海军》，《解放军报》，2012 年 9 月 26 日第 1 版。
⑦ 《对我国第一艘航空母舰胜利完成交接入列的贺电》，《解放军报》，2012 年 9 月 26 日第 1 版。

中国自行研制第一艘001A型航母于2013年11月开工，2015年3月开始坞内建造，2017年001A型航母主体完工，同年4月26日，中国自行研制第一艘航母下水仪式在大连造船厂举行，“标志着我国自主设计建造航空母舰取得重大阶段性成果。下一步，该航空母舰将按计划进行系统设备调试和舾装施工，并全面开展系泊试验”①。2018年5月13日，中国自行研制第一艘航母从大连造船厂码头启航，“赴相关海域执行海上试验任务，主要检测验证动力系统等设备的可靠性和稳定性”②。2019年12月17日，中国自行研制第一艘航母在三亚海军军港交付人民海军。中共中央总书记、国家主席、中央军委主席习近平出席交接入列仪式，来自“海军部队和航母建设单位的代表约5000人”参加了交接入列仪式。下午4点，交接仪式开始。习近平“将八一军旗、命名证书分别授予山东舰舰长、政治委员”，并“登上山东舰，检阅仪仗队”，习近平在接见海军官兵和建舰代表时，“对我国航母建设取得的成绩表示肯定”。③按照《海军舰艇命名规定》，“巡洋舰和两栖攻击舰及以上级别舰艇以行政省和直辖市名命名”。根据这一规定，“综合考虑各省、直辖市申请意愿等各方面因素”，中国第二艘航母命名为“中国人民解放军海军山东舰”。此前，辽宁舰舷号为16，“为保持航母舷号衔接有序、整齐统一”，山东舰舷号在辽宁舰基础上顺延为“17”。④ 首艘国产航母基本采用辽宁舰模式，但对其进行了技术升级，国产001A型航母较之辽宁舰在技术上有了很大的进步，并为下一艘国产航母建造积累了经验。山东舰“立足国内自主设计建造，重点解决了航母总体设计、船体建造、主动力装备国产化研制等问题，提高了综合作战效能和综合保障水平”⑤。中国自此进入双航母时代。2022年6月17日，中国第三艘航空母舰在江南造船厂下水。经中央军委批准，该舰命名为“中国人民解放军海军福建舰”，舷号为“18”。福建舰是中国完全自主设计建造的首艘弹射型航空母舰，采用平直通长飞行甲板，配置电磁弹射和阻拦装置，满载排水量8万余吨⑥。这标志着中国进入三航母时代。

结　语

新世纪以来，随着中国的经济发展和技术进步，航母发展进入弯道超车的

---

① 《我国第二艘航空母舰下水》，《人民日报》2017年4月27日，第4版。

② 《我国第二艘航母首次出海试验》，《人民日报》2018年5月14日，第1版。

③ 《我国第一艘国产航空母舰交付海军》，《人民日报》，2019年12月18日，第1版。

④ 《就山东舰入列有关问题答记者问》，《人民日报》，2019年12月19日，第4版。

⑤ 《就山东舰入列有关问题答记者问》，《人民日报》，2019年12月19日，第4版。

⑥ 《我国第三艘航空母舰下水命名》，《人民日报》2022年6月18日，第4版。

阶段。中国发展航母的理由体现在以下几个方面。首先，中国拥有1.8万千米的海岸线，海疆地理国情决定了中国必须发展航母。其次，人民海军经过70余年发展，从无到有，从小到大，已发展成为一支具有水面、水下、航空、岸防、陆战部队等诸兵种合成的军种，近海作战能力有了很大的提高，但是“我们的发展水平与军事强国相比还有很大差距，还不能完全适应维护国家海洋权益的需求”①，航母建造对于中远海地区的海洋权益维护至关重要。再次，航母的研制集现代海军高科技于一体，发展航母必然带动海军整体装备水平的提高与发展。最后，中国要捍卫主权和海洋权益，为和平发展保驾护航，也需要一支强大的海军。

中国航母梦的实现是多重合力作用下的结果。第一，中国综合国力的日益提高。恩格斯认为“现代的军舰不仅是现代大工业的产物，而且同时是现代大工业的缩影”②。在民国时期、中华人民共和国初期及改革开放初期不能实现航母的梦想，归根到底是受到经济水平的局限。21世纪以来，中国综合国力的迅猛提升为发展航母提供了物质基础。第二，中国发展航母“是党中央、国务院、中央军委着眼国家安全和发展全局作出的重大战略决策”③。毛泽东、邓小平、江泽民、胡锦涛和习近平等领导人确定了发展强大的海军的远大目标，并给予了指导、关照。海军部门历任领导，尤其是刘华清在研究论证航母方面做出了巨大的努力。第三，海军工程技术人员的努力，他们是默默地付出者。在辽宁舰交付海军后，中共中央“特向参加航空母舰工程建设的广大科技工作者、干部职工和解放军指战员，表示热烈祝贺和亲切慰问……全体航空母舰工程建设者作出的历史性贡献将永载史册”④。第四，乌克兰的支持。当时乌克兰顶住西方国家压力，将瓦良格号卖给中国，并在改造过程中给予了相当的指导，瓦良格号改造“乌克兰出力也不少”⑤。总之，在多重合力的作用下，中国实现了百年的航母梦。

在建造航母期间，中国国防部表示“如果中国建造一艘航空母舰，世界不应感到意外，发展航母是中国的权利”⑥。美日等国不断释放出中国海军威胁论，他们对中国发展航母如此敏感，最根本的原因在于不适应中国的快速崛

① 《迟浩田军事文选》，解放军出版社，2009年，第189页。

② 中共中央马克思恩格斯列宁斯大林著作编译局编译：《马克思恩格斯选集》第3卷，北人民出版社2012年版，第552—553页。

③ 《我国第一艘航空母舰正式交付海军》，《解放军报》，2012年9月26日第1版。

④ 《对我国第一艘航空母舰胜利完成交接入列的贺电》，《解放军报》，2012年9月26日第1版。

⑤ 《乌专家称“瓦良格”改造成功，乌克兰功不可没》，《国防时报》，2011年8月19日第5版。

⑥ 《中国航母四个字触动了谁的神经》，《中国国防报》，2008年11月25日第24版。

起。中国发展航母的目的不是为了战争，而是用于捍卫国家统一，保障海洋经济权益，并维护世界和平，美日等国对中国合理的海军建设应保持平常心，不要过度渲染中国威胁论。当下，中国航母与美国相比，还有很大的差距，我们要保持理性的态度继续发展航母技术，壮大人民海军的力量，捍卫海疆安全，维护世界和平。

船政史料

Chuanzheng

马江船政五十年之历史

整理者：陈　悦*

整理者按：《马江船政五十年之历史》是有关船政早期历史的重要史料，该文于1921年先后在《益事报》《兵事杂志》上以连载的方式刊登，未著作者，但从内容看，极有可能是船政当事人所著。全文分为三大部分，第一部分为船政历史的叙述，1866年船政创办开始，直迄清末，其文字洗练，直指关键，是船政通史性介绍的佳作。由通史简介而后，全文分别从船政各机构、船政经费两大端加以介绍，其中所述的船政机构反映的是清末时的设置情况。值得注意的是，此时船政各厂所机构共只有13处，较之初创时的数量已有大幅减少，而这或许就是现代人习称的“船政十三厂”说法的某种来源。文中的经费部分用意颇深，名为介绍经费，实则是突显经费问题在船政历史发展中的重要性。

本文整理时，以1921年10月出版的《益事报》所载文章为底本，加以标点而成。

船政之设，在同治五年，时内乱出［初］平，外交益棘手，欧美之人，不惮数万里，接踵而至，其后英法扰江南、天津，沿海各省，几无宁日，惟恃有轮船航海之便耳。当时人士，知中国负海陆国之资格，有陆军不可无海军也，有海军不可无轮船也，制轮船不可无自制之厂也，于是设船政之议起。湘乡左宗棠，时总制闽浙，实创是局，相地之宜，以马尾为最。议既定，左宗棠移督陕甘，举侯官沈葆桢以代。斯时中国于汽机制造之学一无闻见，不能不借才异国，遂聘法员日意格、德克碑为正副监督，并法员匠数十人以为导师，国人就而学焉，师其所长，即以立海军之基础。以法国优于制船学，乃觅工程师于法；以英优于驶船学，乃求教员于英，取英法所长者而组织之，此船政创办之缘起也。

* 陈悦，马尾船政文化研究会会长，福建师范大学社会历史学院硕士生导师。

于时购地设厂，日役数千人，虑地方不足以任重也，乃加钉木桩，更填以灰石；虑江岸之易崩圮也，乃砌筑石坝，以遏其横流。又以盖造厂屋，安配机器之需时也，乃先建船台以制船身，购机于外洋，运厂斗合，故同治八年八月已有第一号“万年清”轮船告成。一面建筑厂屋学堂，一面续造各式船舰，兴学课工，日不暇给。迨同治十二年六月，华匠徒于制造之技渐能悟会，厂屋机器亦渐臻完备，遂于是年十二月遣散洋员匠回国，计九年之间成大小兵商轮船十五号，洋人所经理完成者十二号，余三号则皆华人完成之。后此续制各船，截至光绪三十三年已成船四十号。欧美各国士大夫来华游历者，无不绕道过关，以一观中国之船政为幸。盖是局关系国家海军之前途甚大，握治国之筹者无不着意于此，藉以觇国势之强弱焉。

光绪元年三月，始派学堂学生数十人，先后赴法、英两国留学，至六年而学成，陆续回华，于是制造、驾驶之任，皆以学生充之。其先船舰之制造，船身内外皆用木，继乃易木胁以铁胁，后又易木板以铁板，再后则纯用钢胁钢板，且护以钢甲矣。船机则由立机改卧机，且进而用省煤涨力机矣。船式则由常式进而为快船，又进而为穹甲船，且益进而制钢甲船矣。

继沈葆桢之后，总理船政者，则有丁日昌、吴赞诚、黎兆棠、张梦元、何如璋、张佩纶、裴荫森。裴视事在甲申后，当中法战事初罢，工次颇受蹂躏，励精任事，百废具兴，所可纪者甚多，如制造“平远”钢甲舰告成，及添建罗星塔船坞两事，乃其最大者。光绪十六年，裴荫森卸任后，不派专员，由本省疆吏兼管，经费愈绌，致无进步。二十二年间，将有招商承办之议，欧西各国闻之，皆欲揽办，来闽看厂者络绎，名为游历，实窥探底蕴，隐怀叵测，于是有复聘法员整顿船政之举。斯时系福州将军裕禄兼管船政，二十三年，以法人杜业尔为正监督，议订合同权限，与日意格略同。时因钜款难筹，只就常费兴制快舰两号，即“建安”“建威”也，岁糜多金之薪俸，所成就者只此，殆亦敷衍羁縻之策而已。正监督以下之洋员匠，聘订去留之权既归于正监督，于是滥竽充数，不能有所启导，反致厂章淆乱涣散。前之主持制造者，既足以触外人之忌，且无所事，不得不相举洁身而去，即下至匠徒，亦不乐受其派遣，皆有他适之志。嗣因挂欠外洋料价、洋员薪金至数十万，五年限满，不可遣退，而洋焰益张，工程之地成为交涉之场，厂务棘手，于兹弥甚。时兼管船政者，闽将军崇善也，二十九年，魏瀚奉命会办船政，以杜业尔专擅，非撤去不可以望整理，惟案关中外交涉，断非仅明中律而不明西律者所可与争，乃声明其罪状、布告中外政府而去之，以法监工柏奥镗继其后，减其权限、时期，俾就范围，且易于遣散，竭尽智力，去兹外蠹，收回主权，而魏瀚旋即被议去位，舆论惜之。柏奥镗在工四年，其成绩仅一江船，即现售于宁绍公司行使宁沪之“宁绍”轮船也。柏奥镗等于三十三年八月期满全数遣回，此后虽无外力之侵，而荡驰之习，实所不免，顾规模具在，整理匪难。马尾船厂实中国海军惟一之大制造场也，爰将厂坞之能力与其成绩分别列陈，亦藉以知五十余年之缔造几费苦心，二千余万之帑金非尽虚掷也。

（甲）厂所

船政之厂所，凡十三，曰：工程处办公所、绘事院、模厂、铸铁厂、船厂（舢板厂、皮厂、版筑所属焉）、铁胁厂、拉铁厂、轮机厂（合拢厂属焉）、锅炉厂、帆缆厂、储炮厂、广储所（储材所属焉）、船槽、船坞。

工程处办公所　名为两处，实二合一者也，开办之初，招募法员，乃设办公所，为洋正监督办公之地。迨洋员遣散，而船政出洋肄业各生回华，能胜任制造，乃改设工程处，均为经理全厂事务、调度工程办公之处所也。

绘事院　设在轮机厂之楼上，承绘船身、船机、锅炉以及镶配等总图分图，图成而后始可按图兴制。图画之外，又有兼精测算者。该院面积计六千八百尺，可容绘生二百余人。

模厂　专任制造船模、汽鼓模、各机件模，以及细木雕刻各工，其能力须审图理、谙折算、熟悉模型奥窍、辨五金热冷涨缩度，该厂制造场计面积一万五千一百二十一方尺，安设各种锯机刨机、各种旋机等，共二十副，工程最旺时可容匠额二百余名。

铸铁厂　专任船上所需之铸铁铜各机件，其能力须谙图理、明算术、木制模土模及鼓铸之时，辨明火候，考钢铁原质。曾铸就重大铁件达三万斤，铜件达一万余斤，该厂制作场面积计二万八千八百七十五方尺，安设铸铁铸铜大小炉，并各炉共十一座，转运重件之将军柱、碾机、风箱、风柜等件二十三副，可容匠额一百六十余名。

船厂　专任船身工程。设石制船台一座，长二百九十七英尺。木制船台一座，长二百七十六英尺。凡船身长短、广狭、桅、舵、舱位吨载、吃水速率、中心点度数，均应配算匀称，先绘寸径总图，后绘全船地图，照图制造。成木质、铁质、钢质、穹甲、钢甲各式船身，计四十余号，大者容积二千余吨，其能力可制四五千吨之船。所有起盖、镶配，亦归该厂管理。设有锯木机八架。所辖之皮厂，则制造皮带并各式皮件。舢板厂则制造桅、舵并大小舢板。版筑所则造船上炉灶并各厂烟筒，及一切泥水修筑各工。该厂各制作场，合共面积十五万六千四百方尺，工程最旺时匠额四百名。

铁胁厂　专任制造钢铁船胁、船壳、龙骨、杠梁、泡钉，以及船上各铜铁件，打造、拗弯镶配各工。该厂于光绪元年添设，其能力须审识船身图理制度铁原质各法，曾制成钢甲、钢铁船身二十余号，小轮船不计。该厂制作场，面积计七万九千八百九十五方尺，配设锯机、剪机、钻机、卷机、碾机共三十五副，工程旺时，匠额七百名。

拉铁厂　专任拉制铜钢铁并打铁，为制船所必需者，其能力拉制重大之铜钢铁板、钢铁槽、铜钢铁条等件，打造重大之轮机，并船面镶配钢铁件、转轮轴、车轴、车轮臂、汽饼杆、活轨、前后斗鲸、铁锚、挑锚等件。该厂制作场面积计九万四千四百六十四方尺，安设汽锤七架，其最大汽锤之力则有七吨，此外拉机、剪机、钻机、旋床、刨床并转运重机之将军柱等，大小共五十一副，拉铜铁、打铁各炉大小共五十七座，工程最旺时匠额四百余名。

轮机厂　专任制造全船大小机器，制成后先在厂合拢试验，故合拢厂属焉，其能力校中线旋转顺和，尤须审明图理，通晓进脱冷暖压助嘘吸机关各窍汽力等事。曾制成全船各机件，或镶配外购各件，合拢成船计有四十余号，各小轮不计。该厂制作场合计面积三万三千二百四十八方尺，安设车光机、刨机、削机、钻机、砺石机、螺丝床、钳床等共二百二十三副，工程最旺时匠额三百六十名。

锅炉厂　专任制造船上锅炉、烟筒舱、汤管、烟管、汽表、向盘各工，其能力须审辨钢铁原质，究汽机之理由、天气之涨力，以及镶配法度。曾制就各式锅炉，成船四十余号，又小轮船锅炉数十号。该厂制作场面积计二万九千六百方尺，配设卷铁床、水力泡丁机床、钻床、厂床共四十一副，工程最旺时，匠额三百五十余名。

帆缆厂　专任裁制船上之风帆索，并桅上镶配各绳索，以及起重搭架等工，其能力须谙帆缆之制度，登高工作，以及风帆面积、绳索力度。该厂制作场面积一万八千四百九十方尺，不设机器，以手制为多，工程最旺时，匠额一百余名。

储炮厂　专备攻储各船炮械弹、炮鱼雷各件，惟近时成船较少，无新购炮械，祇余剔废之旧炮、枪碾弹而已。该厂面积计二千六十方尺。

广储所　专管收发铜铁、煤炭、机件、油杂各料件。储材所专管收发各项木盖，因船料收件繁多，采办到工时，必须先交该两所点验，其职任须审辨料质之良楛，慎重存储，无使朽坏。该所储料栈房九座，共计面积五万八千余方尺，工程最旺时，长夫、牌夫原额一百余名。

船槽　各国修船自有船坞后，多不建设船槽，该槽尚系开办船政时所设，可容一千余吨以上之船上槽修理，近因历年已久，损坏之处较多，修槽之费尤钜，未曾大修，力量较小，祇因以修理小船较之入坞殊觉简易，其能力与船坞相仿。该槽长三百二十八尺，设机房，合计面积一万七千三百方尺，安设拖船机四十架，大螺丝四十条，四十四匹马力一副，工程最旺时，匠额六十名。

船坞　制造之学，日见增长，前第用船槽拖船离水勘底，今则船身之大，几倍于昔，非坞不足以容之。船政从前祇有船槽，仅能修千吨船，光绪十三年，船政乃添筑船坞于罗星塔，旋因费绌暂停，十六年复行兴工，至十九年告成，计建筑费七十五万余元。坞身纯用石砌，长四百二十英尺，宽一百一十尺，当是时，中国最大之战舰首推“定远”“镇远”两钢甲，时是坞足以容之。中国仅有旅顺石船坞，其建筑之费，十倍于闽，此则近于东南各省，凡闽粤江浙沿海各兵船修理最便。该坞告成之后，入坞修理者，计有本省各轮船，并北洋之“海容”“海筹”“海琛”“通济”等船，又间有外国兵船来修。该坞建有抽水机厂、机器厂、水手房、木料房、栈房等项，围墙以内计面积二十九万三千方尺。除有船入内，各厂派匠办理外，坞内只设匠丁五十余名。

（乙）经费

同治五年开办之初，以闽海关四成结款银四十万两为购器建厂之用，然不敷甚钜。按月又由闽海关六成洋税项下解银五万两，名为制船经费。十二年正月起，又由福建税厘局按月解银二万两，亦名制船经费，仅解一年而止，此款又名为养船经费，时台湾事起，并入台防经费项下，不归船署造报。递年成船渐多，养船经费不敷，皆由船政垫支。查同治十三年首次报销造船、购器、盖厂各费，已达五百十六万两有奇，垫支养船经费已十九万两有奇，此开办时筹款用款之情形也。

光绪二年，闽海关以六成税项下不敷拨解，自是年正月起，在六成内月解银三万两、四成内月解银二万两，是为船政常年之费仅此六十万两。顾船制日变，工料之价亦日增，随时更有添厂机，无非由此支付，已属短绌。乃自光绪五、六年以后，闽海关六成解款始则批解不全，后竟有全年未解者，积欠三百余万，此后遂只有四成解款月解二万金，且间有滞欠不清，计亦短解百余万，致船政无时不因经费支绌之故，使工务诸形棘手，尚赖光绪八、九年间兴制广东“广甲”各船，并南洋“开济”各船，有江粤协款，藉以勉强支持，否则愈形竭蹶，所以裁减员绅，遣汰匠徒，时有所闻，皆为撙节计也。廿二年总理衙门复陈遵议船政一折，有云船政全年经费六十万两，从前但制木质轮船尚堪敷用，现既责令改造铁甲，钢甲一船之费动值百十万金，断非月款数万金所能敷用，又况此数万金者又皆不能应手等语。又云近十余年来，泰西制造日精日新，闽厂出洋回华学生虽不无颖悟之资，能自出图制样，而财力短绌，既不敷添机拓厂，又不敷制料储材，自八、九年制成“寰泰”“镜清”“开济”“平远”各快船后，即得有更新之法，亦因无机无厂不能如法更制等语。载稽往牍，具见历来筹款之艰，其足阻制造之进步者，则皆经费限之也。二十三年复聘法监督杜业尔等，年支薪俸卅五万佛朗，约合银十万两，所成之船仅“建威”“建安”及一小鱼艇，二十九年遣退杜业尔，以法监工柏奥镗继其后，薪俸略减，年支薪俸亦三十万佛郎，约合银八万两，所成之船仅一江船，此固因经费难筹，不得不视款力所及而为之。共和成立，闽省船政有议改为商办者，后以种种为难，暂定由省帑按月拨付养厂经费一万余两，至民国三年改并海军部管辖，月支亦出外此数，虽云岁糜多金，全年成绩可纪，然穷源溯流，则失败之由因在此而不在彼也。

两种甲午日记

整理者：王国平*

整理者按：关于甲午战争，由中国官兵直接撰写的回忆史料非常稀少，只言片语亦弥足珍贵。此次整理的两种日记，则是近年来发现的大宗新材料，对推进甲午战争研究将有极大的助益。从作者身份看，日记分别以北洋海军和参与山东战事的陆军官兵为主要撰写者，他们以海陆不同的视角记录下这场战争；从内容看，这两种日记又存在很大的关联性；从它们的流传情况分析，则和姚锡光编撰《东方兵事纪略》有极大的关系。因此本次将两种日记一并整理，整理时原文误字以【】标出、缺字以［］标注；无法辨识文字，以□代替；原文（）内文字及小字原注，统一以（）标识；同时对原文标点断句，根据情况做了重新调整。

一、关于《萧景唐日记》相关情况

《萧景唐日记》，稿本，原藏国家图书馆。原书内容可分为两部分，一为楷书录写的“威海战略”，按日记事，起至光绪二十年六月初六日（1894年7月8日），终于光绪二十一年正月十八日（1895年2月12日）；一为日记结束后，用草书书写的内容，重点介绍了威海南北帮、刘公岛等炮台设置，并分析了甲午战争中方在山东战场的“三失机宜”。

从目前所见证据，此本日记当为姚锡光所藏。理由有三：第一，日记封面题写“萧景唐日记”，下有小字“威海战事”，该字体与国图所藏《余比部台湾日记》后姚锡光所写题跋字体一致。第二，姚锡光决定撰写《东方兵事纪略》后，曾广泛搜集史料，其中在光绪二十二年七月二十一日（1896年8月29日），见到了一位“萧生”。据姚锡光记录，这位萧生是北洋武备学堂学生，曾

* 王国平，《四川日报》首席记者。

充威海炮台炮官，因此“询以威海往事”，并“谈良久始去”。[①] 第三，该日记内容，在《东方兵事纪略》山东篇中，多有体现。

因此，这份日记应是姚锡光收集的甲午史料中的一份，但日记本身应是一个抄录本。

二、关于《甲午日记》相关情况

《甲午日记》原载《北平朝报》，2015 年海军史学者陈悦发现线索后，委托笔者从国家图书馆藏《北平朝报》缩微胶卷中全部影印出来。

从 1928 年 12 月 1 日到 1929 年 2 月 9 日，《北平朝报》在第五版“鹊声”连载《甲午日记》，前后四十七次。可能因为《北平朝报》当时是一份北京地方小报，影响力有限，因此《甲午日记》长期未被史学界广泛知晓。

1. 关于内容。日记开篇为“海军将领题名录”，开列北洋海军提督丁汝昌以下各舰管带以及驻刘公岛、威海、旅顺基地主要文武官阶、籍贯。记事起至光绪二十年四月初八日（1894 年 5 月 12 日）海军大阅，终于光绪二十一年正月二十日（1895 年 2 月 18 日）战败后海军官弁各回本籍，全文两万余字。报纸刊登最后一期日记后，篇末附按语：“此日记，颇有价值，宝藏者未售版权，不许任何人翻印转载，特此郑重声明。”

日记中既录有大量电报材料，也有很多不见他处的细节，比如甲午黄海海战当天的记录是全文最为生动的部分之一，细节之多弥补不少过往研究空白。但日记中也出现海战后的事件，比如甲午战后，清廷重建海军，要启用甲午旧将，日记记有听闻准备重新启用邱宝仁、林颖启的记载。说明该日记出现了一个较长时间的编撰过程。

2. 和姚锡光的关系。不少独家出现在《甲午日记》中的内容，也出现在《东方兵事纪略》中。比如关于光绪二十一年正月十二日，“来远”“威远”被击沉，姚锡光记录两船管带邱宝仁、林颖启“登陆逐声妓未归”[②]，《甲午日记》当天也有同样记载；十五日，“靖远”被击沉，姚氏书记管带叶祖珪“亦先去船在陆”[③]，同样见于《甲午日记》；关于刘步蟾自杀，两者也皆记录是用手枪[④]，而非传统记载的服食鸦片。

特别是《甲午日记》在记录威海卫保卫战的内容中，有大量文字和《萧景唐日记》一样。

这些都表明《甲午日记》应该也是姚锡光所收集甲午史料中的一份。

---

① 姚锡光：《姚锡光江鄂日记》，北京：中华书局，2010 年，第 153—154 页。

② 姚锡光：《东方兵事纪略》，北京：中华书局，2010 年，第 97 页。

③ 姚锡光：《东方兵事纪略》，北京：中华书局，2010 年，第 98 页。

④ 姚锡光：《东方兵事纪略》，北京：中华书局，2010 年，第 98 页。

3. 关于作者。日记连载时，署名“务真”，应是笔名。光绪二十年六月十八日（1894 年 7 月 20 日），日记有“是午予奉调‘扬威’驾驶二副札”记载。或许该日记的主要作者是当时“扬威”的驾驶二副。

关于“扬威”舰，管带林履中、帮带大副系郑文超记载较为明晰，二副三副等职记载不明。《中国近代海军职官表》中记载曾瑞祺、曾宗巩曾分任“扬威”枪炮二副、枪炮大副。① 但曾宗巩侄子口述，海战时曾宗巩任“千总三副”。②

曾瑞祺是福建闽侯人，船政学堂驾驶班第九届毕业生。曾宗巩，福建长乐人，天津水师学堂驾驶班第四届毕业生。《甲午日记》是否有可能出自这两人中的某一人之手，不好确定，但姚锡光在日记中给我们留下了线索。

光绪二十二年八月二十四日（1896 年 9 月 20 日），姚锡光阅读了一本《海军日记》，这本日记作者叫蒋玉书，湖北人，天津水师学堂学生，曾当海军差使，日记中记“甲午夏秋以来海军战事”。③ 这位蒋玉书和曾宗巩正是同班同学。④

此外，姚锡光还记录黎元洪也曾多次和他交谈牙山之战、黄海海战以及威海卫保卫战的情状，并送给他一册《甲午、乙未间中日海战史略》，内容“颇详尽”。⑤ 黎元洪曾任“广甲”三管轮，是否有可能在战前调任“扬威”驾驶二副呢？

三、结语

综合来看，《萧景唐日记》和《甲午日记》都是姚锡光收集甲午编史材料中的一部分，不同的是，《甲午日记》应是由多种材料综合而成。值得注意的是，姚锡光编撰的《东方兵事纪略》于光绪二十三年（1897 年）刻于武昌，但其中第六卷的图和表未刊。这份《甲午日记》是否有可能是姚锡光为编撰“表”而整理的呢？

此外，《萧景唐日记》和《甲午日记》都出现在北京并不是意外，它们应该都曾隶属于“姚锡光档案”。从国家图书馆中保存的由姚锡光题跋的《余比部台湾日记》可见，“姚锡光档案”虽然有些流散，但其中仍有一部分被集中保存在机构之中。由此我们进而推论，在姚锡光日记中所记录那些关于甲午战争的日记、史料或许都可能重见天日，为后人解开更多甲午之谜。

---

① 刘传标：《中国近代海军职官表》，福州：福建人民出版社，2005 年，第 27 页。

② 戚其章：《甲午战争史》，上海：上海人民出版社，2005 年，第 128 页。引注为《曾国晟口述》（1978 年记录稿），曾国晟为民国海军将领，曾宗巩之侄。

③ 姚锡光：《姚锡光江鄂日记》，北京：中华书局，2010 年，第 161 页。

④ 张侠等编《清末海军史料》，北京：海洋出版社，2001 年，第 441 页。

⑤ 姚锡光：《姚锡光江鄂日记》，北京：中华书局，2010 年，第 105—106 页。

萧景唐日记（威海战事）

原作：萧景唐　点校：王国平*

威海战略

光绪二十年

六月

初六日

始知日本启衅之信。

七月初九日

晚九点钟，见有倭船十数只，自西北来，皆在三十余里停轮。至十二点钟，来船愈多。

初十日

早四点余钟，大小倭船三十余只，自北而南，排于口外，距远约一万两千密达，每船相距约七八百密达。

日前有避风小粮船数十只，此时正遇顺风，已开至口外。

有倭船之大者四只，向口进驶，至相距约八千密达，即向北山嘴炮台开炮，皆未到。极近者，尚距离台约千密达远，落于台前浅水内。并用子母弹打小粮船，有一船受伤者，余皆无恙。北山嘴炮台击中两出，皆在其第二大船，用大测量镜望之甚真，伤倭兵不少。北帮余台，因所距较远，皆未开炮。南帮灶北嘴、鹿角嘴两台，共中四出；刘公岛南嘴炮台，亦中一出。有一倭船受伤甚重，用两船夹之而去。至八点钟，倭船均开往东北。

二十七日

早五点钟，来倭船三只，距北山嘴尚远，开五炮，皆未中。倭船亦开往东南，从此定准，相距不到八千密达，不准开炮。

---

* 王国平，《四川日报》首席记者。

九月

初四日

从东南来倭船五只，北山嘴击之，第一出即中其头船之望楼，并烟囱之上半亦并击去。次出误提操练打靶之开花子，及换子弹，倭船逃去已远，虽赶击数炮，亦未能中矣。若得随第一出连环击去，此倭船定成齑粉。

自此后，或二三日，或五六日，常有倭船游弋口外，相隔总不下三十里。

（是晚三点钟，海军巡海回威进口时，正在落潮，“镇远”误触暗礁，碰漏船底，右【左】翼总兵畏罪自尽。）

十月

初七日

来倭船三十余只，距口约皆万余密达，有一船直向灶北嘴开驶，及炮台将开炮，已如飞而去。晚间，多开至北山嘴之西北。次早黎明，均去东北。

（初六日，东抚李鉴帅[①]到威，次日亲见倭船情形，过刘公岛查验，与海军将帅等面商机宜，因海军未经出口追击倭船，颇深骇异，即于初八日回烟台，赶紧加意布置。）

初九日

倭船多只，在口外远处游弋。晚向成山头开驶。

十一月

初四日

早八点钟，来倭船三十余只，据南帮炮台较近，灶北嘴、鹿角嘴两台击之，倭船受伤甚重，一船之大桅击断，连横杆、风篷等均经水雷营捞起，存于鹿角嘴炮台，所有船上木器等件，沿海漂流，多为居民得之。

二十至二十三等日

屡有倭船多只，游弋口外。

十二月

初七日

成山电报局报称：龙须岛有倭船一只，运人上岸。旋又报：皆登船而去。

初八日

早，有土人报称：昨自龙须岛经过，见倭船一只，甚大，用舢板渡人上岸，上岸者八，有中国人四，操广东、山东口音者各半，在近处村庄买鸡、鸭、鸡蛋等物，并有买鸦片烟者，逢人便问威海兵数多寡及成山一带有无防营。

初九日

早，绥、巩两军各派两哨赴龙须岛。

---

① 李鉴帅，即时任山东巡抚李秉衡。

十五日

晚，大风。

九点钟，传有倭船多只，在宁海州渡人上岸。次早，知系倭船从宁海州海面经过，乃见者恐其由此上岸耳。

二十三日

晚，传有倭船在登州海面，攻打登州甚急。

二十四日

早，倭船由登州开到成山一带。晚，复到登州海面。

二十五日

早，倭船又到成山，由龙须岛用小火轮带舢板渡人上岸。绥、巩四哨之炮队用七生半炮击之，击沉小火轮一、舢板二。其大船遂用大炮向岸上轰击，绥、巩四哨势难抵敌，败往荣城【成】县。倭队于是登岸，亦到荣城【成】，约尚不足千人。山东有闫【阎】统领①带新招三营守荣城【成】，器械尚未齐，亦未及操练一日，如何能抵？荣城【成】遂为倭人所踞。倭人亦渐次加多，是日即过荣城【成】十余里。威海绥军派三营，是日迎过三官庙，旋探得倭人情形，恐南帮空虚，立时撤守南帮。

二十六日

绥军三营复迎敌至桥头集。

二十七日

倭人马队到桥头集，击退之，杀倭人二，其伤亡抢回者不计。

二十八日

倭人步队到桥头集，又击退之。

二十九日

复战于桥头集，无胜负。

三十日

未出兵。

二十一年

正月

初一日

绥军三营会合嵩武军，击倭人于虎口之南，追退六里许。倭人伤亡甚重，皆抢去。

是晚，忽接戴统领②令，调绥军赶紧连夜回守威海（不知何故调回威海，失守之速，皆基于此）。嵩武军见绥军调回，亦退守杨亭（乃通烟台之大路也）。

---

① 即阎得胜。

② 即戴宗骞，时为绥军统领。

是夜，倭人复进至南虎口。

（是日之胜，蒙李鉴帅犒银三千两，分赏两军弁勇。）

初二日

嵩武军战倭人于杨亭，击退之，而嵩武军之受伤者，亦甚多也。

是晚，绥军又开到南帮之枫岭（距南虎口不远，仅隔一高山）。

初三日

战倭人于南虎口，无胜负。

初四日

倭人抢至北虎口，绥军击退之，杀倭人十余名。旋有倭人一队，入一小村内，为巩军探知，急出二百人围之，倭人拼命闯出，伤者不计，擒而杀者五名。

初五日

黎明，倭人在虎口山外，成一大排，东自灶北湾，西至海套，横截南帮各炮台于虎口高山之内，倭人猝登高山，自上临下，用快枪、小炮直击巩军守长墙之兵及南帮各炮台，转瞬间，倭人盖地而来，竟莫辨其人之多少。绥军三营陆续败走，巩军守长墙之人，多死于难。而倭人之死于长墙外者，亦不下数百名，攻进长墙后，即直向枫岭陆路炮台及行营小炮台。该台等虽用炮击之，而倭队伤者自伤，进者依然冲锋以进。小炮台之哨官，见势不敌，带队败奔，有威海学堂之学生褚修儒者，招之勿走，不听。该学生自用快枪击倭，及倭人到近，弃枪取虎铺一，力杀倭人十余名，遂为倭众所杀。巩军统领[①]见倭队攻进，正驱败退之弁勇回向前击，突从山沟冲出倭人无数，枪弹如雨，巩军统领受伤倒地，幸遇差弁一名，扶起拖至海岸，登小火轮，向北岸开驶。

鹿角嘴炮台失守，台上官弁勇夫得生者百之一二。龙庙嘴台继之，得生者略多也。灶北嘴炮台以二十八生炮用子母弹打鹿角嘴踞台之倭人，倭人败退，因兵勇过少，不能分队追袭，旋复为倭人所踞。海军大小铁舰皆开至西海套，用大炮向南帮倭队击之，并互用过山击法，倭队受伤者不计其数，死者约二千余名。奈南帮仅六营，伤亡者已过半，又不见接应之兵，至此何能再言战，惟竭力外冲，仍多被倭人击死。灶北嘴台见莫能救，赶将各炮之钢底钢圈抛入海内，子药库亦自行轰毁，遂失守。

海军各船、刘公岛各台，皆用炮连击南帮踞台之倭人，终无益。不料倭人带有工匠船，凡军械应用各要件，无一不备。是晚，竟将南帮各台之炮，多已修配能用，即时以之击我海军。幸此时，倭人到者，概系枪队，尚无熟习大炮者，是以无一弹击中。（后有美国访新闻者云，当时倭队受创甚重，谓南帮难守，已皆退去。惜威海兵力太单，不能乘时追剿。）是日之战，南帮六营死管

---

① 刘超佩，时为巩军统领。

带三、帮带四、哨官哨长四十余名、勇夫二千有零，受伤而得逃出者百余，败到烟台者五百上下。

初六日

倭人由南帮攻北帮。北帮共六营，除前敌三营已溃败，余三营分布大炮台三处、陆路炮台三处、行营炮台四五处，所余无几，彼此不能顾。探悉南帮情形，皆恐蹈南帮之辙，趁倭人是日未到，竟自溃散，不谋而同。（绥、巩各营官多系新换，又不通用兵之法，故致如此。）绥军统领移驻祭祀台炮台，相随者仅数人，后渐遁去，止主仆二人矣。惟北山嘴炮台尚有后营营官同北帮炮台总稽查及威海学堂学生数人，带炮手二百余，此外无一人矣。

初七日

早，北山嘴悉各台均无人，其炮手亦渐去，所有官弁学生数人同到祭祀台见统领。统领给令箭一只，曰："余悔前日用人之误，今惟以死报国耳，尔等速逃命。"众皆不肯。统领曰："去，去，勿在此同死，无益也。"均推出。

海军统领见北帮炮台皆无人，遂用小火轮强拽绥军统领过刘公岛，随用大炮将各台轰毁。此后，刘公岛外，四面皆倭人。

初八日

绥军统领自尽于刘公岛（系初八日早间得知，闻戴统领死节时，尚在初七日夜间，未到三更也）。

初九日

倭人从东南两面水陆齐攻刘公岛炮台以及海军，互相攻击，两无胜负。"广丙"船渡下数人，夺来祭祀台倭旗两面。

初十日

倭船数只，由旅顺到威。

十一日

早三点余钟，倭雷艇打伤"定远"铁舰（初十日夜，倭雷艇四只潜驶进口，有望见者，疑为中国雷艇，遂未留心查究）。"定远"虽受重伤，犹能驶至刘公岛近岸，未遭沉没，亦未伤人。倭雷艇一伤气【汽】管，致死四人；一中炮沉于南帮近岸，抓得鱼雷数尾，查系刷司考甫厂制造，用重装棉花药者（中国鱼雷亦多购自该厂，先购者所用药数概是轻装）。

八点钟，东南两面倭人水陆齐攻刘公岛、日岛等处，日岛药库被倭人用灶北嘴大炮击毁，地阱炮机器亦受伤。刘公岛南嘴炮台击伤倭船两只，若非倭船相救甚速，则必沉没矣。（查此台台官系护军副营管带，曾到德国学习五年，最熟炮法。）

倭船此日进攻，用操练之法，分班轮流，每两点钟即旋回下锚。

十二日

黎明，"来远"快船、"威远"练船并"宝筏"差轮，均被倭雷艇击沉。

"来远"受伤，立刻翻倒，船上人得生者无多。

十三日

倭雷艇闯口，放雷未中。

七点半钟，东南倭人两面又齐击刘公岛。忽闻倭船发一大声，不辨其为何声也，如船上放气声、大号声、冲锋发喊声、大小炮声，其声烈于急雷，大而且长，疑从天上来者，闻之令人惊骇失措。刘公岛大小各船，均不知其何以驶至北口，黄岛炮台疑海军将逃走，发炮击之，雷艇有一受伤者。各雷艇驶出北口，以为大小各船将并力以作背城之战，不料，除雷艇外，并无一船出口，正在心无所主，已有两倭船飞驶赶来，各雷艇竟逃往烟台，沿途被倭船抓去者有之，击沉者有之，傒岸者亦有之。

至九点钟，东南两面又来攻，"镇远"铁舰受两炮，无大损。

十二点钟，岛内商民，带老少妇女，携男抱女，统拥到德员瑞乃尔处，哀求救命。瑞善言抚慰，告以两国交战，与贼匪不同，决不能故残商民，即兵勇被其擒去，亦无伤害之理。说毕，向众等发誓无诳言，众心稍安，始散去。

晚，水陆兵勇齐赴大码头，向"镇远"呼号。此时急甚，皆恐内乱，中西各官员为之讲万国定例，复告以力守三日，即有救兵到，人心略定。

十四日

倭未来攻，中国兵即安息一日。

十五日

早八点钟，倭来攻，十点钟退。南帮倭人用台炮击"靖远"快船，一钢子由水线上打入，斜穿船底，移时即沉。

是日，海军左翼总兵自尽。医院收受伤者三十人。

十六日

倭未动。刘公岛各军号令皆不行。

十七日

早，东、南、北三面齐攻岛内水陆各军，南嘴炮台弁兵伤亡甚重。瑞乃尔驰往查看，该台巡兵因瑞系洋人，不肯放入，瑞折赴黄岛，遇护军统领[①]，二人携手登炮台。

斯时，倭船炮声隆隆，攻打不息。瑞瞄放二十四生长炮四出，皆中倭船，并伤其船头大炮架两座，倭船顿退。

午后，倭人在北帮用小炮打黄岛炮位，并用田鸡炮打岛内海军船面，皆无功。

是晚，有海军派赴烟台者，探准有无救兵之实信，扮作贩卖鸡鸭小船，先到倭船叫卖，捱至天黑，混入岛内。

---

① 即张文宣，时为刘公岛护军统领。

十八日

早两点钟，海军统领、护军统领皆自尽，盖因探悉外无救兵也。瑞乃尔同牛营务处[①]商令轰毁海军各船及岛内各炮台，无听者。

北洋前敌，海之右岸，所有建立炮台者，以护卫水师轮船所，山左登郡威海卫地方形势最要，此处分南北两口，相距约计三十余里，中生刘公山岛，塞于口之洋面，为水师交战、停泊之要所。当经北洋水师提督丁汝昌军门禀请，北洋大臣李傅相具奏，已奉旨允准，建立该处炮台，并添设机器制造局、铁码头、械库各所，以备将来洋面水师交战修理船炮等用。拣派候选戴道宗骞办理防务工程事宜，暨带总兵刘超佩、张文宣及带绥、巩、护军等营分驻南北等岸，刘超佩带巩［军］四营扎南口，绥军统领带四营扎北口，其护军两营扎刘公岛。

南口者，口门水略浅，计宽八里。从口门进内，相距四五里远，分设三台。其头台名曰赵北嘴，台上安克虏伯二十八生特三十五倍口径身长炮二尊，又克虏伯二十四生特三十五倍口径身长炮三尊，能击三十余里，取其命中，守口门最得力之炮台也。在台之右，添设克虏伯十五生特二十二倍口径田鸡炮三尊；第二台名曰鹿角嘴，相距头台约计二里远，台上安克虏伯二十四生特三十五倍口径身长炮四尊，为接应之台；第三台名曰龙庙嘴，台上安克虏伯二十一生特三十五倍口径身长炮二尊，又克虏伯十五生特三十五倍口径身长炮二尊，相距口门约计五里远，乃赵北嘴备分之台也。在南口适中之地，名曰日岛，台上安英阿姆士壮后膛钢炮二尊，又克虏伯十二生特快炮二尊，因防敌冲口门也。从赵北嘴台陆路迤南一带，添设炮台名曰所前岭，台上安克虏伯十五生特三十五倍口径身长炮二尊，又克虏伯十二生特二十五倍口径炮一尊。再往南，又设陆路炮台一座，名曰杨凤岭，台上安克虏伯十五生特三十五倍口径炮二尊，又安克虏伯十二生特二十五倍口径炮二尊。由赵北嘴台外起，迤南一周，挖长沟一道，沟以内筑长墙一道，沟之外添挖陷洞，洞之外安旱雷。在口门洋面内外安水雷，沉浮两层。其余炮台、营盘、药库、要道等处，皆安旱雷，布置最为稠密。巩军前有之二千人，除派七百人作游击之队外，又新募一千人，均归守炮台、守长墙之用，实不敷派。在承平之日，同营诸人未尝不虑及后路空虚，每以此情转禀巩军统领刘，早为设法防守，石岛、龙须岛、立岛等处必添派重兵守御，彼亦以此为然。若以大连湾、旅顺等口，因早失机宜，故有此败。速为筹划，当望经电禀傅相遵示办理。惟时紧急，后闻电奏，奉旨著山东抚臣李办理后路防务，并言不日有大军到此，而李帅亦调各军来威沿海剿办。惟粮饷、军械、子药，闻亦有不继之时，而诸军日则向民间索食，如果前军溃败，其后军即随同惊走者，亦有之。此后路不力之病情形也。

---

① 即牛昶昞，时为总理威海水陆营务处。

其北口者，经绥军统领戴道同时部置，大略相同。从北口门进内，约计三里远，分设三台。其头台名曰北山嘴，联络三小台，头层台安克虏伯二十四生特三十五倍口径身长炮二尊；其二层台上安克虏伯二十四生特三十五倍口径身长炮二尊；其层三台安克虏伯二十四生特三十五倍口径身长炮二尊；又在头台之山鼎，安克虏伯二十四生特三十五倍口径身长炮一尊。台之左边，相距四里远，名曰合庆滩，后设陆路炮台一座，安克虏伯十五生特炮二尊，乃保北山嘴头台之后路。再由口门进内，至第二台，名曰黄土崖，约计二里远，台安克虏伯二十一生特三十五倍口径身长炮二尊，为接应之台，保卫口门。其第三台，相距头台约计五里远，名曰祭祀台，联络分设三小台，头台上安克虏伯二十一生特三十五倍口径身长炮二尊，其第二、三台山，各安克虏伯十五生特三十五倍口径身长炮各一尊，为守口门备分之台也。

在威海城北名曰老姆鼎，安设陆路炮台一座，台上安十五生炮二尊、十二生特后膛炮二尊。再于祭祀台后山周围修长城墙一道，内设水雷营、子弹库、火药库、各械库、气灯所等处，外亦安设旱雷。口门内洋面，均安雷，沉浮两层，甚为严密。惟人数亦单，不敷守望，亦挑派游击之行队七百人。威海西门外，其后路可登岸之处，以派两营防守，而倭奴时常率船游于洋面，或近或远。

其刘公山岛护军两营，分东西口门驻扎。西口有黄岛炮台，安克虏伯二十四生特三十五倍口径身长炮四尊。相联不远，台上安设英阿姆士壮地阱炮二尊，台左安快炮数尊。此台之下，修有铁码头一座，又药库、械库、水师精练营公所、水师提督行署。其东边名曰东风扫滩，头上建立炮台一座，安克虏伯二十四生特三十五倍口径身长炮二尊，又间安克虏伯二十八生特二十五倍口径炮一尊，其余择要处安台者数所。惟时吃紧，上有电谕传来，添募两营，亦分驻岛内防守。

自光绪二十一年①七月初十日，倭奴率轮船二三十艘，及掳带民船三四十号，拟冲海口登岸，从东往北洋面游弋，当由威防北口开炮。如是，刘公岛及南岸同时开炮，有击敌船之稍【艄】者，有击敌之船桅者，有中船边者，彼亦开炮，船行愈快，以经呈报在案。嗣后，或三五日来游一次，或五六日游一次，总以晚间来游最多。如是，日夜严防。于是年腊月廿五日，倭奴择于龙须岛舍舟登岸，绥、巩两军派两营出队，至该处被倭奴打败，倭奴如是即取荣城【成】县。在荣城【成】之西北迤大山日修道路，行抵威海南口。

于光绪二十一年正月初五日，倭奴人众，巩军中、前两营挑七百人扎南虎口，守往威海城之道，绥军亦有一营在此，巩军其余全队仍守长城炮台，而倭奴大队先据后路炮台，次抢长墙，彼此枪炮子弹如雨，阵亡一千七百余人，巩

① 应为光绪二十年。

军右营官张友志、后营官周家恩、副营官何大勋同时阵亡，巩军左营帮带杨得林、巩军副营帮带刘国良同时阵亡，其余哨官、哨长、炮法学生等阵亡约计廿六人，而倭奴亦伤亡一千余人。炮台、长墙溃败，由海边冲出数百人，均带伤者十之有七，仰承水师小铁甲船连放数炮，截住倭奴马队，不然皆为敌人所算矣。午后，败归北口，与绥军合队，此巩军之情形也。其北口绥军统领戴所带之队驻扎南竹岛山上，及至收队时，传令均归守炮台，而逃散者有之，守炮台者有之。

初六日，倭奴攻北口时，所剩之队尚能顾住。北岸有水师守住海岸，而口门外之倭船甚多，游弋洋面。北山嘴炮台仍竭力守住，不时开炮攻击，亦有中时，伤其器具，漂于洋面。

初七日早，倭奴水陆诸军前来攻口，炮台守兵渐伤渐亡，万难驻守，统领戴殉难，随即合队冲出，败归烟台。此北口之情形也。

凡事之大小，论其利弊轻重，必有一定之理也。然内中省碍难之处，亦不轻易议谈。即以上年倭奴来攻山东等处，彼于七月初十日开炮后，屡游弋洋面，只以稍得便宜，必取威海。若中国当以威海留心远虑，早为筹备，设法拔调廿营，随派宿将统率在烟成等处，与孙军门、戴总统、丁军门先行商妥，而派海岸，守其石岛、龙须岛、竝岛等岸，而敌不能上岸。荣城【成】不失，则威海有金汤之固，威防固而水师更为稳当可靠。纵然敌再率大队来攻，我军已经得手，彼无法可攻，中国之大局又稍为争光。此一失机宜也。

再者，若政府以登州镇章军门不调过海，总以威防事重，先与李中堂商就，以嵩武军拨调三四营，章军门原带四营，山东新来四五营，再与绥、巩、护军共拔三四营，或与丁军门水师拔四五百人，并带炮队，守驻沿海各岸，作为游击之师，无论何处攻击，则敌万不能登岸，威防守妥口门，彼万不能得手。此二失机宜矣。

戴总统若于初六日见我军队散，先派大员在于烟台赶速收回散队成军，发给原饷一关，再与孙军门商派数营，由李抚台前再拨派五营，大约共计廿四五营，由烟台调回威防，陆队攻其外，水师攻其内，合而击之，先大出赏格，于救得威海，克收回来，发饷两关。先鼓士卒，然后见景生情，斟酌调队，威防炮台能救。炮位及水雷各营队器具，陆队子库、药库、械库及水师公所码头器具，合费数百万之巨款，水师轮船、鱼雷等船，在在均关大款，况罪亦可赎回。此戴总统不得用兵巧妙，此为不知兵，以致失机宜三也。

甲午日记

原作：务真　点校：王国平*

海军将领题名录：

北洋海军除赴旅顺进坞修理暨轮班巡洋外，余时俱驻扎山东威海对面刘公岛港内。

海军提督，头品顶戴，兵部尚书衔，赏紫金【禁】城骑马，戴双眼花翎，穿黄马褂，北洋海军提督军门统领全军，西林巴图鲁，军功纪录十六次，丁汝昌（安徽庐州人）。

左翼总镇，管带“镇远”铁舰林泰曾（福建闽县人，船政学生，出洋回华）。

右翼总镇，管带“定远”铁舰刘步蟾（福建闽县人，船政学生，出洋回华）。

中军副将，管带“致远”铁甲邓世昌（广东人，船政学生，出洋回华）。

中军左营副将，管带“靖远”铁甲叶祖圭［珪］（福建闽县人，船政学生，出洋回华）。

左翼前营副将，管带“来远”铁甲邱宝仁（闽县人，船政学生，出洋回华）。

右翼前营副将，管带“济远”铁甲方柏［伯］谦（闽县人，船政学生，出洋回华）。

左翼后营参将，管带“超勇”铁甲黄炯臣①（闽县人，船政学生）。

右翼后营参将，管带“扬威”铁甲林履中（侯官县人，船政学生）。

精练前营参将，管带“康济”练船萨镇冰（福建侯官县人，船政出洋学生）。

精练后营游击，管带“威远”练船林颖启（闽县人，船政学生）。

差遣委用都司，管带“平远”铁甲李和（广东人，船政出洋回华学生）。

精练中营游击，管带“敏捷”水手练船蓝建枢（侯官人，船政学生）。

“镇东”管带（福建侯官县人）；“镇南”，同上；“镇西”，同上；“镇北”，同上；“镇中”，同上；“镇遥【边】”，同上。六“镇”自开战始至投降止，迄

---

* 王国平，《四川日报》首席记者。

① 黄炯臣，即黄建勋。

无足录事迹，故不书该管带等姓名。

广东海军战舰三艘，归丁军门节制。该三船统领为实缺广东琼州镇总兵余雄飞。

“广甲”练船管带，游击衔都司吴敬荣，安徽歙县人。

“广乙”铁甲管带，副将衔参将林国祥，广东香山人，船政出洋学生。

“广丙”铁甲管带，游击衔都司陈【程】璧光，广东人，船政学生，出洋回华。

驻刘公岛营墨【垒】局所统领、总办等员，官阶、籍贯胪列于左：

刘［岛］护军三营统领，记名简放总镇，硕勇巴图鲁张德三①（安徽庐州府合肥县人，武进士出身）。翼长，总兵衔记名简放副将，果勇巴图鲁袁金山②（浙江元和县人，天津武备学堂出洋回华学生）。

海军总理粮饷，提标中等【军】副将，记名简放道严道洪，驻扎刘公岛（扬州江都县人，劳绩洊保）。

威海刘公岛水陆营务处兼办海军工程事宜，二品顶戴候选道牛观察心斋③（河南卫辉府人，劳绩洊保）。

威海水师学堂总办，分省补用府李太尊少亭④（安徽合肥县人，劳绩递保）。

威海机器厂总办，三品衔分省补用府张太尊卧楼⑤（安徽庐江人，文举）。

总办精练营兼办枪炮学堂，游击衔刘守戎敬之⑥（安徽庐江人，军功）。

总办军械处兼办督操练事宜，陈太守幼融【庸】⑦（福建侯官人，船政出洋学生）。

驻威海卫营垒局所统领、总办，官阶、籍贯胪列于左：

驻扎威防绥、巩两军统计十二营。

总统绥、巩两军兼办工程事宜，二品衔存记山东候补班，前【尽】先补用道戴观察宗骞（安徽寿州人，由附生递保）。

分统绥军统领戴观察孝候，即宗骞也（该六营扎北帮）。

统领巩军六营，记名简放提督刘镇军超培【佩】（安徽合肥人，军功。该六营扎南帮）。

威海南北两帮各扎水雷营一所守口。

驻旅顺营垒局所统带、总办，官阶、籍贯胪列于左：

二品衔记名简放道，北洋沿海水陆营务处，总办旅顺船坞事宜龚照玙（合

---

① 张德三，即张文宣，字得三。

② 袁金山，即袁雨春，曾在1876年被派德国留学军事。

③ 牛心斋，即牛昶昞。

④ 李少亭，即李正纲。

⑤ 张卧楼，即张尔梅。

⑥ 刘敬之，即刘学礼。

⑦ 陈幼庸，即陈恩焘。

肥人，劳绩递保）。龚照玙兼办鱼雷艇总统。

二品衔遇缺即选道，会办北洋沿海水陆营务处，旅顺船坞会办，王心斋（江阴人）。

旅顺亲军六营总统，记名简放总镇，赏穿黄马褂黄士【仕】林（江西建昌人，军功）。

旅顺护军六营总统，记名简放总兵姜贵【桂】题（安徽合肥人，行伍）。

旅顺庆军总统，四川陆路提督宋祝三宫保①（山东登州人，军功）。

旅顺防军六营总统，提督衔选用总兵赵怀烈【业】（安徽合肥人，行伍）。

军务正急时，宋祝三宫保奉旨开赴盖州，驻扎复州，以便进剿，宫保起节时秋九月朔三日也，龚总办旋即电禀傅相，谓："旅顺兵力孤单，恐敌乘虚来袭，至是，出师拒御，第怵力有未逮；请拨救援，特惧缓不济急，职道再思四维，莫若此时速派十余营来旅防守，以备不虞。"傅相允如所请，当即派卫汝成统带十营，徐帮【邦】道统带十营，星夜来旅助守严防，卫汝成即卫汝贵弟也。徐帮道在旅旬日，即开差前赴大连湾驻守，时刘子贞总统②带铭军十八营，奉旨调往前敌，该湾仅有庆军两营防守，兵力过单，恐速意外之虞，徐统领是以驰赴协同守御也。徐统领四川紫阳人，起身行伍，秉性忠勇，是年十月下浣，倭匪攻扑金州时，猛战尽夜，身被重伤，因无救援，为敌所败，该十营兵士仅有数百人溃散，余均战死枪林炮雨中，可悲也已。

光绪二十年，岁次甲午。是年春季，期届海军大阅，季春三月望日，恭读谕旨：著东三省练兵大臣定将军安，会同北洋大臣李鸿章，校阅沿海水陆各军。

四月

朔八日

定、李二大臣棨戟遥临，海军列阵升炮以迓节麾，直至二十六日毕事。

本日下午，南洋会操兵舰六艘，奉两江督宪刘岘庄制军③电谕，饬该舰等迅速驶返吴淞，停泊港内，静候差遣。

二十八日

"广甲"驶回粤东，装载进贡鲜荔。

二十九日

海军大小铁舰齐返威海，寄椗港内，援例给假休养半月。

五月

朔二日

奉提督丁旗谕：兹已大阅告竣，各船水手、官弁人等籍隶北省者，准假半

---

① 宋祝三，即宋庆。

② 刘子贞，即铭军统领刘盛休。

③ 刘岘庄，即时任两江总督刘坤一。

月，回家省亲、完娶等事，届期务当遄返威防，毋得迟缓稽延，致干重咎，切切。此谕。

朔三日

各船北省水手、官弁人等请假者六百有奇，统帅旋派“康济”练船载赴烟台，以便渠等附搭商轮回籍。

是午，韩京来电云：东学党肇乱，势焰凶横。

晚间，天津督署电云：傅相①业已奏闻。

朔四日

天津督辕来电云：奉旨，著直隶陆路提督叶志超暨山海关总统聂士成，率众三千，前往牙山驻扎，会商高丽通商总办袁观察尉廷②，相机进发，歼除小丑，以靖韩城，云云。

朔九日

韩京电云：叶、聂二军门行抵仁川，兵卒尚未登岸。

初十日

李傅相来电：请丁军门速派海军铁舰数艘前往襄助。

军门随派左翼总镇林泰曾，统带“镇远”“济远”“超勇”“扬威”四舰前赴仁川，抛椗港内，以觇动静。

十一日

晨四点，该四舰挨次出口，驶赴仁川。

十二日

午后，“镇远”管带林镇军来电云：仁川港内已泊有东洋战船六艘，该国督船“吉野”亦在其中。

十三日

午后，仁川电云：是晨，东洋水师提督③衣冠整肃，仆从数名，拜谒袁尉廷观察，并与四船管带晤谈良久，啜茗兴辞而别。据云晤谈时。有我两国谊属同洲，邦交永固，应戮力同心保护朝鲜，俾其得以振作自立，勿为强邻并吞，绝我唇亡齿寒之依，云云。

十四日

午刻，仁川来电云：此两日内，东洋船上水手摆队登岸，操练阵法、枪炮、身法等技。

十五日

晨刻，仁川电云：昨晚东洋水手操演，炮声如雷，电灯照耀宛如白昼，仿

---

① 傅相，对北洋大臣李鸿章的尊称。

② 袁尉廷，即袁世凯。

③ 东洋水师提督，即时任日本海军常备舰队司令长官伊东祐亨。

佛临阵对敌。

是午，约集我舰管带齐往答拜日督。

十六日

仁川来电云：昨午回谒日督，晤谈时据云，东学党匪寇猖獗，扰乱居民，敝国商务繁盛，商民心惊胆怯，似难宁处，日夕操练，藉壮声威，以安商居，毋任迁徙，毫无他意，即请电达贵提督察照云云。理应据事直禀，即希转电傅相鉴核。“镇远”管带林。

十七日

晨刻，仁川电言：东洋日夕操练诸艺，晚间尤甚，若将有所注意者。

午后电，又言：东洋陆军三千运载抵仁，似欲进驻牙山者。

十八日

晨五点，仁川电言：日本陆军续来三千，登岸进发。

是午丁军门电致仁川，嘱林总镇遣派“超勇”回防，面询梗概，以便核夺。

十九日

“济远”离仁（未奉“镇远”林管带命）回威，该船管带副将方柏【伯】谦面见军门，详陈颠末，又言东洋日夕勤加操练，战意惭露，似欲与我为难者。

二十日

丁军门据事直电傅相。

二十一日

傅相电云：以我揆日本注意，当不至与我决裂为难，请饬所派各舰管带，严令各该船水手，勤慎操练，不准无事登岸，恐启衅端，是幸。

二十二日

晚六点，“超勇”回威，所禀大致与方柏【伯】谦相似，又禀“济远”未奉林镇军回威之命，潜行驶返威海，随将林镇军所呈“济远”逃归禀帖递达军门，军门展阅之下，即呼方柏【伯】谦来署，大加斥责，暂记大过一次。

二十三日

仁川电云：日本陆军续来数千，尚未登岸。每晚兵轮操练时，将船头直向我舰后尾，并以电灯烛之，朗若白昼。

二十四日

仁川电云：昨晚，日本小火轮绕我军舰飞驶数次，宛如临敌偷放鱼雷之象【像】。

是午，“超勇”复往仁川。

二十五日

仁川电请军门派他船数艘前来仁川，暂为瓜代，以便“镇远”“扬威”驶回威海，购备食物。

二十六日

“致远”“来远”驶赴旅顺，进坞修理轮机。

是晚，林泰曾未及接奉军门回电，擅自离仁，潜返威防。

二十七日

“济远”奉派赴仁川，督同“超勇”寄椗港内，以觇日人动静。

二十八日

旅顺来电云：“致远”业已进坞修理。

二十九日

仁川来电云：静察密访，揣日人举止，势成战局，可若何？

是晚，仁川电又言：东洋操练后，有武弁数员率领水手二百余名潜登岸上，仿佛演放旱雷模样。

又来电云：这时候，东洋又到陆军数千，风闻明晨起坡，依然向内进发，我国还不添兵，究不知是何意见？

六月

（前数日未接仁川电音，缘山海关左近地方电杆被水冲断，直至月初修接完全，复行通电。）

初四日

仁川电云：东洋训练水陆两军，如此勤慎，势难安于无事，虽声言保商为名，然举动显有异志，似不能不预为防备，请军门直电傅相，以便奏闻朝廷定夺施行。

初五日

仁川电云：东洋陆兵又到七千余名，风闻与前此数千名一并调赴内地布置。

初六日

仁川电云：倭舰续到八艘。闻前此军舰七艘，奉本国电旨调回长崎，与外部商量机密要件。

传闻中东起衅由是日得知确音，然犹未见明文。

初七日

仁川电云：“吉野”督船率领前此军舰六艘驶回本国。前后续到陆军万余名，是午全行起坡，前往韩京驻扎。

初八日

仁川电云：续到战舰八艘，日夕操演，较前更密，水手不准起坡玩耍。

初九日

仁川电云：风闻日廷谕旨，饬各军舰白昼免操，准水手下地散心，夜晚认真操练。

十一日

接读傅相电传上谕，谓：中东龃龉，势成战局，各海防水陆等军认真操演，以备不虞。

十二日

“扬威”由仁川装载高丽通商总办袁观察到烟台寄椗。次日，袁观察附搭商轮至天津晋京，将一切电禀傅相，自东洋进兵之日起，以至显成战局之时止，汇呈六部，其中论及东洋举动，群细分明，纤悉无遗。

十三日

“扬威”由烟回威。

（“广甲”装贡荔赴太【大】沽口卸除，道经威海，报称广东瘟疫大作，死人无算。）

十四日

“济远”由仁川驶回威海。

十五日

天津督署电致军门云：“操江”船运送兵饷器械，“高升”商轮载运陆军，前赴仁川，请即派铁甲数只护送前往，以备不虞（“操江”载有饷银二万多，洋枪二千杆。“高升”载有兵丁一千五百名，快枪、快炮千余支）。

是日午后六点，“广甲”由天津回威，停泊北岸。

十六日

军门电致傅相，拟派“靖”“经”“济”“威”“平”“甲”“乙”“丙”八艘，护送“操江”“高升”，前往仁川卸载，但傅相回电，只派“济远”“广乙”“威远”三艘，护导前往。盖傅相之意，恐兵轮益多，酿祸愈易。虽曰中东龃龉，显成战局，然犹按兵未动，挽回和局，殊非难事，况各国从中力为排解，讲信修睦，亦指顾间事耳，何必举动张皇，激成事变，且我国家素向虚名，不务实际，水陆等军，虚名徒具，一旦变临仓卒，诚恐难乎为继。吁！老成持重之意，亦知彼知己之深心也。

十七日

晨刻，该三舰驶赴旅顺，护卫“操江”同来威海，再赴仁川。

十八日

早八点，该三船与“操江”驶抵威海。

是午，予奉调“扬威”驾驶二副札。

十九日

天大雷电。晨刻八点半钟时，威海至烟台电线杆亦为狂风拔去数根，特遣“镇中”炮船午后前赴烟台，递发天津电报。

二十日

“济”“威”“乙”“操”四船，由威海开往仁川。

是午，“镇中”带回天津督辕复电，投递军门。“镇北”后由威海开赴烟台，载运上海购到料件。

二十一日

天津督署来电言：韩【朝】鲜通山海关电线被倭人潜行斫断，由是音耗梗塞，我陆军不知若何情形。

是午，“来远”“致远”由旅顺修理回威。

二十二日

天津督署电云：有英兵轮一艘适自仁川来者，言于我曰，仁川港内已为倭人密布水雷，商舶出进甚为不易。

二十三日

天津督院电云：英法德俄各国不准东洋在仁川港内（盖仁川为通商之区）安布水雷，风闻日本已有意拔起，然尚未接确音。

二十四日

晨六点，“济远”驶回威防。管带方柏【伯】谦面禀军门云：昨早九点，东洋兵轮二艘围攻“广乙”，敝船瞭见，飞驶向前，与“广乙”协力开炮以应，如是弹子往来，密如雨下，鏖战半时，东洋忽又驶来兵轮一艘，列阵环攻，再接再厉，殊有勇气十倍之慨。惟我“济远”“广乙”所携子药无多，势不能驶出战场，暂避敌锋。不料倭匪蹑踪追赶，掷飞子以击我舰，我炮弁瞄准敌船，开发头炮，一击而中其舵楼，再发而中其身腰，三发而中其后尾。云亲见日督被击，全船惊惶无措，忽睹白旗高悬，以示降服（何发言之无因也）。该舰创伤颇重，猝驶奔逃。然“广乙”当被敌舰二艘夹攻，势难支持，我“济远”左右前后炮位悉被摧毁，又难再赴战场助剿。无已，猝驶回归，暂救一船为是……

又禀：二十二晨八点，英提督云，日本心怀叵测，意外堪虞，倭人船多，中国仅有兵轮三只，曷克抵御，莫若暂避三舍之为愈也。当即转告“威远”林管带，即速驶去鸭绿江，探询内地陆军消息。午后二点，“威远”平安出口。方“济”“乙”之猛战倭船也，忽见迳来兵轮二艘，牵带小轮一艘，挂有白旗，渐近，望见所拖小轮乃是“操江”，即我运送陆军饷械船也，今被倭人掠去，陆军将何以支持耶？嘻！至若“高升”将进仁川口门局，突来日本雷艇二艘，驶绕数次，猝闻霹雳一声，知是“高升”受雷轰炸，持镜瞭望，确是无讹，犹见水面浮有兵勇数百，死活搀半，倭人豹狼为心，众雷兵举枪向水面施放不已。

斯役也，战亡将弁兵勇：帮带大副沈，枪炮二副柯，船械三副黄，水手阵亡者十三名，受伤重者九人，轻者十又七名（至如何对敌之处，“济远”一船，传说未便遽以为信，必俟得有“广乙”人员水手回威后，再为详细分疏，然“广乙”存亡究未知之也）。

丁军门随即电致傅相，其电辞悉照方柏【伯】谦禀，一字未更，但云：据“济远”管带副将方柏【伯】谦所禀，在战场奋击敌舰情形，甚是有功，至所禀击毙日督，悬挂白旗以示降服等语，俟察明确实，再请奏奖。此次阵亡士卒，官弁三员每员发给洋银一百元，水手十三名每名发给洋银五十元，暂作收殓等费，至该士卒应得恤赏恤典，容后会商办理。

午后，军门复又电致傅相：请即转电朝廷，准海军提督率领全军驶赴仁川，以与倭舰周旋。又准无论何项船只，在途遇敌即行开炮攻击。

二十六日

天津督院电云：二十二日午后，陆军亦与东洋开仗。

午后，军门统率全军开往仁川左近诸岛游弋，倘得遇有敌船，即行开炮攻击。

二十七日

午刻，抵仁川左近诸岛，然未见有敌船。往来游弋守候，将近半日，又复如是。斯时天色黄昏，我督传令全军驶赴鸭绿江，看能迎着敌船否。

二十八日

午后，抵泊鸭绿江港内，用小火轮下地，侦探陆路军情。

七月

初二日

全军驶回威海装载淡水、购备食物，以备不时出洋之需。

初三日

军门电致天津水师学堂总办云：刻下军务紧急，在在需人，管轮学生尤觉不敷调用，可否将照例明年毕业管轮学生，饬洋教习赶于本月考验，评定甲、乙，例送来军，以备差遣委用，则不胜激之至矣。昌具。

初四日

军门电致傅相云：堵筑威海东、西两口，法用粗木料锯成片段，再将铁链从横栏口门，并密布水雷数层，散布碰雷数百只，以免敌人雷艇夜来撞突。当派委“超勇”船主、“威远”船主总理其事，并嘱该船主等会商东、西两口水雷营管带，协同办理堵筑事宜。

初五日

“福龙”“左一”雨【两】雷艇，奉派来威海听候差遣委用。

是午，军门亲阅防堵，东口日岛以北安布水雷五层、木栏二层，日岛以南安置水雷五层、木栏一层。北口安布沉雷四层、碰雷三层、木栏二层。

初六日

天津督署来电云：叶军门在牙山与倭接仗，大胜。

是午，军门电致傅相：拟率领全军出洋游弋。

初七日

午刻，海军各舰装载用物伙食，预备出洋。

初八日

午刻，军门阅视防堵曾否修筑完固。

初九日

晨八点，“威远”奉命开赴庙岛，察视登州、莱州沿海一带情形，并探询六、七两月内有无东洋船只来游。

初十日

晨五点，刘岛山顶设有旗台并电气灯，旗云：遥望轮舶一队，鼓浪撞风而来，只以烟障朦蔽，不辨旗帜颜色若何，然揆度情形，必定非我旗类，请即预备子药，并饬炮兵站定炮位。

六点，旗台云：所来船舶，果悬倭旗，并随有雷艇数艘，测其方向似来扑我威海。

七点钟，旗台又云：大船二十二艘，雷艇七艘，只距东口一万七千余码。

如是，绥、巩、获【护】三军暨各口炮台，以及守口船只，将所有大小炮位装配药弹，瞄准度数，预备开炮。

七点半钟时，南帮之北嘴炮台首先开炮，倭舰毫无慌忙惧怯之状，毕竟驶逼东口约计一万一千余码。时东口两边炮台齐开大炮，然倭舰从未回应，直驶至约距八九千码时，始行列阵排队，发炮以击我东口左、右炮台，连放十数出，见无一弹命中，掉回方向，意欲攻我北口，意气洋洋，驶近我北帮炮台。该台统领戴观察宗骞颁令发炮，一击而中，引港第二船腰断，该船受伤过重，未能自行驶去。旋即用两船夹之，驶离炮台较远地方，齐集队伍，绕刘岛行驶数次，游弋彷徨。将近九点钟时，齐向东而北去。

十一日

天津督署电云：日昨倭舰二十余艘攻扑威海，幸北帮炮台一击而中，故敌舰相率驶去，所伤敌舰，据云未能自行驶去，夹以两舰，方能行走，倭寇从此上可稍泯窥伺威海之心。该北帮炮台一击之力，殊非浅鲜，所拟赏格，著照颁发，切切。

十三日

全军驶回威海，探得确音，东洋在仁川港内密布水雷。又，鸭绿江以北，据土人云，全为日人占踞。

是午，“威远”由旅顺驶回威防。

十八日

全军复开往海上游弋，欲获敌船而甘心。

十九日

日舰二艘前来窥伺威海。

晚九点，放哨小火轮遇着东洋雷艇，傍北岸潜行慢驶，小火轮以枪击之，迅驶回避。

二十三日

全军由旅顺驶来威海。

二十五日

天津督署电云：陆军在朝鲜颇称得手。

二十六日

天津省【督】署电云：朝廷复又命将率师三千，以商轮五只装赴鸭绿江，登岸进发，以与叶、聂二军门大军会合，向机助剿，迅奏肤功。

二十七日

早五点，驶来倭舰三艘，距北山嘴尚远，连开五炮皆未中，倭舰亦旋往东南而去。

午后，军门察验防堵曾否坚哨，直至太阳西坠始回所。

二十八日

“镇中”奉命前往旅顺，进坞修理机器。

二十九日

全军出洋游弋。（是日午刻，天津水师学堂吕观察[①]来电云：月之初三日接读电谕后，当即转饬洋教习赶于月内考试，分列等第，传送下船，今已考试完全，请即派船到津，运赴贵军差遣委用。斗具。）

三十日

“广甲”奉命离军，驶返威防，修理轮机。

是日，“广乙”鱼雷大副张浩率领水手五十名，由陆路逃难回归威防，维时刘岛为之一震。盖前此拟议“广乙”全船沉没海底，所有官长、炮弁、水手、练勇等悉与波臣为伍矣。

是晚，接读吴清帅中丞[②]电云：不日前来威海察阅海军，并验视海防炮台各炮位曾否坚利可靠云云。

八月

初四日

晨八点，全军驶返威海，停泊港内，始知六月二十三日“济远”“广乙”在仁川与倭匪接仗之实在情形。

据“广乙”鱼雷大副禀称：六月二十日晨六点，“济远”先行出口，遇着敌舰三只，敌遂开炮攻击。“广乙”见“济远”三面当敌，前来拯救，不料“济远”瞭望“广乙”驶来助剿，即行开发快车奔逃。“广乙”行驶较慢，敌舰遂舍“济远”，专攻“广乙”，“广乙”尽力施放诸炮，历半时之久，药弹告尽，无法再战，只得驶出战场。敌舰追赶愈近，炮子飞来愈多，遂撞碰浅滩，凿毁

① 吕观察，即吕耀斗，时任天津水师学堂总办。

② 吴清帅，即吴大澂，时任湖南巡抚。

锅炉，沉搁沙滩水浅之处，以便渡人上岸。

是役也，帮带大副、枪炮二副一并战死，水手阵亡者十有二人，受伤不得归者凡二十又七人。船主林国祥与船上官医结伴逃赴陆营，究未审能否抵我陆营，盖土人云：沿路俱是东洋兵丁驻扎，插翅亦难飞越，我等深为船主、医生危也。

是午，军门据事直电傅相，词意悉照张浩所禀。至“济远”管带方柏【伯】谦前此捏造妄报，刻下心惊胆怯，坐卧忽忽如有所失。据云：本早“来远”船主请方公赴宴，而方公辞不赴席。吁！愁眉双锁，惊魂欲断，何苦自贻伊戚也。

初九日

全军出洋游弋，“致远”“来远”“靖远”三艘奉派赴烟台迎接吴清卿中丞，先到威海卫查阅炮台，继赴天津往前敌督剿倭匪，以奏肤功云云。军门吩咐“致远”管带邓正卿抵天津时，前往水师学堂，将所调管轮学生十八名，分载来军，以备驱策委用。

十一日

全军驶抵旅顺，“镇中”出场【坞】，“镇北”进场【坞】，修理机器。

十二日

全军复由旅顺开往成山头，缘昨接读成山来电，言该处左右地方泊有东洋兵轮二艘，恐系暗党路径，使步兵登陆。

十三日

午后，全军驶抵旅顺，比接奉傅相电谕，嘱全军开往大连湾，护送铭军至大东沟，进渡沙河，直赴平壤，与大军会合勦剿。

十四日

晨刻，“致远”“来远”“靖远”三艘，由天津装运管轮学生十八名来旅，军门随将学生等，分派各船差遣委用。旅【旋】又接成山头电报称：该处停有敌舰六只，水手纷纷下地购买食物，街市正形搅扰。

午后，全军复又开赴成山，俟全军到时，敌泊又是子虚，焉有实，奇哉怪哉。“镇中”“镇南”奉命开往大连湾，等候大队。

十五日

晨刻六点，“镇中”“镇南”抵泊大连湾港内。

是夕二点，全军复来旅顺，各舰水手人等同开佳节筵席，颇形闹热。

十六日

晨八点，全军驶抵大连湾，挨次寄椗，军门登岸与刘子贞总统密商要件，直至太阳西落，始返督船。

是晚八点时，报称：商轮五只，已将铭军装完，火药、弹子、粮饷、军械再待半时亦能载完，约计十二点时，可以展轮出洋。十点赍来告曰：刻已装载齐全，五商舶俱已升火候令。十一点半时，军门谕令：商轮先为导引，大队循序展轮，追随出口。迳向东沟进发。

十七日

午刻，全军驶抵东沟。

午后，大队十二只寄椗口外。惟"镇中""镇南"暨雷艇四艘护五商轮进口，停泊沟内。军门谕令：赶紧渡兵登岸，以备随队赴旅。

十八日

是日午刻，与倭寇大战，详情胪述于后（海仗第二次）：

清晨五点，商轮所载铭军，已登岸三分之二。

六点，督船旗催各商轮赶快卸兵，以便午后齐赴旅顺。

七点，商轮报称：兵已卸完，惟"利运"所载军械、粮饷尚未卸清，约九点时准能竣事。

九点，"利运"报称：业已卸交清楚，候令起椗。

九点半时，巡更水手报称：瞭望西南一带，烟雾沉沉，仿佛一队火轮行驶模样。

十点，更役又云：真是一队火轮，直向东北行驶而来。

十点半时，巡丁又报：以千里镜望之，见各轮所悬旗帜，乃是美国商轮旗号，渐近大绿【鹿】岛来了。

十点四十五分，督船传令：预备迎敌，候令起椗。

十一点，瞭望该队轮舶，共计十有四只，刻已换挂东洋兵轮旗帜。督船传谕：起锚，列阵操演，水手站立炮位，候令行事。

十一点十五分，敌舰离我二十二里之遥。督船旗令：照这样阵法（人字阵法），直驶迎敌（敌排一字法）。

十一点四十分，测量路程，相距仅有十五里之遥。

十一点四十五分，相隔约有十二三里，彼此悬挂红旗，旋即施放号炮（空炮未有子弹），以明战也。

十一点四十八分，督船传令：开发头炮。俄而霹雳一声，可惜这一排炮计十二出，未有一弹命中者。敌应我以排炮，亦未有命中者，何幸如之？盖以相距尚远，炮力所不及也。

约计十二点时，相隔仅十一里之遥（是日西风偏南，我军占据上风），彼此施发大炮，轰震之声不绝于耳，弹子往来密如雨洒。

直至一点，东洋忽变阵法为湾【弯】弓势，意欲围攻我舰，我亦旋改阵法为长蛇形以破之。斯时只离六七里之遥，相睽逾近，中炮愈多。瞭见东洋连沉三舰，然两军阵法，犹是整齐，彼此势不相下，猛战又历半时之久，（约二点钟时）胜负从未昭分。（据"靖远""镇远"传说：敌舰中有一舰受伤过重，船头起火裂出，队伍悬白旗，以示降服。又云：前半点时，东洋督船约有十分钟之久，亦悬挂白旗。然此二事，军中有见有未见者，特补志之，以免挂漏。）

但此时（约二点半钟）倭队渐见散漫，我军亦如之。“济远”潜避后殿，“致远”折阵冲锋，毕竟直驶，向倭督船（“吉野”）撞碰（维持【时】督船相距最近，不过三四里之遥）。“致远”快炮十一樽【尊】，猛战已历一时，药弹告绝，无法鏖战。该船管带邓世昌，忠勇性成，决计拼死，谓众水手曰：“今火药已尽，又不能驶出战场，暂避敌锋，保救全船，奈何奈何?”众齐声应曰：“吾侪小人，素知大人存一敢战敢死之心，我等愿舍生命，以报大人数载之恩泽，而成大人夙矢之忠贞，请与敌人督船从事。”言未已，众声鼓噪拍掌而言曰：“碰督船，碰督船，碰着了，死犹生也。”噫！将帅忠勇，兵弁之效忠勇身，膺兵符者，可不以忠勇自矢乎？“吉野”瞭见“致远”驶来拼碰，急驶闪避，方向六度，一则以避冲锋，一则以施放鱼雷。“致远”驶距八百码之遥，“吉野”施发鱼雷二座，首雷击中船头，次雷轰着船腰，机器锅炉悉被齑粉。缘连中二雷俱在左边，水骤涌进，左重右轻，因而右边巨炮滚来，左边复加压力若干，俄顷，船即翻朴【扑】，船底向上，轮叶犹滚滚激水，约八九分钟时，船底渐见沉沦浸没，须臾间，全船渺无影向矣。

方其中雷将翻也，“广甲”赶来施救，遥见邓公站立舵楼高处（只隔“广甲”半里之遥），笑容满面，上下其手，似示水手跃水救命之方。举首瞭望，见“广甲”驶来施救，三鞠躬，三摇手，复又三指敌，以官衣蒙首，跃水毕命，吁！死亦烈矣。“广甲”见“吉野”赶来攻击（相距最近只有五六里之谱），未能久停施救，旋掷木椿数十枚、命圈数十只，驶向“吉野”，开发巨炮以攻。斯时，“福龙”“左一”两雷艇由沟内驶来助剿，“左一”紧傍“定远”，藉为护符，然有时离开“定远”，思放鱼雷，惜未机会一遇也。“福龙”始终藉“镇远”而左之右之，未敢或离，惧中弹也。

时将三点，“济远”瞭望“致远”沉没水中，愈觉胆怯心惊，竟躲阵中以避敌锋，不意造次间驾驶疏忽，猝将“扬威”舵尾碰坏。“扬威”震撼不已，驶掉方向，而舵又不灵，俄而敌弹飞来，适中机舱，锅炉汽管炸裂齑粉，顿见火焰飞腾，滋烧猛烈，满船惊惶失措。仓猝之际，跃水毙命者不知凡几，所余人数（船主、大副誓死不生），予力嘱其向下流跳跃，顺潮进口（大绿【鹿】岛相距约十三里之遥），活命较易，如是员弁水手相率跃水（全向下流跳跃），随流浮泛，船面只离水二尺许，渐就沉没，予亦跃水随流逐波，听天由命。幸而时届正潮，水势汹涌，直向绿【鹿】岛推逐，距该岛口门仅六七里之遥，忽来运载木料土舶一只，尽力施援，得离苦海而登陆岸，同予被救者二十又三人焉。未几，慈航（即土舶运载木料船也）驶傍绿【鹿】岛，渡予登岸。回顾“扬威”沉沦，毫无影向（“扬威”水手跃水时，被“左一”雷艇救起者四十有一人，共计获救而庆甦生者凡六十五人。余二百八十八人，尽与波臣为伍矣，良可慨也。悲夫!）。

方“扬威”之被碰也，“济远”驶出战场，开足轮机，迅驶飞逃，“广甲”“经远”继之，约离战场八九里之地，敌舶三只蹑踪追赶而来，纯用快炮攻击。“经远”行驶较慢，又缺尾炮，被敌环攻，中弹过多，受伤亦重，竟以沉没，“济远”“广甲”侥幸脱逃。“济远”直奔回旅，“广甲”因避敌锋，绕道曲径，时当潮退之候，未留心察视罗盘，疏忽间，竟驶搁三山岛上，缘时届夜分，三敌舰亦未蹑踪追逐。此“济远”“广甲”“经远”逃出战场之情形也。

维时钟至三点十五分矣，战势犹烈，炮弹轰炸之声隆隆不绝，然而阵法散漫，毫无纪律，我舶仅七艘鏖战（盖“扬威”“致远”已沉没海中，“济远”“广甲”“经远”又复逃避），忽又见“超勇”起火，烈焰飞腾，盖该船火药舱内中弹起火，以致势焰凶横，莫可救援，员弁水手相率跃水，获救甦生者只六十三人（俱是“左一”雷艇救起），余悉与波臣为伍矣，良可悲也。同时，“来远”中弹起火，猝驶出围，虽势濒于险，如法施救，旋亦扑灭。“靖远”“平远”二舰，火药告罄，驶往绿【鹿】岛暂避。（钟已四点）“广丙”各炮身滚热，药弹亦见匮乏，遂亦向绿【鹿】岛驶避。至是，战场中仅有“镇远”“定远”二艘御敌，而敌则五舰环攻，缘我“定”“镇”船身坚韧，中弹虽已千余，犹是安然无恙。

鏖战又历半时（钟已五点），“来远”“平远”“靖远”复又驶来勦剿，盖瞭望“定”“镇”起火，燎焰颇凶（洋员如法灌救，得免延烧，洋员即马继莽[①]也），赶来战场，非曰御敌顶战，然亦藉分敌力，以免专攻“定”“镇”二艘耳。口内两炮船（“镇中”“镇南”）、二雷艇，亦相继驶来，助队攻敌。

斯时钟已六点，两边俱已停炮，约三四十分钟之久未曾开放一弹（据“镇远”“来远”“靖远”传云，敌五舰中又见沉没一艘，大约被“定”“镇”巨炮击中要害，渐难支持，沉沦海中，然此事军中有未见者）。

斯时也，太阳西落，天色黄昏，敌见口内轮舶接踵而出，前来战场，不知埋伏若干，恐疲惫之舟，难当新至之舰，如是聚队（只有四舰）回驶，展轮奔逃。我军齐聚队伍，蹑踪追逐，约三四十海里之遥，督船灯谕，谓：兹已露滴四更，敌舰业经高蹈远涉，追逐莫及，各舰姑且展轮缓驶，以便逃还诸舰赶来归队，然敌虽远涉汪洋，瞭望迄无帆樯，我等防范之心总不可一刻懈怠，军家所以备不虞也。各大小船只炮弁、炮手就炮位处假寐，仍照常日警心备敌，至切至要。此谕。……各船奉谕之下，加意防守，通宵未眠。直至次午，驶抵旅顺，挨次定碇后，始行驰懈防守，注意收殓阵亡士卒，以及信电各家属传报平安等事。

此十八日东沟遇敌接仗之大概情形也。

……方全军之未抵旅也，“济远”隔夜十二点时驶来旅顺，旋亦进泊澳内，

---

① 马继莽，即马吉芬。

惊报龚鲁卿观查【察】云：日昨海军大队护送铭军至大东沟登岸，不意日本侦知，发来巨舰十四只与我为难，自十一点半接仗起，至六点止，我军应接不暇，竟被击沉数舰，我督船满船起火，未识已扑灭否？我“济远”折阵冲锋，意欲与敌督船碰触拼死，缘孤军独出，未获救援，竟被敌五舰环而猛攻，自见独力难支，又火药告罄，无已，带打带逃，冀保全船，不意天不绝我，“济远”竟被其追逐抵旅传报消息，谓即一面电致中堂，一面戒饬各炮台，严密防守，以备日人乘机来攻，是为至要。噫！方公义【益】堂，一逃再逃，捏造蜚语，至再至三，何其藐视王章，蔑视军法，肆无忌惮，至于此极耶？此其所以来杀身之祸耳。嘻嘻！

至吾侪前后获救登岸者，统计二百五十三人，大都皆衣履浸湿，枵腹难堪，幸岛内居民垂念食毛践土之义，重视捐躯杀敌之人，推食食之，解衣衣之，恩至厚，泽至深，昔韩信一饭之惠，报以千金，我等应如何感报耶？岛内民人，男耕女织，风俗醇朴，依然唐虞世界。有二耆老来相告曰：“汝众为国效劳，杀敌捐躯，至可敬也，如不嫌敝岛荒僻，资粮粗恶，请暂住三宿，蓄养精神，再为起程，遵陆赴旅。”众应曰：“谢谢！惟望长者指示路程足矣。”旋即口授路程，我等切记在心，闲谈数语，长老呼孙童来前，吩咐曰：“汝即回家，嘱家中赶做馒头二百，明晨即要，以为馈赆之资，藉供路上之用。”次日天明时，二耆老又来，携带馒头一筐，谓予曰：“由此处至貔子窝，隔有三日路程，汝等这一班十四人，可以彀【够】吃，汝嘱渠等扛之。”予即接过来，道谢再三，二耆老候至八九点时，我等起程后，方动身回家。吁！好行其德，不谓于此僻岛中亦可遘也。是晚，我等抵芝麻岭投宿。次日，复又就道，直至九月初三日安抵旅顺，一路宿露餐风，备尝艰苦，有笔难罄述之概【慨】。

予到旅顺后，叩谒军门，详禀“扬威”被碰暨中弹受伤，船主、大副跃水毕命，以及获救而庆甦生一切实在情形。军门闻听之下，赏余洋银百元暂作衣物、行李之需，并赏给水手每名洋银二十元正，一并发交，转给收领。

予叩谕【谒】军门，举辞而出，随即往谒各同僚，探询全军抵旅后一切举动施为。得悉全军抵旅时，众船瞭见“济远”停泊港内，同声唾骂曰：“方脱逃此次，可能再逃法网乎。任凭你诪张为幻之术，翻云鼓簧之舌，亦无从施其伎俩耳！”督船停泊岸畔，方脱逃即衣冠到来，见军门长跽而言曰：“学生叩求军门开恩优容，饶恕已往之愆，赏予自新之路，生自当竭力报效，万不敢再蹈故辙重干咎戾。”言将已，高声号哭。军门应曰：“汝藐视军法，至再至三，吾莫能恕汝矣，且吾已创重伤（脸烧、须焚、腿中枪弹，命悬旦夕），死吾职也，何惜之有？所恨者，此次若汝等不逃（“济远”“广甲”“经远”三艘），仍照二点钟时阵法，猛战一时，当必多毁敌舰，敌□自为背城借一之举，我合队冲碰，誓灭此朝食之志，纵未能剪除净尽，然亦可大胜而归。后患以泯，海战以戢，上报朝廷创设海军至意，中达傅相优待深心，下亦可为宗族交游光宠，一举而数善备焉，然而悉败于汝辈此一逃也。呜呼！国家养兵千日，用在一朝，平素领丰糈，烹【享】殊荣，膺恩遇，优且渥者，莫海军若也，皆所以责我辈效命战场耳，汝亦何不思之甚耶？今日自问于心，安乎不安？质之于理，忍乎不忍？夫行军以明赏罚为要，汝试思之，吾其能宥汝，而隳纪律乎?”言将已，龚总办遣价来迎军门，随即乘轮赴公所，会同龚观察将接仗实在情形电致傅相，随又电傅相云：管带“济远”副将方柏【伯】谦，临阵先逃，淆乱队伍，碰坏“扬威”，应以军法从事，以儆效尤。又，“经远”随逃，被敌击沉中途，“广甲”亦随“济远”脱逃，但方战之际，“广甲”奋勇争先，冲突阵前，不避弹子，环绕数次，然后始随“济远”奔逃，因绕道避敌搁浅三山岛上，据该船管带吴敬荣禀称，全船毫未受伤，只缘退潮之候，难以拖下，若将巨炮起卸数樽【尊】，候潮涨时用一二小火轮拖带，准能轻轻拉下云云。暂将吴敬荣顶戴摘去，俟其能否拖下，再为拟罪，请速转奏朝廷候旨，先理此数件事，至察明阵亡将弁、水手以及尤为出力人员，容俟续电奉闻。此十九、廿、廿一、廿二、廿三等日在旅电致傅相情形也。

十九日下午，军舰抵旅后，军门饬派各船稽察察视本船阵亡将士、水手以及轻重等伤，开呈清单报明，以便给发衣棺、养伤等费银两。察有“定远”洋炮手宜格尔①中弹身毙，当即备棺收殓，瘗于白玉山下。余洋员十一名，俱受弹伤，又总稽察汉纳根胸膛碰有微伤。是日午后四点半，中堂来电云：请即饬各洋员一并来津，以便面询梗概，又使该洋员等就近医治伤痕。龚观察当即饬派海关差轮“鲸【金】龙”载赴天津。各洋员临阵时，人人奋勇，视死如归，故一员得一员之力，未临仗，先多侈议洋员薪俸太优，倡议减除，几有成议。至是目睹敌战实情，钦佩不已，遂亦缄默不言。晚七点，“鲸【金】龙”解缆前赴大沽。

是役也，阵亡官弁八十七员，受重伤者二十四人，轻伤者三十又六人，水手阵亡者二千三百四十七名，创重伤者四百六十四名，轻伤者一百二十六名。二十、二十一、二十二、二十三等日，纯是料理阵亡将士、水手人等，并信电各该籍家属查知。

二十三日

晚七点，接读电旨：海军提督着右翼总镇刘步蟾暂行署理，以便提督丁汝昌潜心调理医治伤痕，并着该署督赶紧修茸【葺】船只，以备出洋游弋搜巡。钦此。

二十四日

晨刻，恭读电谕：北洋海军此次在东沟与倭匪接仗，战历三时之久，击沉敌舰三艘，我船亦沉没四艘，惟我舰十二艘应敌十四艘，犹能击败敌船，追逐

---

① 即“定远”舰上的洋员尼格路士。

至三四十海里之遥，缘敌舰行驶较捷，我舰追赶莫及，遂收队驶回旅顺。固属提督丁汝昌调度有方，要亦各将士奋勇用命，方能以少击多，克获胜仗。海军提督丁汝昌暨左翼总镇林泰曾、右翼总镇刘步蟾，一并交部从优议叙，此外立功将士，即着署督刘步蟾择优奏保，以示鼓励，而昭激劝。钦此。

午刻，接读电传圣旨：此次海军在大东沟与倭人接仗，“济远”管带副将方柏【伯】谦临阵先逃，淆乱队伍，碰毁“扬威”，实属胆怯避敌，藐视军法，着行斩首悬示军前，以儆效尤。钦此，钦遵转照办理。

二十五日

清晨五点时，小队四百名、刽子手二名齐到海军公所，候署督刘军门跽请王命。

六点时，大令到来，刽子手如法绑缚扛来市曹。刘军门云：“方义【益】堂，汝恃功妄为（恃修筑旅顺、大连湾、威海卫各处炮台之功），目无王法，意谓终不能致汝于死地乎？”方应曰：“吾知罪矣，然临阵脱逃何只吾一人耶？罪同而法因之无异，未有一罪而轻重可相悬殊者（指‘广甲’言）。”刘军门应曰：“汝伏汝刑，至同逃之人，将亦不免，汝又何必鳃鳃过虑乎？”言已，即命行刑。俄而枪声一响，顷见身首分离矣。吁！方公精锐聪明，竟死于聪明，所谓聪明反被聪明误者，其方公义【益】堂之谓乎！

二十六日

署督刘拣择尤为出力人员，开具清单，拟请奏奖。三十八人中，以“左一”雷艇管带、尽先选用县丞王登瀛【云】为出考语曰：东沟接仗，“左一”雷艇于枪林炮雨之中赴施救援，救起“超勇”水手六十三名、“扬威”水手四十一名，又于“致远”折阵冲锋驶触“吉野”时，逐后跟随，施放鱼雷一座，虽未能命中，究属奋勇争先，置生死于度外，深堪嘉尚，拟请免县丞以知县仍归优先选用班选用，并请赏加同知衔，以旌优异而资观感。

是午，恭读上谕：本年八月十八日，海军在大东沟洋面与倭人接仗，“致远”首先冲锋，船被击沉，[管带邓世昌]遇救不生，实属忠勇性成，死事尤烈，着照提督例从优议恤，加恩予谥。钦此。

二十七日

午刻，旨催署督刘步蟾赶紧修苴【葺】船只，以便出洋。

是晚，管带“广甲”吴敬荣回旅，详禀浅搁情形，奉署督谕饬，赶将“广甲”所有炮位并火药搬运来旅。并谕饬曰：“广甲”既不能拖带下岛，若为敌人瞭见，定必击毁，莫如赶快卸运军械，多卸一件，得一件之用。吴敬荣奉谕，随带“利运”小火轮前往装卸，又带工匠水手等四十八名一同前往（三山岛相隔旅顺约有七十里之谱）。

二十八日

午后，“利运”由“广甲”运到巨炮两樽【尊】（俱是十七【五】生克鲁

〔卜〕快炮）。

九月

朔日

午刻，“利运”由“广甲”运来军装、火药以及来福毛瑟等枪九百余枝。

是晚七点，天津督署来电云：陆军已败到凤凰城矣。

初二日

宋祝三宫保奉读圣旨：着即速开盖州，驻扎复州等处，以便应接后路。宫保当即转各部，迅速预备开差。

初三日

晨刻，接读傅相转电上谕云：海军左翼总镇林泰曾着以提督记名简放，并赏换骑车尉巴图鲁勇号，右翼县【总】镇刘步蟾着以提督遇缺简放，并赏换霍清巴图鲁勇号，至尤为出力将士，着该部（吏、兵）会同议奏。钦此。

是午，宋祝三宫保起节，各营防升炮恭送。

午后三点，予同被救人等抵旅，先谒军门丁，次谒署督刘，均蒙温语兆问，慰劳有加。

初四日

捧读傅相电传谕旨：着署督刘军门赶紧督催工匠人等日夜兴工，赶修船只。刘军门当即遵照办理。

初五日

午刻，“广甲”正在卸运船械，时来有敌舰五艘，随即燃放火药焚烧船身，以免资敌。

初六日

晨刻，“广甲”船生【主】吴敬荣回旅，面禀遇敌情形。

十六日

被救水手一百一十一人遵陆来旅，均蒙颁给赏银。

是午，口外瞭见东洋战舰十四艘，驶向东北去，大约径赴大东沟洋而游弋搜寻。

十七日

丁军门报伤痕渐就痊可，拟率领全军出洋游弋。

十八日

军门电致傅相云云：战舰七艘，现已次第修茸【葺】完全，请即转禀朝廷，系候旨遵照办理。

是午，接奉电谕云云：北洋海军提督丁汝昌，伤已痊愈，着即统率全军，出洋游弋，以免敌舰时常来我海上，肆行无忌。钦此。

十九日

大连湾来电云云：昨午，倭舰七艘并雷艇五只，停泊盖州，装运淡水。晚七八点时，始行开赴南洋岛而去。

二十日

奉旨饬全军出洋，当即遵照办理。

午后，齐出口门寄碇。

晚八点，全军起锚，驶赴威海卫。

二十一日

早九点半时，全军抵泊威海港内。

二十四日

早九点，天津来电云：貔子窝有东洋兵船六只护商轮四只，载有陆兵五六千人，似欲用小火轮渡卸下地。军门当即饬令全军升火，预传【备】出洋。忽又接中堂电云：所称东洋兵商等船，未知驶往何处，貔子窝未有敌兵下地，毋庸领队出洋云。

二十九日

晚十一点，天津督院来电云：貔子［窝］左近地方，泊有东洋兵商轮船十九艘、雷艇十一艘，意欲就此登岸，进扑奉天、盛京两省，截我后路接应，请速饬全军预备出洋，驶赴该处探放是否实属。当即谕令升火应令开驶。天津复又来电云：奉天、盛京戒备隆严，恐敌人由貔子窝卸兵，猝不及防，若是截我后路，接应前敌，诸军将见孤悬，策应不灵，岂不危如累卵？请即率领全军驶赴该处，迎头痛击是幸云云。军门当传谕各船起碇出洋，时午后一点，秋九月卅日也。

十月

初二日

本年气候不同，节届小阳，天气犹是温暖，只着薄棉衣服，若往年已着小羊皮袄。

全军驶泊貔子窝口外，并未见有敌船，军门饬派“左一”雷艇进口，探询土人何日曾有东洋船来此停泊。“左一”当即驶进口内，详询该处土人，据云：五日前，曾有东洋［船］到此寄碇，用小火轮运载水手十余名下地购买菜蔬，并汲淡水，翌日即开他处，并未见有何动静云云。“左一”管带随即出口复命。

初四日

全军驶抵旅顺口，军门据情电达傅相。

初九日

全军驶赴威海。

十三日

全军驶赴大连湾。

十四日

晨刻四点钟时，全军抵泊大连湾，据云盖州泊有敌舰十六艘、商船九只，用小火轮渡兵登岸。

是日晨刻，全军由大连湾开往盖州，迎击敌舰。驶至中途，忽遇英兵船二艘，以旗通报我督船曰：盖州左近地方，泊有东洋战舰十五艘、鱼雷艇十三艘，护卫商轮九只，卸运陆兵万余人。贵国战舰七艘、雷艇五艘，驶往争锋，作背城借一之举，勇固可嘉，其于实事无济，何不为暂避三舍，以观动静云云。军门随亦旗复曰：“二宝舟可能驶赴旅顺盘桓一日否?”英轮覆旗云：“行。”比即传谕各船驶往旅顺。

午后三点，齐进口停泊旅顺澳内。军门随约该二管带登岸赴海军公所晤谈，时据云：此次倭人载来陆军一万七千余人，就盖州下地，回扑金州、大连湾两处，一则以为截贵国后路接应，一则以为取贵国旅顺张本，请即于此处严加防守云云。军门比即据情电致傅相，请即通饬该处统兵将帅，务必严密防备，深戒疏虞云云。

是晚，该二管带留宿海军公所内东官厅堂屋中（至此处设有洋床并一切动用家具，专供西人之用）。

十五日

该二管带晨刻开赴烟台。

早八点，傅相电饬旅顺、大连湾、金州、盖州、复州等处统领：勤加操练，慎密防守，倘有疏虞，定即具奏，按照军法从事，其各凛遵毋违，切切。

十六日

早九点，傅相来电云：全军暂驻旅顺，帮同陆军防守，以备不虞。

十七日

晨九点半时，大连湾来电云：倭人三千，业已占据金州城内。

午后，又来电云：徐统领道邦【邦道】率兵三千，前往金州迎敌。

晚七点，大连湾复又来电云：徐统领帅【率】兵已抵金州，尚未开仗。

十八日

午刻，大连湾电云：徐统领开仗已历数时，尚未见有胜负。午前赵小川统领率众四千，前往助剿。

晚八点，大连湾电云：徐统领鏖战猛勇，从未见有胜负，然闻倭兵又到有六千，来此襄助。

十九日

晨五点，大连湾电云：敌到援兵六千助战，锐气一振，我军由是败绩，徐统领受伤颇重，命在旦夕。

方徐统领之将败而求救赵统领也，赵小川统帅不肯发给援兵，谓徐统领曰：“我欲开差前往大连湾防守，以备敌兵窜往。”徐统领哀求至再至三，赵终不听。吁！以疲惫之兵，当新到之卒，徐之败，赵实为之也。

二十日

早六点，徐统领扛来旅顺，备述战败情状，叙及求救赵小川，哀恳发兵，辞曰："若金州一失，大连湾定难防守，莫若先期克复金州之为愈也。我辈敌忾同仇，际此金州危急存亡之秋，正将士效命战场之日，应当不分畛域，休戚相关，况救金州，即所以保大连湾也。汝试思之，是耶非耶？无如赵终不听。噫！今已矣，吾之伤重矣，命在旦夕，惜乎，区区敢战之忱，卒未能如愿以偿，则殁身之恨，将含叹于九泉矣，哀哉！"众将帅聆悉之下，无不咽喑涕泣，劝慰再三曰："暂将伤痕疗治痊可，终有雪怨之日，姑且耐心安之。"

丁军门言于龚总办曰："睹此情景，大连湾势难久存，吾欲率陆军数千名为背城借一之举，拟派统领亲军黄士【仕】林打接应，统领护军姜桂题作埋伏，海军右翼总镇兵刘步蟾率领水手五百名，携带快炮三十樽【尊】为策应。倘能击退敌人，克复金州，则接应灵诵，运解便易，岂非转危为安，易祸为福耶？"不料商之黄士【仕】林，而士【仕】林不允；告之姜桂题，而桂题不诺。龚谓军门曰：阁下可率全军驶往刘岛驻扎，各安本职，毋相搀越，以予窥揆情形。敌虽强悍，终难越我雷池半步，况旅顺天然险固，复有重镇以守之，岂可轻易疏失云云。军门闻听之下，随即回军，令各船升火预备出洋。待军门将金州、大连湾以及旅顺实在情状详细电致傅相后，即令各船开出口外，驶往刘公岛，斯时已至午后五点半钟矣。

二十一日

晨六点，全军驶抵威海卫。

是晚六点，刘岛山顶旗云：遥望轮舶一队，向东北方行驶。

二十二日

晚七点，雷艇八艘齐来威海。据云：昨日午后二点钟时，龚总办令"左一"雷艇载送烟台，声称到烟发电，禀知傅相大连湾已失、旅顺告急云云。东海关道刘香琳【芗林】观察[①]面劝龚曰（是时龚即思逃，不愿再赴旅顺）："阁下发电后，务必赶赴旅顺，帮同防守，以备不虞。夫旅顺为水师驻防之地，控扼东三省咽喉，国家经营十余载，存储军械、粮饷、煤斤，以备急时之需者，不知几千百万，精华所萃，中外悉知，倘有疏虞，全局不堪设想矣，惟阁下甚图之。"龚唯唯，应声而退，午后仍令"左一"升火，预备回旅。四点，上船忽告"左一"船主曰："直往天津，吾欲面禀中堂一切详细情形。"又谓我七艇曰：汝等暂赴威海，迨予回旅后，再为电致汝等回旅可也云云。

二十三日

清晨四点，军门命"右一""左三"两艇前往旅顺侦探情形，遵即解缆展轮。

① 刘芗林，即刘含芳。

午后三点半钟，复来威海，回禀军门曰：旅顺当下扰乱不堪，各营兵勇抢掠奸淫，无所不至，缘各营统带于龚总办潜逃后，相率航海他往，坞中大小委员、司事雇赁民船，将库内存储料件悉运出口，有赴烟台者，有赴天津者。玉成官银号昨午被勇丁抢掠一空，并杀伤号内司账先生二名。视此光景，旅顺即不为敌人占据，亦难安静久存。况东洋已踞金州、大连湾两处，倘探报知旅顺如此光景，必即发兵来攻，将见敌人垂手而得，无用发一弹，开一枪矣。各营兵勇搭兵船出口者，业已三分之二云云。众人闻听之下，长吁短叹，未有不骂龚照玙为罪魁者。

二十四日

午后，有民船四只自旅顺航海来，言于众曰："旅顺市面枪杀奸淫，无一不有，我等昨晚七点出口，闻洋兵队只离旅顺四五十里之遥。"

二十五日

晨刻，天津督署来电云：旅顺失在旦夕，奈何？

午刻，民舶二艘来自旅顺，言曰："吾众昨午出口，知各营兵勇已逃往他处，仅有鱼、水两营兵丁尚余二百三四十人弹压市面，扰乱斩杀，沿门抢掠，然当下不知是何现象矣。"

二十六日

水雷营帮带许绳祖自旅顺逃来威海，面禀军门曰："二十二日龚总办潜逃后，旅顺喧传，谓龚乃旅顺重将，平时膺大权，享厚糈，侈谈节义，旁若无人，至是首先脱逃，置职守于度外，我等委员、司事、工匠、人役尽可随逃。言已，委员、司事人等相率雇船，尽其库藏所有，运赴民舶陆续载运出口。又闻是日黄、姜、赵三统领，以及扼守后路卫统领汝成一齐微服扮作渔夫模样，潜雇民船载往他处。本日下午市面、坞、所各处抢掠奸淫，屠【荼】毒夺劫，无一蔑有。二十三日更甚。二十四日，有自大连湾到旅者告于众曰，日本自得大连湾后，修筑炮台，安布旱雷，待大连湾营造坚固后，再来攻打旅顺，然则旅顺之亡，可计日而待也。"

二十七日

鱼雷营管带刘秉镛自旅顺来威，禀谒军门，大致与许绳祖相似，惟言二十四晚七点时，东洋探马来旅侦咨情形，又有陆兵三千专攻旅顺后路，而旅顺各营统带早已效黄鹤之高飞，所余兵勇尚不满三百人，安能抵御之耶？旅顺之亡，必然无疑矣。

(旅顺三千为卫统领汝成扼守，早已潜逃他处，何用专攻，后路又何须人守耶？呵呵！)

二十八日

有数武弁自旅顺来威，面禀军门云："二十五日以前所有情形，想军门已得其详矣。惟旅顺被敌占据，大约尚未深悉。二十五日晨六点，东洋步队数百名，自老铁山一带而来，只闻排枪之声起于四境，究不知来自何方。枪声渐渐临近，未几巨炮亦时有所闻。又有马队千数百名来自旅顺后路，只缘御敌无人。延至早十点时，步、马、炮各队齐抵船坞处所口外，敌舰一十二艘，截搜出口民舶。待至午后二点，敌船齐同进口停泊船坞澳内，东洋陆路总统旋亦张贴告示安民，并查视街上铺户，谕以照常贸易，断不残害汝等，惟不准留寓将弁水手兵勇以及藏留枪炮军械等器，愿出往他处者，听其自便，万勿阻挠。惟一经进口报名注册，或商或民，不准再往他处，防泄机密军情等要件。此二十五日、[二] 十六日敌至旅顺后所作所为之大概情形也。”

二十九日

早十一点，民舶十一艘接踵来威言于众曰：“吾等昨午由旅顺解缆出口时，东洋兵勇搜寻再四，须未带军械等件方准开出，否即扣留重办。至街市铺户、乡里人民，近仍如常。机局机器、火药、粮饷、煤炭，悉用我坞内‘敏捷’‘利运’两船载往长崎去了。”

午后二点，军门将旅顺失守直至用我“敏捷”“利运”两船装载物件驶往长崎一切情形，详细电致傅相。

十一月

初二日

天津督院来电云：龚照屿【玙】已奉上谕着交刑部发行审办，至黄士【仕】林、赵怀烈【业】、卫汝成等，不知逃往何处，着江西、安徽、直隶各省督抚一并严拿务获，送交刑部审讯，按照军法治罪外，姜桂题已逃往宋祝三处，恳请具奏留营带罪立功，宋祝三业已据情出奏，奉旨着照所请。钦此。

初六日

有自旅顺航海而来威海者报曰：东洋自踞旅顺后，将船坞机器运回国，风闻将上等机器留在本国机器厂使用，次等悉运往旧金山，押银至四五百万元之多，以作接济兵饷之需云云。

初九日

天津督署电云：陆军屡战屡北，闻敌人已踞有凤凰、九连等城，前敌各军均是乌合之众，终必难得力，只看聂公庭【功亭】一军能得力否？如仍不能抵御，则奉天、盛京将若何防守，恐即永怀愁不寐矣，上策难筹，焦急之状，非笔墨所能宣也，可奈何？

初十日

晨刻，接奉傅相传电谕旨：着海军提督丁汝昌加意保守“定”“镇”两铁舰，毋得稍有损伤等事。

午后，傅相来电云：奉旨，山东巡抚李鉴堂中丞[1]督办山东海防，驻扎烟

① 李鉴堂，即时任山东巡抚李秉衡。

台，并办理海军后路粮饷等事。

十二日

预备接李中丞鉴堂前来威海查验海防。

十三日

早八点钟时，李中丞节临刘公岛，验视东、西两口炮台。午后，亲赴演武厅，校阅岛内陆兵操练，并查勘东西两口防堵，安布水雷之势。

十四日

清晨七点，中丞驾赴威海卫，校阅绥、巩两军操演。

十五日

早，中丞起节回烟，军门暨岛内护军统领张德三结伴赴威海卫，恭送中丞行旌。

十六日

晨刻，烟台电云：登州海面有东洋兵轮两只、商船四只，用小火轮运兵登岸，购买零星食物。据云，商轮中载有陆军数千人，是又寻觅口岸下兵者。

午刻，海军齐开出口，驶往登州探敌。

是夕十一点，全军抵泊登州，并未见有东洋船只，当即用小火轮渡数人登岸，询问本地土人，究竟有无东洋船只来此停泊。据云：日昨午刻，曾有日舰六艘，约二三十人下地购买食物，旋又驶往旅顺，并未见有其他动静。

十九日

全军由登州赴烟台、庙岛、石岛等处，查看情状。

二十二日

午刻，全军驶返威海。方各船之进口也，午潮正落，“镇远”驶避水桴，猝转舵机，竟擦碰刘公岛山嘴乱石上，将船后半截（长三丈余尺，阔五尺）触毁破裂，并伤及机器，锅炉舱内水骤涌进，边重边轻，船即歪倒，敷衍进口，停泊刘公岛水浅滩之处，以便查勘修理。

午后三点，军门亲赴“镇远”察视碰裂情景，管带林泰曾曰：“赶紧修苴【葺】，看能修筑完好否？如其不能，势必电致上海船坞总办，请其饬派洋匠数名来岛察勘，应如何修苴【葺】补筑之处，再为定夺施行可也。”军门随又将碰毁情形直电傅相。

晚七点，傅相电云：如本船洋匠不能修补，即请电致上海船厂，雇请造船洋匠数名来岛勘验修苴【葺】，是为至要。

二十三日

晨刻，“镇远”洋匠禀称：“碰裂伤痕过大，难以修苴【葺】，请军门电请烟台海关洋匠二、三名来此勘验，商同举行。”军门随即致电烟台道：“请转商税务司，饬派洋匠二名迅速来岛验视，是为至切至要。”

二十四日

早八点，烟台海关洋匠二名来岛，当即引赴“镇远”验看情形。据云：

“受伤甚重，断难修苴【葺】完全，暂将铅片修堵拒水，以免淹毁机器、锅炉等件。然后再用象皮夹二三寸铁板，由里面补贴，应能行驶无虞，此不过暂为救急之法也。至要修苴【葺】坚韧，必须进坞方可。”众船主暨军门聆悉之下，深为许可，比即兴工修筑。军门复又电致上海船坞总办，请派洋匠数名来岛，帮同修理补苴【葺】等事。

二十五日

早九点，刘步蟾亲至“镇远”验勘修苴【葺】究竟若何。林泰曾问策于刘曰：“旬日前，曾有上谕，着军门加意保守‘定’‘镇’两舰，毋得稍有损伤云云。今误碰裂修苴【葺】，又未能完全，朝廷闻知，予祸将不测矣，奈何奈何？”刘曰：“是，是，前有上谕着军门加意保护，今卒损伤，倘傅相奏闻朝廷，皇上定必大发雷霆，则将不仅汝一人速祸，吾与军门势必连累及之矣。吾心烦虑乱，迄未思有上策。”林泰曾闻听之下，愈觉惊惶无措，揆生路之难觅，思服洋烟以自尽。晚七八点时，以阿芙蓉一盏，合洋酒数两，背人吞服，延至天明时节，毒气勃发，呻吟床第，待医生到船验看，业已受毒过深，无可救药。

二十六日午后，竟致一命呜呼，当即禀知军门，并知照各船悬旗志哀。是夕，军门将一切情状，详细电致傅相，以备转奏。随奉朝廷谕旨：着北洋海军提督择人接署“镇远”管带事宜，以专责成。军门当即电致傅相：请转电朝廷，暂以副将杨用霖接署，至递遗等缺，容续择人员接署，以专责成。

二十七日

晨刻，军门通饬各船将弁前赴左翼总镇灵前祭奠。

是午出殡，雇用民舶一艘运赴烟台林公馆内暂行停放，俟有便船再行运回本籍安厝。

二十八日

午后，洋匠六名由上海船坞厂派来，比即前赴“镇远”验看，所云大致与烟台海关洋匠无异，准于次晨起手帮同修理。

二十九日

午刻，军门随同各舰管带前赴“镇远”查视工程，勘得前此修苴【葺】尚称颇可，惟恐需时过多，随又商量各洋匠日夕兴工，赶快修补，以便急时应用云云，各洋匠点头应允。

十二月

初五日

早九点时，洋匠等奏称业已修补完全，请军门驾临验视。

午后，军门随同各船管带诣赴“镇远”，令升火行驶，并连放巨炮数出，验视曾否堪任震撼、动摇、鼓荡等战力，勘得修苴【葺】之处尚称坚韧胶固。洋匠奏曰：“如期坚韧可靠，除进坞修苴【葺】外，别无良法，如若停泊修补，匠等此次所用之法可称绝顶，舍此洵无可施之法。”军门深为嘉许，除照给薪资外，另赏洋银三千元正，该匠等喜出望外，感谢再三，然后祗领收纳。

初六日

晨刻，该匠齐赴提署叩禀辞行，军门接见以礼。午刻起程，齐往烟台。

午后，天津督署来电云：已奉总理海军衙门督办电音，谓已派徐星使①前往威海验勘“镇远”，并校阅陆军操演。

初十日

午刻，徐仲甫【虎】星使抵威，借绥军演武厅暂驻襜帷。

十一日

早八点，徐星使节临“定远”，各船将弁齐赴该船禀见。

午刻，齐往“镇远”察勘修苴【葺】之处曾否坚韧可靠。

是晚，天津督辕转传电旨云：海军提督丁汝昌，当旅顺告急之时未能前赴救援，是属有旷职守，着行革职留任，仍着该提督加意防守北洋各海口，毋得再有疏忽失守等事。钦此。

至旅顺另有重将扼守，陆营林立，闻风溃逃，东洋并未开仗，垂手而得，咎在各军统帅，于海军提督何干，乃竟罚及无辜，适所以伤志士之气耳，西人是以有赏罚不公之诚【讥】焉。

十二日

晨八点，敌舰三艘窥我威防，两口各炮台潜心防守，测量远近，再为开发巨炮，不意敌舰驶离过近，东口炮台一发而中，敌亦旋往他处。据云：中弹船只受伤过重，未能自行驾驶，被两船夹往他处云云。

是晚，天津督院电云：据东抚李鉴堂奏称，北洋海军提督丁汝昌，大东沟遇敌疏于调度，旅顺口失守忽于救援，“镇远”碰毁缓于修苴【葺】赏罚不公之诚，再误三误，深旷厥职，着即行革职拿问晋京，并有旨着北洋大臣于各路将领中择人接替，以便该革员抽身来京云云。

十三日

晨刻，徐星使由威返烟，遵陆北上，盖节值封河时也。

十四日

刘公岛水师驾驶学堂大考毕业，照章给假三月，回籍省亲完娶等事。

是午，李中丞鉴堂电致军门云：成山头电禀，刻有东洋兵轮数艘游弋海面，似欲觅地卸兵者，请即率领全军驶赴该处，迎头痛击。军门当即旗谕各船，预备出洋。三点，又来电云：据成山电称，敌舰业已高蹈远涉，毋庸出洋。

十五日

烟台电云：徐星使适逢海关“鲸【金】龙”轮舶前往山海关，递送紧要公

---

① 徐星使，即徐建寅。

文，李中丞随即商量税务司，恳情附搭，比邀允准，午刻展输出洋。

十六日

早，天津督署电云：复州失守，海城戒严。

十七日

中军严观察发给悟性恤赏银两，寡妇孤儿哭声载道，悲惨情态，竟有目不忍睹，耳不堪闻者。

予代同学、同班前后阵亡十九人禀请发给恤赏银九千八百十七两正，领后概交烟台宝昌，分途汇寄外，附贴书信，注明住址，确交某人查收。后数日，一概奉接查收回信，未有一误。

廿二日

天津督署电致军门云：徐仲甫【虎】星使回京复命时，面禀海军衙门，称威海各将领中，惟马道健辅[①]一员才大心细，忍苦耐劳，洵堪擢充海军提督之任，以便革员丁汝昌来京对质云云。然海军衙门督办，尚未具奏。吁！自来行军谤书盈箧，而卒能成大事建殊勋者，比比皆是，何只阁下一人，祈耐心安之，以待时命之适然耳。

二十三日

晚，烟台电云：倭船数艘环攻登州，炮弹乱飞乱击，毁坏民房不少，百姓惊惶失措，大半多转徙他乡。

二十四日

晨刻，烟台电云：倭舰由登州驶往成山。

晚，又来攻登州海岸。

二十五日

清晨，倭舰仍赴成山，由龙须岛以小火轮拖带舢板，渡兵登岸。据探马云：绥、巩四哨炮队以七生半快炮击之，毁其小火轮一艘、舢板二只，敌舰瞭见，遂以巨炮向岸攻击，我队难以抵御，败走荣城【成】县。旋又有探马报称：岸上敌兵尚不足千人之数，山东有阎统领[②]率队三营，前往迎敌。惟该营兵丁皆新募，不特训练未精，即器械亦不知使用，驱之御敌，何异乎驱群羊入虎阵耶？其不能战无疑矣。荣城【成】遂为敌踞，倭队渐次加添，是晚即过荣城【成】十余里。绥军派往三营，比即迎到三官庙（距荣城【成】三十余里），侦知敌兵既克荣城【成】后，颁令率向西来，威海南帮空虚，随将该三营撤回，谨守威海南帮。

二十六日

绥军三营，后与敌遇于桥头集。

---

① 马健辅，即马复恒，时为北洋海军营务处会办鱼雷营三品衔候选道。

② 即阎得胜。

二十七日

敌马队到桥头集开仗，击退败走，杀敌人二，伤亡甚夥（有谓伤至七百余名）。

二十八日

敌步队到桥头集，又击败逃走。

二十九日

晨刻，复战于桥头集，胜负未分。

三十日

彼此均无出兵之事。

光绪二十一年

正月

初一日

绥军三营与嵩武军大战倭匪于虎口之南，追退六里许，倭人伤亡甚众。东抚李鉴堂犒赏银三千两。

绥军三营是夕忽接戴统领命谕，饬该三营星夜撤回，防守北帮（未识缘何调回，威海失守之速，实基于此）。嵩武军见绥军猝调回威，亦退守杨亭，以备倭兵西窜。

是夜，敌人仍到南虎口。

初二日

嵩武军猛战倭人于杨亭，大败之，然嵩武军士卒伤亡不可数计。

是晚，绥军又开到南帮之枫岭，即虎口山之北。

初三日

战于虎口，胜负未判。

初四日

倭人闯北虎口，绥军遇之，擒获十五人，斩杀示众。未几，倭人一队避于小村中，又为巩军侦知，即派兵两哨环而攻之，倭队拼命闯出，伤亡不计，戮五人，悬其首于营门之外（海军统帅见之，赏银五百两，巩军统领亦赏银五百两）。

初五日

黎明时，倭人在虎口山外排列大队，东自灶北嘴，西至西海套之岸，横截南帮各炮台于虎口高山之内。倭人遽登山顶，踞高临下，用快炮八九樽【尊】直击巩军守长墙之兵暨南帮各炮台。转瞬间，敌兵盖地而起，蜂拥而来，不辨其数目多少，绥军三营陆续败走，长墙兵弁多死于难，倭兵伤亡不计其数。刘统领见势难抵御，即率兵勇转向前攻，然倭人从山沟突出，枪弹如雨，刘统领冒险受伤，晕倒伏地，俄而本营差官赶来，扶至小火轮中，向北帮驶避。

斯时，鹿角嘴炮台失守，兵尽死亡，龙庙嘴炮台继之，获生较多，灶北嘴炮台揆势难孤立，当将钢底钢圈掷抛入海（该台守兵具【俱】是水师报奋勇水手），子药库自行轰毁，该台旋为倭人占据。

方刘统领回向前击也，忽被倭人围攻，几难冲出，拼死猛战，幸适海军大小船只驶赴西海套，攻打南帮倭队，并用悬击法击毙倭人二千有奇，倭人退走，遂解巩军之围，然而逃出重围者亦不过四百余人耳，余皆身亡阵中。

如是，海军各船暨刘岛各台齐开巨炮，专向南帮攻击倭人踞台之兵，并欲击毁炮台各炮，以免资敌使用。炮虽击毁，无如倭人旋毁旋修，缘其带有匠人一船，船中军械各要件，无不装载齐全，以便急时需用。所幸者，此时踞台倭兵皆是枪队，故发无准头，弹皆虚掷。

（后有美国访新闻者云，当时倭人受伤甚众，萌有退志，惜威海兵力过单，未能趁时追剿，良可叹也。告奋勇，卸钢底钢圈水手，皆是“左一”雷艇兵丁，管带即王登瀛【云】也。此次轰毁子药库时，敌人业已到来，拼死抢夺，然终为王登瀛【云】毁坏，论功给赏，当以王登瀛【云】为第一，旋颁发赏银二千两，并缮折专保，着人装办渔夫样子送往烟台，报递东抚。）

初六日

倭人由南帮进攻北帮，未到，为北帮三营探知，自顾无长策，又无抵御劲敌之资，惧蹈巩军故辙，遂陆续溃逃。绥军统领戴宗骞移踞祭祀台，相随仅数人而已。

午后，绥军所余三营，亦悉数遁去（戴宗骞统带绥军六营，又是绥、巩两军总统）。

初七日

早，戴宗骞独坐祭祀台上，军门随将小火轮渡载进岛，恐其潜行逃逸，复又将各台炮位钢底锥【钢】圈卸下，子药库统行焚毁，盖此时北帮无一兵勇防守，若不全行毁坏，恐资敌人运用。

是日午刻，威海为倭寇占踞。自是刘岛、日岛以及海军大小船只相率被困。

是夕十一点时，戴公宗骞自尽于刘公岛上。

初九日

晨刻，“广丙”水手十余名登岸到祭祀台，抢倭旗两道。

八点，倭人由东南两口水陆夹攻刘公岛及海军船只，内外互击，胜负未分。

初十日

风闻倭舰数艘由旅来威。

是夕，敌雷艇四艘潜驶进口，巡哨兵役瞭见，疑为本军雷艇，遂未留意防守。

十一日

早四点，倭雷艇四艘潜来，击伤“定远”，该舰受伤甚重，随即驶往刘公岛岸傍，幸未伤人，然船已半边歪倒矣。至敌艇四艘中，一弹中气【汽】管，轰毙四人；一弹中锅炉，沉没南帮近处；余二艘究竟不知沉沦何处（事后据访事人云，余二艘沉于东口边岸）。

八点，东南两路水陆交攻刘岛、日岛及海军战舰，日岛药库中弹轰炸，地阱炮架机器亦被弹伤。刘岛东口炮台击伤敌船两艘，该船受伤极重，幸遇救援，得免沉没（是台守官即为袁金山总镇，曾往德国习学武备，炮法颇精）。

倭船此日进攻之法，每两点钟即驶回下椗，是乃海军操练船阵之式。

十二日

黎明，"来远"快舰、"威远"练船、"宝筏"差舶均被敌艇击沉。维时，"来远"管带邱宝仁、"威远"管带林颖启均离船登岸，作狎邪游。噫！此何如时也，尚得兴高采烈，呼妓侑酒，置防务于度外耶？故曰刚愎不仁者不可以为将帅。"来""威"二管带，素性桀骜，屡不用命，厥后投递降书主于斯二人之意。[军中谣曰：方胆大（即方柏【伯】谦也），邱横行（即邱宝仁也），林军师（即林颖启也），假施善行，三人不死，军中何日安宁?] 至方公已伏诛矣，然林、邱二公传闻又擢为重整海军大将，此西人所以有赏罚不明之讥焉。

十三日

黎明，倭艇闯驶进口，施放鱼雷未中。

八点，倭舰及南帮踞台各队一齐开炮，攻我刘岛、日岛以及海军船只，我船、台协力抵御，将近一时之久，见敌舰拼死进口，我亦拼死抵御，敌旋退驶出外，炮声遂寝。

午前，众雷艇管带齐赴督船禀军门，曰："我辈深受国恩，无以为报，愿齐驶出口与敌督船冲碰，生死存亡早已置诸度外，恳求军门俯允下忱，俾得捐躯上报，则衔环结草，永矢弗谖于九泉矣。"军门颔之，午后二点，众雷艇陆续出口。时方三点，遥见敌舰数艘飞驶赶来，各雷艇遂奔逃烟台，有在途被劫者，有击沉者，有驶触沙滩者，九雷艇竟无一艘存留，良可叹也。

"福龙"管带蔡廷干被掳，"左一"管带王登瀛【云】奔走海滨，遵陆赴烟，十四日晨刻行抵烟台道署，报称海军全军覆灭，李中丞遂据报奏闻，旋奉谕旨：着中丞退守登、莱二州，驻节黄县。如是中丞将饬赴救援苗兵五千人撤回（此五千苗兵已奉有旨意，令赴威海卫解水师重围）。

是日午前，刘公岛铺户及岛内民人等，同赴军门前哀求救命，军门温语抚慰，告以"两国交兵，非同匪寇，倭人即踞有刘岛，亦不能残害居民，汝等尽可放心"，众遂散，然而老少啼哭之声，时有所闻。

十四日

倭兵未来，我兵士亦藉以稍憩。

十五日

早八点，敌来攻，未下，退用南帮炮台巨炮击沉"靖远"铁甲快舰，缘弹子由水线斜穿机舱轰炸锅炉，是以沉没，伤亡三十余人。该船管带叶祖圭【珪】亦未在船，与林、邱二管带事出一辙。

午后二点时，"定远"管带刘步蟾以手枪自毙。

十六日

倭人未动。岛内居民、兵勇人等同赴护军统领张德三、德国教习瑞乃尔处，哀求齐往“镇远”叩请丁军门如何办理，俾我获有生路。张统领、瑞教习允如所请，待抵“镇远”时，众宣言曰：“今已危急万分，粮饷渐尽，火药绝，欲战不可，欲守不能，奈何？况我等父母、妻子统行寄居此岛，倘敌人攻进，将死无遗类矣。千求军门恩施格外，别开我等一线生路。”军门曰：“重围被困，朝不保夕，吾已知之矣，但东抚许有救兵，谓一二日可以到来，若竟舍此奔逃，岂不是前此苦战死守之功隳于一旦耶？况水有敌舰，陆有敌兵，深困重围，脱逃洵非易事，策之上者，莫妙于拼死守候，迨援兵到来，外攻内应，自有解出重围之日。”众应曰：“援兵可是真有其事？”军门曰：“汝其放心，吾终不汝绐也。”众遂散，然而焦愁之色，显见于面矣。

十七日

晨刻，倭船及南北帮踞台各兵，齐开巨炮攻刘岛南嘴炮台，该台兵士伤亡甚众，房屋亦多摧毁，幸炮位尚未折坏。

午后，倭人又在北帮开炮，攻击黄岛炮台之炮，又以巨炮击海军船只及岛内地阱炮台。如是，各台、各船齐开巨炮以应，直至五点，倭人始罢。

是晚，接得烟台通信：李中丞业已退守登、莱二州，驻节黄县。十五日赴送行旌时，面云：无有援兵前往威海，遵即饬差送信前来，以免阁下悬望云云。展阅之下，军门惊慌失措，旋谓各船主曰：“今已明奉回音云：无有援兵来威，死守无益，策之善者，莫若开出口外，拼碰敌船，总有船只能逃往烟台，俾不至坐视全军覆灭殆尽。”众船主不允，未及再聆军门命谕，俄而陆续散走。军门见号令不行，比即吞服洋烟，护军张统领相继服毒，延至次日黎明，先后毕命。

十八日

晨刻，闻军门暨护军张统领已死，众船主曰：“我等今有救星，可按照万国公法，投递降书，倭人当不我害矣。”议遂定。

九点，牛营务处及瑞洋人言于众船主曰：“速将船械摧毁、炮位伤残，免资敌用。”众船主皆不听。

十点，“来远”船主邱宝仁、“威远”船主林颖启、“广丙”船主陈【程】璧光三人，齐赴敌营投降书，诈谓：“丁军门饬我等来此投递降书。”敌督曰：“贵军门果在乎？”（疑丁军门已死，不然断不至有人来递降书。盖前此日督“大鸟”曾有书来，力劝丁军长【门】投降，军门终置不理，并将日督来书邮寄傅相观阅。）三船主应曰：“在我等来时，丁军门嘱曰：‘我在海军公所等候回音。’。”日督当即回复准信云：“手示备悉，一切均照遵命施行。”又饬将官二人具礼四色，嘱同三船主齐赴海军公所叩谒军门，虔请钧安。迨到公所后，见军门早已身死，倭将曰：“汝等何必欺敝督，谓丁军门尚在耶？”三船主应曰：“军门在与不在，我辈准能将降书中所具军装粮饷照数递呈，请阁下转致贵军门，无烦罣虑是幸。”倭将旋复回营禀复情状。

是夕，倭督复致书于各船主云：请阁下等将递交件数，照单点清，并祈盖印画押，以便明晨饬将验数收存。至投降事件，准照万国公法办理，阁下等传谕岛内居民人等一体知悉，倘愿留岛居住，或仍作贸易者，听从自便，其不愿留岛者，请将“康济”练船悉数载赴烟台，至“康济”一船请阁下等自行留用，毋庸交纳，业已通饬敝军各船知照矣云云。

是夕通宵，各船主、牛营务处、马健夫【辅】观察以及煤厂总办等，将单内件数全行点清，盖印画押，以便交兑清楚，附搭“康济”前往烟台。

十九日

海军各船（此时仅存有蚊字炮船六艘，“济远”“广丙”“平远”铁甲三艘外，“定”“镇”两铁舰业已中雷，受伤极重，未能行驶自如，此即统共投降船只也）、刘岛各炮台以及岛内各厂局所，高悬白旗。未几，倭人到来，升炮志喜后（放巨炮二十一出，并悬挂全旗，以示极喜），只有倭将二十四员随带跟随兵勇五十名进岛，齐赴海军公所察验印押，照数收纳，旋谓众船主曰：“阁下等可将丁军门、戴统领、张统领以及‘定、镇远’管带等忠臣灵柩，一齐附‘康济’载往烟台。”（“镇远”管带杨用霖为林、邱二管带逼画降押后，自思身受国恩，至优且渥，既未能杀敌致果以抒国难，又未能马革裹尸以副素志，尚靦焉甘心臣掳，不深有愧于君父哉？因以手枪自击毙命。说者谓刘步蟾、杨用霖二员为闽省管带中佼佼者，未始不可信也。）

午后二点时，倭将等复回威海，禀复提督照单收纳之命。

二十日

倭兵未有一名来岛骚扰者。

是日，赶将忠魂灵轮【榇】搬赴“康济”。岛内军民人等多有遵陆赴烟者，倭督于每二百名中，饬派倭兵十人押送，以便路过敌台时，毋相阻扰。

二十一日

晨刻，岛内愿赴烟台者陆续走出一空。至九点时，“康济”挂旗出口，九点半展轮，时各倭舰升放二十一炮，恭送丁军门暨各将领灵榇出口，以示极重阵亡将士云云。

午后二点抵烟，旋奉上宪示谕，委派东海关道刘香琳【芗林】观察量予川资，着海军弁兵勇等，即速各回原籍。

二十二日

清晨，刘观察结发川资，直至晚间七点始罢。

二十三日

附搭轮船回籍者，已有三分之二。

二十四日

海军水手将弁等悉数起程，各回本籍。

征稿启事

一、简介与宗旨

船政是近代中国寻求自强之道、复兴之路的早期实践成果，开创了中国近代海军、近代教育、近代舰船工业和航空工业等历史，对中国近代化发挥了重要推动作用。船政的发展绵延至今，在遗产保护、文博建设、教育发展、工业制造、文旅运用等领域不断创造着新的篇章。

《船政》集刊由中国船政文化博物馆主办，每年出版两辑。《船政》集刊以传承和弘扬船政文化为宗旨，致力于为船政文化研究提供平台，促进学术研究和交流，展现最新的研究成果、学术动向和船政文化工作动态。

二、内容与栏目

船政历史丰富、文化多元，《船政》集刊秉持这一传统，举凡船政历史、近代海军史、近代舰船工业史、船政与海军人物、近代舰船史、近代海军航空、近代海防设施、海战史、海洋文化、船政教育、船政非遗、相关文物保护等研究内容，均可投稿。集刊主要栏目设有历史研究、史料文献整理、学术评论、旧文新读、文物研究等。

三、投稿须知

1. 来稿论文字数一般不超过 12000 字，学术评论、书评类文章一般不超过 5000 字，随文可配与文稿直接相关的图片。史料文献发掘以及具有特别价值的文章，篇幅不在此限。

2. 来稿论文应附作者姓名、单位、职务（职称）、联系地址、联系电话等信息，以及 300 字以内摘要和 3—5 个关键词。论文引注格式参照《中国社会科学》关于引文注释的规定。

3. 本刊物秉持严谨学风，坚持百家争鸣、兼容并蓄的学术态度，反对和拒绝抄袭剽窃、弄虚作假、侵犯他人著述权及人身权等行为。

4. 来稿文章文责自负。文章应遵循学术规范，对引文的准确性、史实表述的严谨性等把关。若无事先说明，编辑部可对来稿作适当文字处理，并通知作者。

5. 本刊实行电子投稿，来稿可发送至编辑邮箱 czjk1866@163.com，采用与否均专门通知。

6. 文章一经发表即奉薄酬与样刊。